日本だんじり文化論

摂河泉・瀬戸内の祭で育まれた神《かみ》賑《にぎわい》の民俗誌

創元社

〔目　次〕

カバー装画「浪花浮世画壇松川半山翁遺稿」に加筆・彩色
装丁　橘浩貴　写真撮影・作図　森田玲（特記外すべて）

まえがき

地車（だんじり）とは何か。

地車といえば大阪の岸和田祭が有名であるが、地車が生まれたのは天神祭をはじめとした大坂の夏祭である。組物《くみもの》で支えられた唐破風《からはふ》の屋根を備える地車を見て、神社の社殿を連想する人は少なくない。ところが、地車の原型は船である。それもただの船ではなく、江戸時代に淀川を往来した豪華絢爛《けんらん》の川御座船《かわござぶね》が地車のモデルである。地車の周囲に巡らされた波模様の飾幕《かざりまく》や彫刻、和船用語や舵取の手法など各地の地車にも船の記憶が多く刻まれている。風に舞う吹流《ふきながし》は、まさに船の象徴である。

今では地車の随所に花鳥風月、日本神話、軍記物などの彫刻が施されることが多いが、当初は粗末なつくりのものが多く、地車は、俄《にわか》と呼ばれる滑稽寸劇を披露するための移動式芸能舞台であった。時に七十台を超える地車の宮入りがあった天神祭をはじめ、大坂の各神社の祭では多くの地車が曳き出された。大流行の地車の需要に応えたのは、地車貸物屋であった。

全国の都市祭礼の起源を京都の祇園祭に求める向きもあるが、地車は、祇園祭の山鉾とは、まったく系譜の異なる大坂独自の文化である。思えば、ダンジリというのも不思議な言葉である。本書で話題の中心となるダンジリは、唐破風二棟造で四輪の形態を採ることが多い曳車であるが、地域によっては、太鼓台や船型曳車をダンジリと呼び、時代を遡れば稚児の舞を意味する。

以上、多くの皆さんにとって初耳と思われる「史実」のいくつかを紹介した。

これまでの地車調査は、製作年、大工や彫刻師の系譜、地車の形態や彫刻の題材など、個々の地車に関するものが多く、地車の歴史文化を体系的に捉えたものはなかった。学術研究者による論考も皆無である。これは、市町村史にたとえるなら、何巻もの資料編は刊行されているが、本文編の刊行は企画すらされていないという状態であった。

本書は、このような地車研究の現状を憂い、史料分析とフィールドワークを駆使して、摂津・河内・和泉国、瀬戸内を中心に広がる地車文化圏を、時間的、空間的に包括して捉え直し、地車研究を次の段階に推し進めようとするものである。

第一章「地車の誕生」では、地車の原型は、江戸時代に淀川を往来した豪華絢爛の川御座船であり、俄と呼ばれる滑稽寸劇を披露するための移動式芸能舞台として生み出されたことを明らかにする。

第二章「地車の隆盛」では、享保から明治までの百七十年にわたる天神祭の地車宮入り番付と、大坂町奉行から出された触《ふれ》と達《たっし》の分析を通して、江戸時代の大坂の地車の姿を蘇らせる。

第三章「地車の展開」では、摂河泉・瀬戸内を中心に伝播し多様に展開する地車の形態変化のメカニズムを、地域や時代ごとに異なる芸能・曳行・造形に対する志向性に注目して明らかにするとともに、各地の祭の具体的な紹介を通して、地車文化の魅力に迫る。

終章「神賑《かみにぎわい》の民俗学」では、神事と神賑行事の定義を行ない、祭の実態を把握するに際しての、「神賑」という概念の有効性と不可欠性を論じる。

前著『日本の祭と神賑』（創元社）でも述べたように、祭は、厳粛な神事と、娯楽的要素の高い神賑行事との絶妙なバランスの上に成り立っている。祭の核となる神事の重要性は自明であるが、同時に、乱痴気騒ぎを伴う神賑行事も、祭を継承していくための大きな原動力として欠かすことができない。

地車は数ある神賑行事の祭具の中でも独特の熱気を帯び、その非日常性の度合いが、多くの人々の祭に対する概念をも超えるからであろうか、全国的にも注目度が高い。時にその荒々しさが批判の対象となることもあるが、それは何も今に始まったことではない。地車が生まれて三百年。以来、数々の規制に抗いながら、人々の楽しみと喜びの受け皿となり、祭に活力を与え続け地域を支える地車。本書では、このような地車の魅力に、歴史的、文化的な説得力を持たせたい。今よりさらに地車が好きになる、地車談義に花が咲く、未来の子供たちに語りたくなる、そのような一文を、本書の中に一つでも発見していただくことができれば、筆者として幸いである。

森田　玲

〈凡例〉

- 本書の主題となるダンジリは、地域や時代によってさまざまな表記があるが、主として地車の文字を用いる。
- 地車以外のダンジリを示す時はカタカナ表記とした。
- 地元で固有の名称や表記がある場合でも、一般的な解説の文脈では地車の文字を用いた。
- 江戸時代の文献の引用は歴史的仮名づかいを基本とし、漢字は原則として旧字を新字に改めた（異体字は一部で許容した）。また、必要に応じて、句読点を補い、漢文は読み下した。
- 大阪府の市町村名は大阪府の記載を省略し、江戸時代の大阪は大坂と表記した。
- 絵画史料は、適宜、トリミングした。
- 〔 〕内は参考資料中の整理記号である。

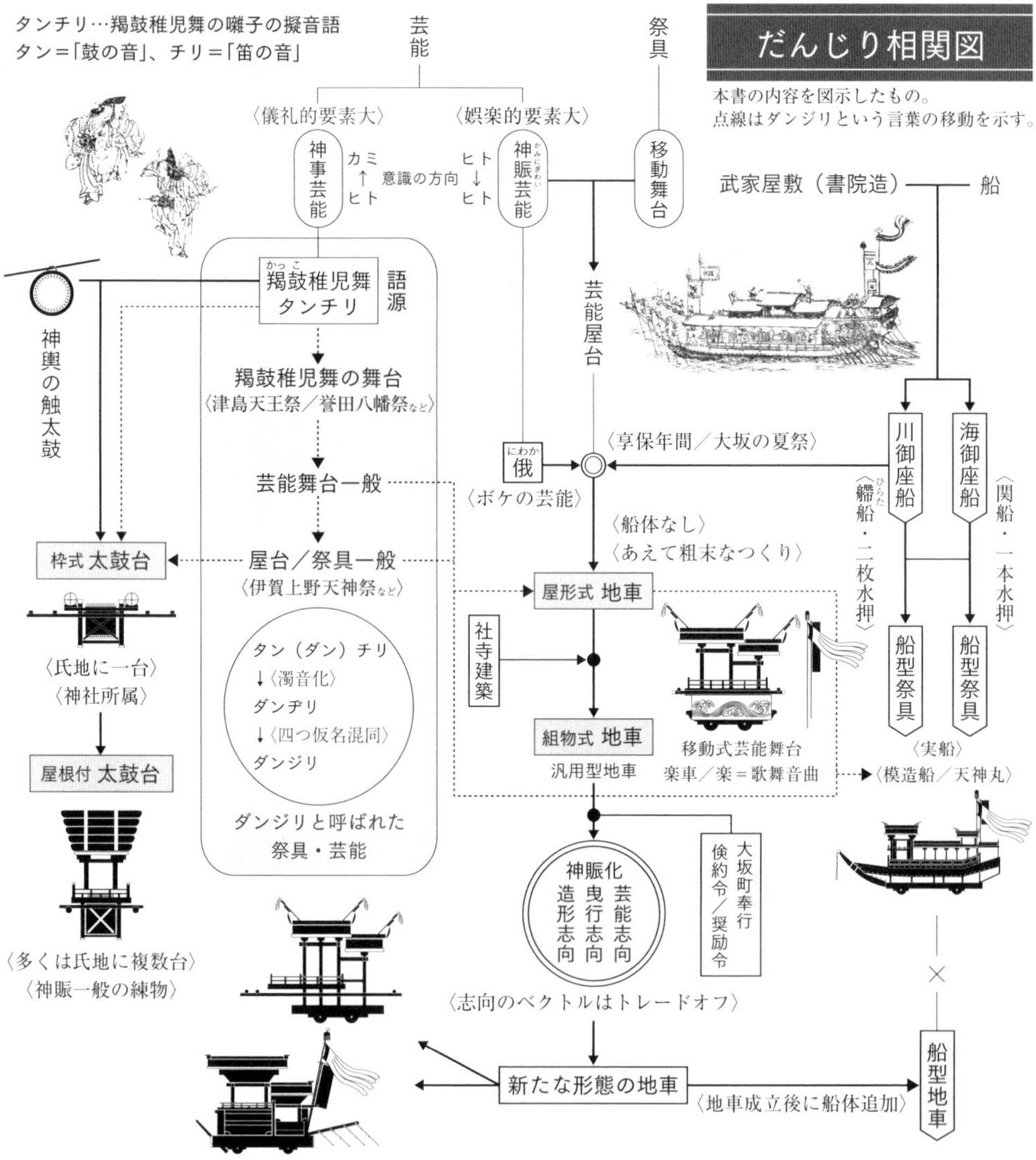

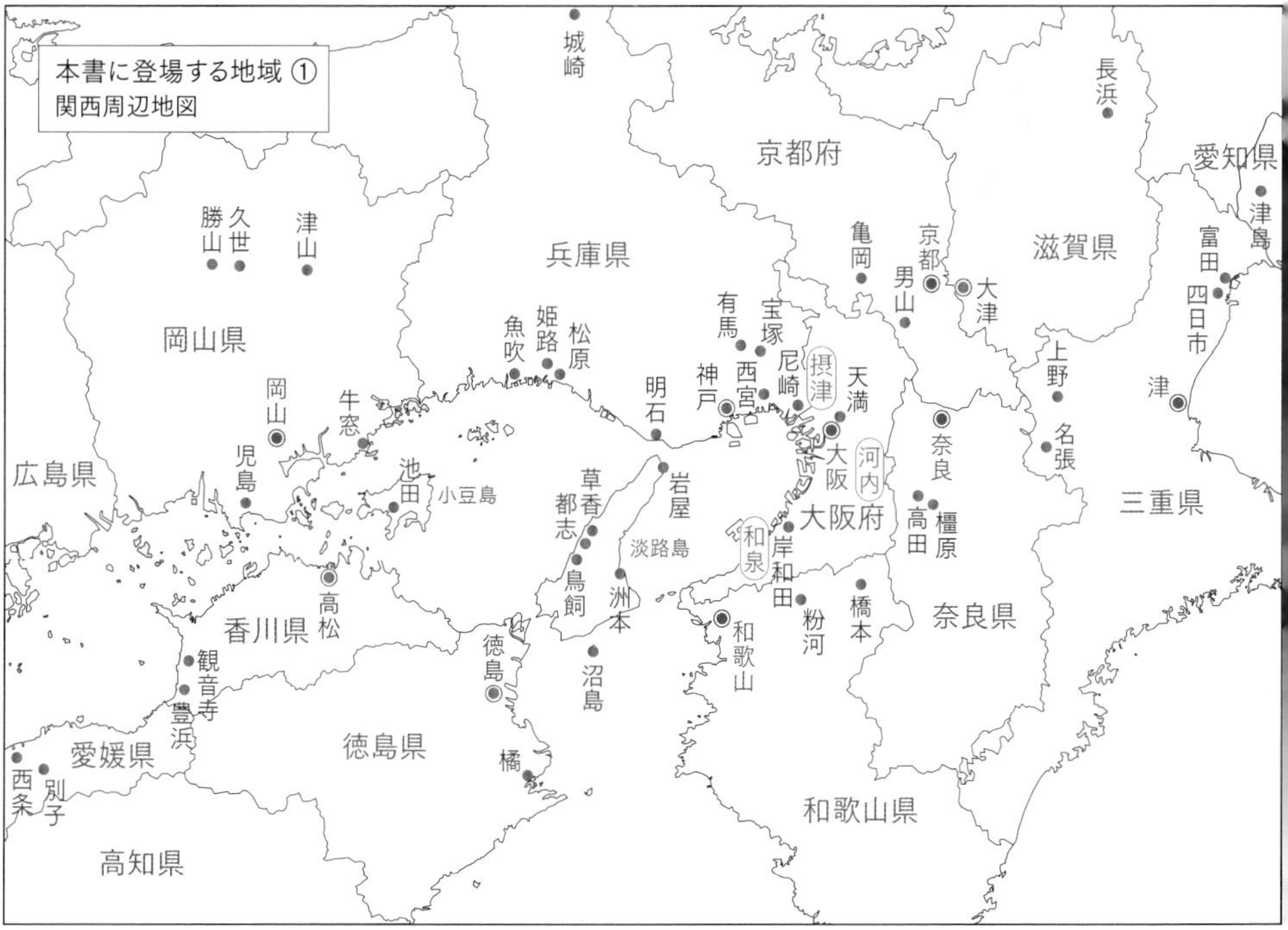

本書に登場する地域 ①
関西周辺地図

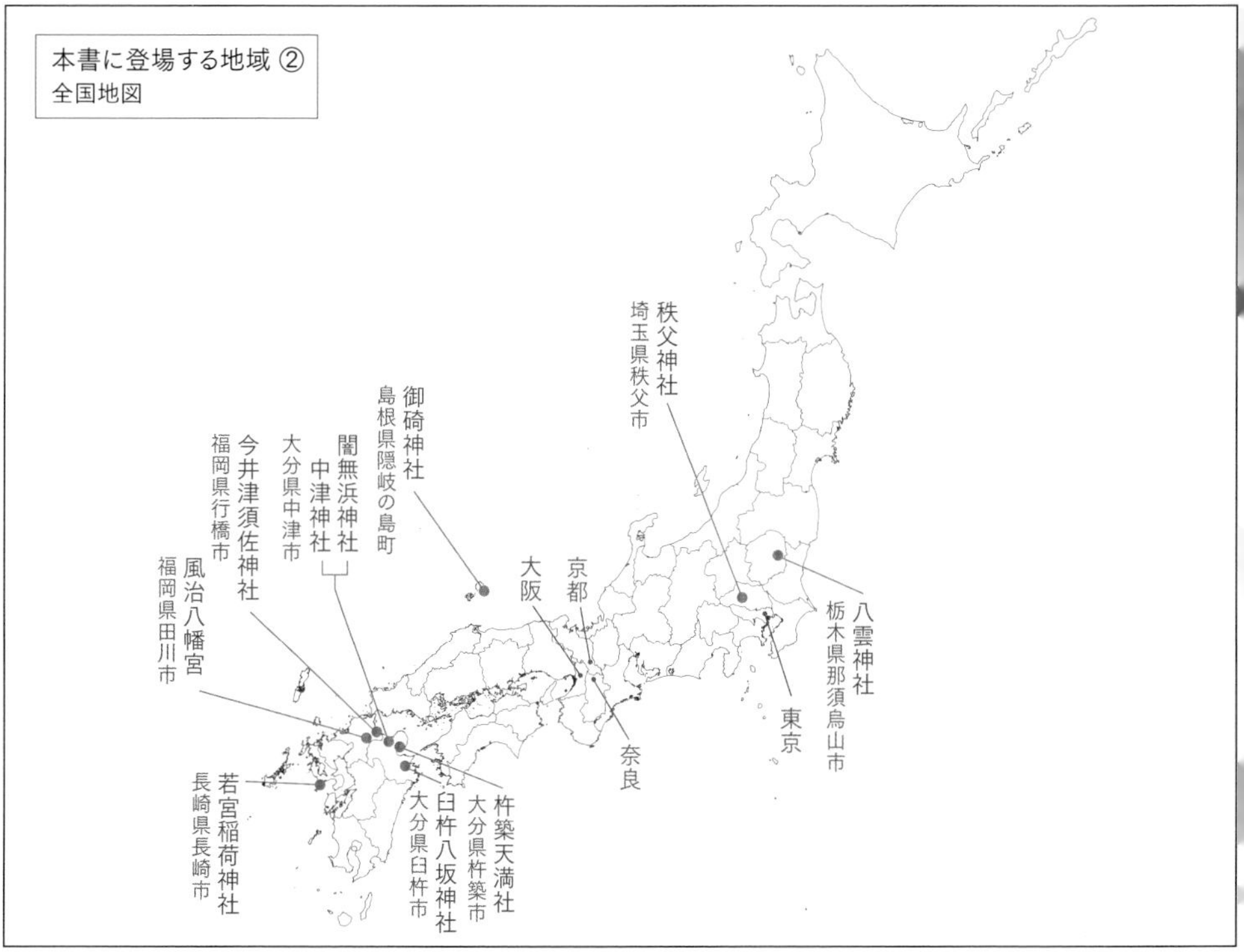

本書に登場する地域 ②
全国地図

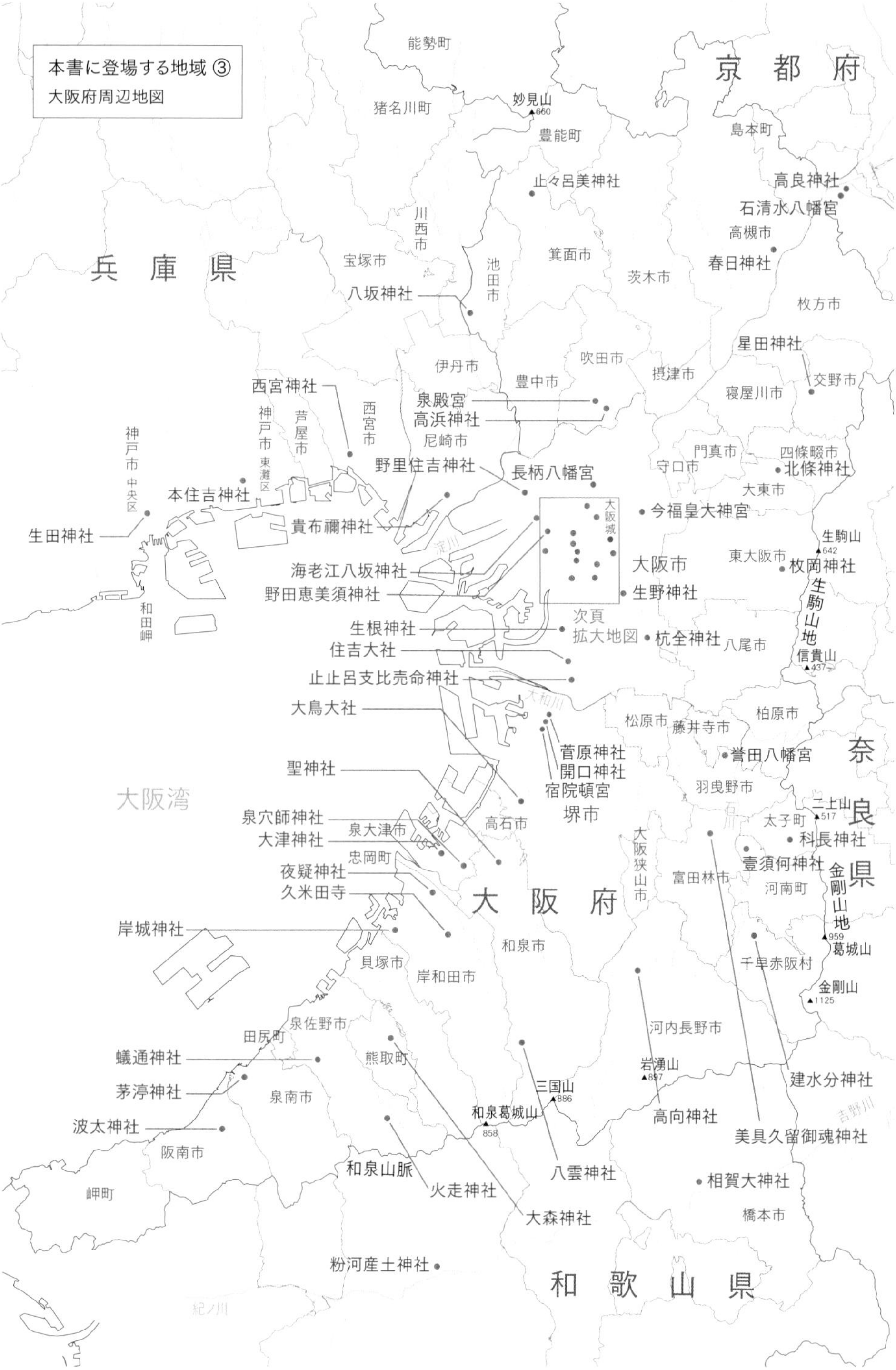

本書に登場する地域③
大阪府周辺地図

本書に登場する地域 ④
天保期の大坂三郷と周辺地図

『新修大阪市史』第10巻の歴史地図（天保期の大坂三郷）をもとに作成。主として本文に登場する社寺名と地名を掲載。神社名は現在のものを表記するとともに、江戸期の名称の一例を併記した。

地車の源流——御座船《ござぶね》と船型祭具

朝鮮通信使や琉球使節の送迎、参勤交代の際に豪華絢爛の海御座船と川御座船が用いられた。摂河泉・瀬戸内では御座船を模した祭具が生み出される。

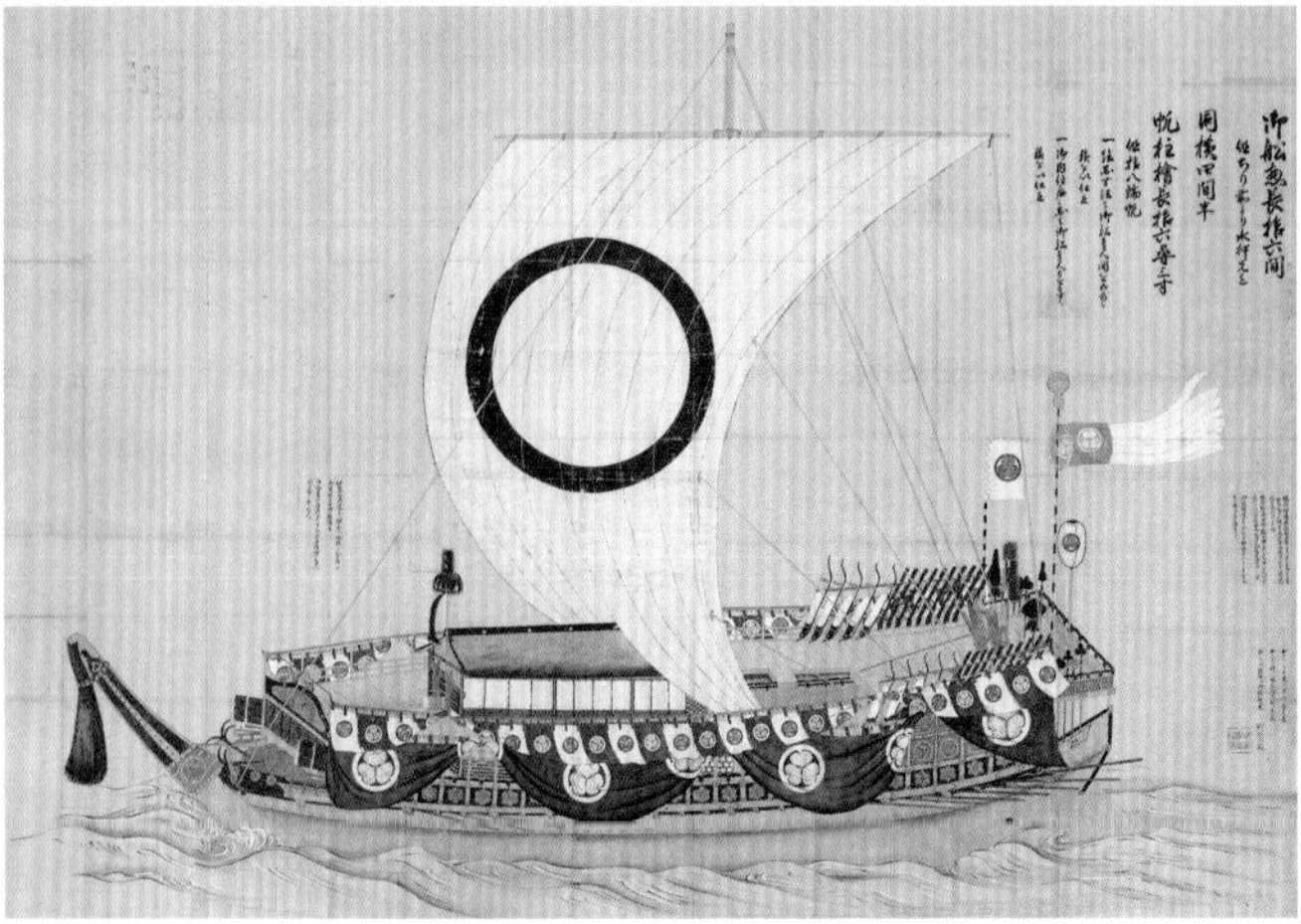

1-1　高松旧藩飛竜丸明細切絵図（東京大学駒場図書館蔵）

高松藩の海御座船「飛龍丸」。領国から大坂まで用いられた。周囲に垣立《かきたつ》が巡らされ幔幕《まんまく》が張られる。

1-2　川御座船之絵図（東京大学駒場図書館蔵）

宇和島藩の川御座船。豪華な二階建て構造。大坂から淀・伏見までの淀川で用いられた。

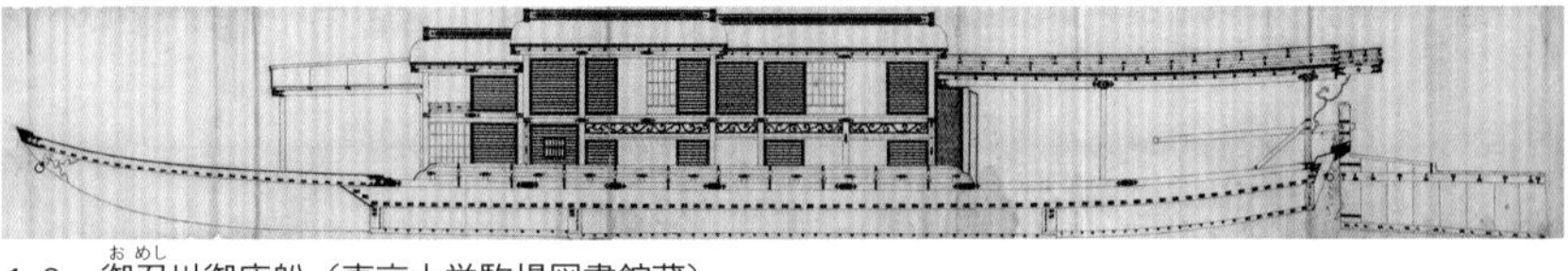

1-3　御召《おめし》川御座船（東京大学駒場図書館蔵）

御座船は武家屋敷の書院造を船上で再現したもの。高さの異なる三棟の屋形は身分や用途によって使い分けられた。

1-4　海御座船の屋形内部の復元
（香川県立ミュージアム蔵）
「飛龍丸」一階の御座之間。金色に輝く花鳥風月の障壁画。

1-5　川御座船の屋形
（相楽園／兵庫県神戸市）
姫路藩の領内で使用された御座船の屋形部分。

1-6　古来天神祭船渡御之図（大阪天満宮蔵）
天神祭の神輿の綱引船。川御座船の屋形を模しつつ船体は海船仕様の一本水押《みよし》。伝・長谷川光信画〈享保16年／1731〉

地車の源流——船型祭具とニワカ（俄）

1-7　天神祭の御座船型曳車「天神丸」の錦絵（大阪天満宮蔵）
焼失した天神丸の復興のために由緒を記して寄付を募った。松川半山画〈嘉永5年／1852〉

御座船を再現した豪華な船型祭具がつくられる一方で、あえて「粗末なつくりの御座船」もつくられた。それが地車である。その発想の原点は俄と呼ばれる滑稽寸劇。地車は俄をはじめ芸能を披露するための移動式舞台であった。

1-8　俄稽古の図『古今俄選』（国立国会図書館蔵）
粗末な装いでボケを活かして笑いをとる。三味線、太鼓、鉦が見える。

地車の隆盛

享保期に誕生した地車は、またたく間に大坂の夏祭の神賑行事の主役に躍り出る。大坂町奉行から出された倹約令と奨励令が、地車文化の形成に大きな影響を与えた。

1-9　古来天神祭船渡御之図（大阪天満宮蔵）

橋を渡る直前の地車。舞台には俄の伴奏の三味線が、地車の下部には道中囃子の太鼓が見える。製作年が正しければ最古の地車の絵画史料となる。伝・長谷川光信画〈享保16年／1731〉

1-10　夏祭車楽《だんじり》『浪華《なにわ》勝概帖《しょうがいじょう》』（大阪歴史博物館蔵）

曳き手が流し俄の象徴である俄行灯《にわかあんどん》を持つ。西山完瑛画〈嘉永元年／1848〉

1-11　地車図（筆者蔵）

「夏祭車楽」（1-10）と同じ構図の絵。波模様の飾《かざり》幕《まく》は地車が船であることの象徴。サカンボと梵天《ぼんてん》、俄行灯を携える曳き手も描かれる。武部白鳳画〈明治～大正期〉

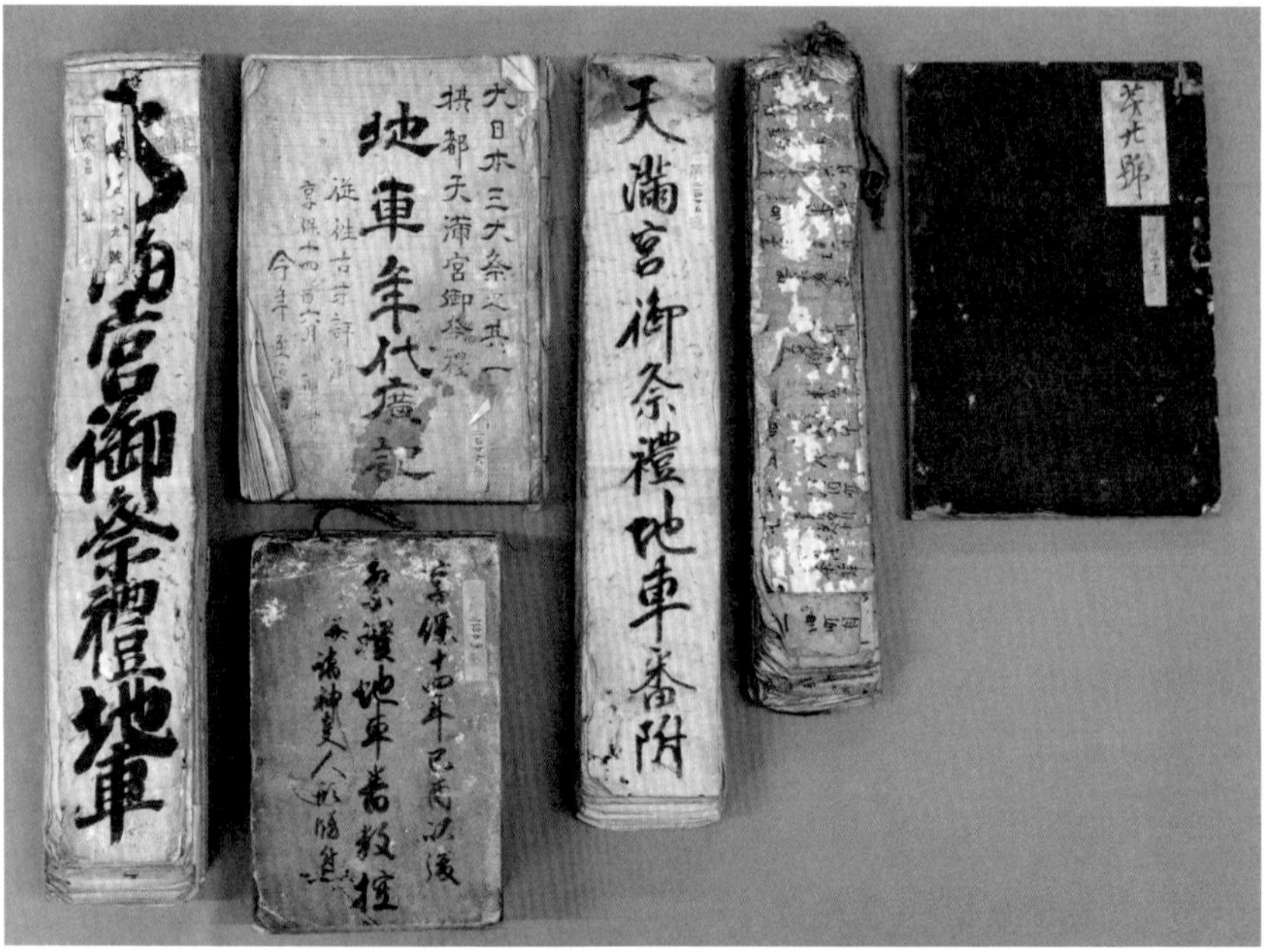

1-12　天満宮地車宮入り番付史料（大阪天満宮蔵）
左から「C-2」「C-4」「C-5」「C-6」「C-7」「C-3」。

1-14　浪華天神祭礼図（大阪歴史博物館蔵）
天満宮に宮入りした地車は太鼓を囃して境内で一晩を過ごした。実際の祭では多くの提灯で彩られた（『天神祭――火と水の都市祭礼』所収）。〈江戸後期〉

1-13　天満天神地車宮入『浪花百景』（筆者蔵）
里の家芳瀧画〈江戸後期〉

1-15　浪速天満祭（国立国会図書館蔵）
照破風《てりはふ》の地車。舞台で鉦を打つ姿が見える。梵天先達《ぼんてんせんだつ》、榊万度（サカンボ）と記され、「金太鼓をうちドンチチときこゆ」と解説される。五雲亭貞秀画〈安政6年／1859〉

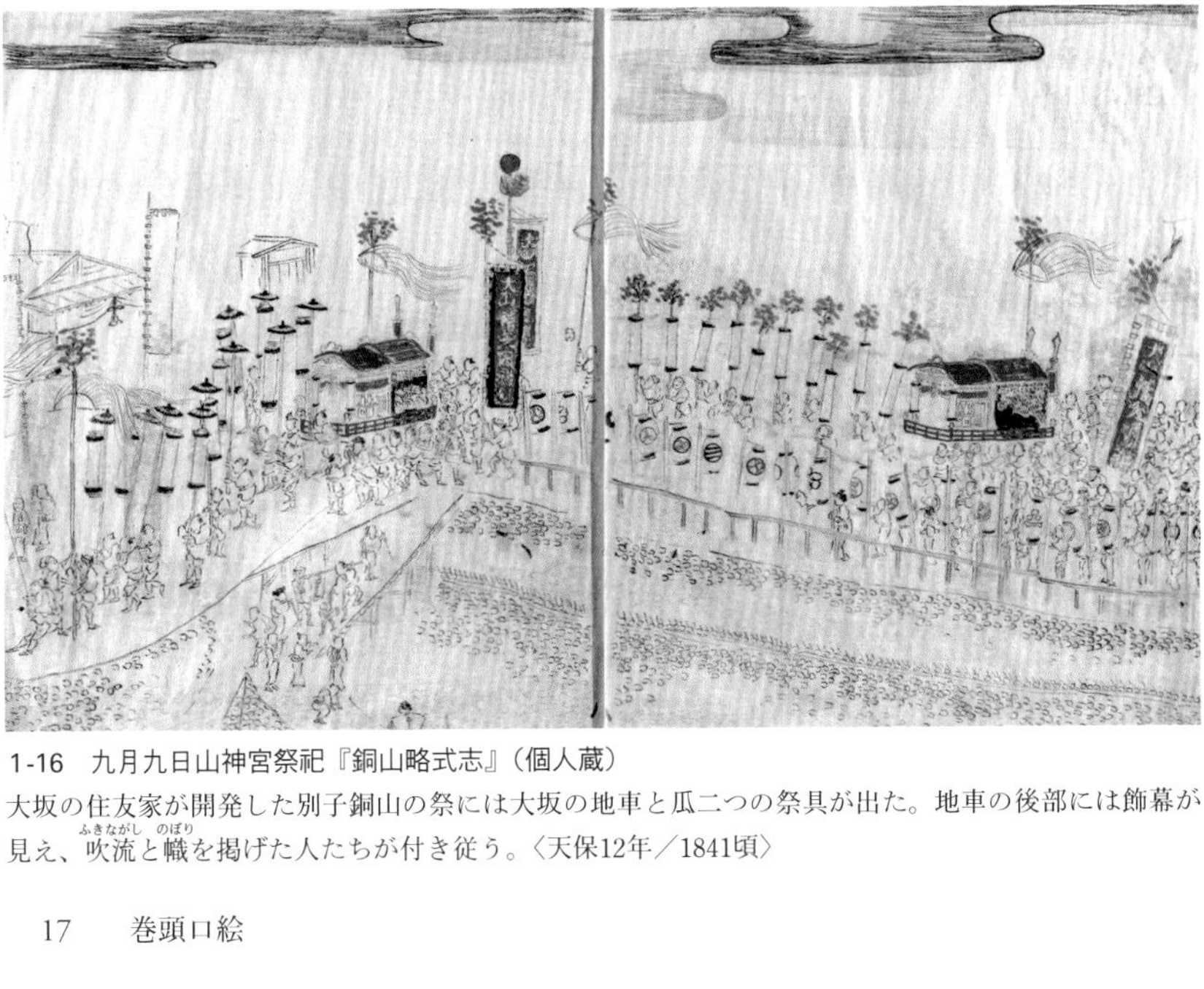

1-16　九月九日山神宮祭祀『銅山略式志』（個人蔵）
大坂の住友家が開発した別子銅山の祭には大坂の地車と瓜二つの祭具が出た。地車の後部には飾幕が見え、吹流《ふきながし》と幟《のぼり》を掲げた人たちが付き従う。〈天保12年／1841頃〉

1-17　味地草《みちくさ》（淡路市立津名図書館蔵）

舞台で芸能が披露される洲本八幡社の地車。この図を含めて計3台の地車が描かれる。〈安政4年／1857〉

1-18　亀山八幡宮奉納絵額（亀山八幡宮蔵）

御旅所での賑わい。神輿の前で僧侶が読経する。地車と思しき屋台の上では芸能が披露され、布団太鼓も舁《か》き上げられる。周囲の仮小屋は桟敷と思われる。昭和45年（1970）の大阪万博の「お祭り広場」の発想の起点となった空間（小豆島池田）。三木算柳画〈文化9年／1812〉

地車と子供たち

未来の祭の担い手となる子供たち。子供の世話や食事の段取りなど、女性の役割も重要。祭によっては子供や女性が主役となる。

1-19　天神祭十二時《じゅうにとき》（大阪天満宮蔵）
緋《ひ》色の投頭巾《なげずきん》に華やかな装束は催《もよおし》太鼓（太鼓台）のもの。天満宮に宮入りする地車も描かれる。

1-20　摂州大坂御霊宮祭礼渡御図（大阪歴史博物館蔵）
武者人形を乗せた玩具の地車、投頭巾を被って采配《さいはい》を振る太鼓台の装束、宵宮に掲げた御迎提灯《おむかえちょうちん》、流し俄《にわか》の象徴である俄行灯《にわかあんどん》など、大坂の夏祭に必須の要素がちりばめられている（『特別展 大阪の祭り』所収）。

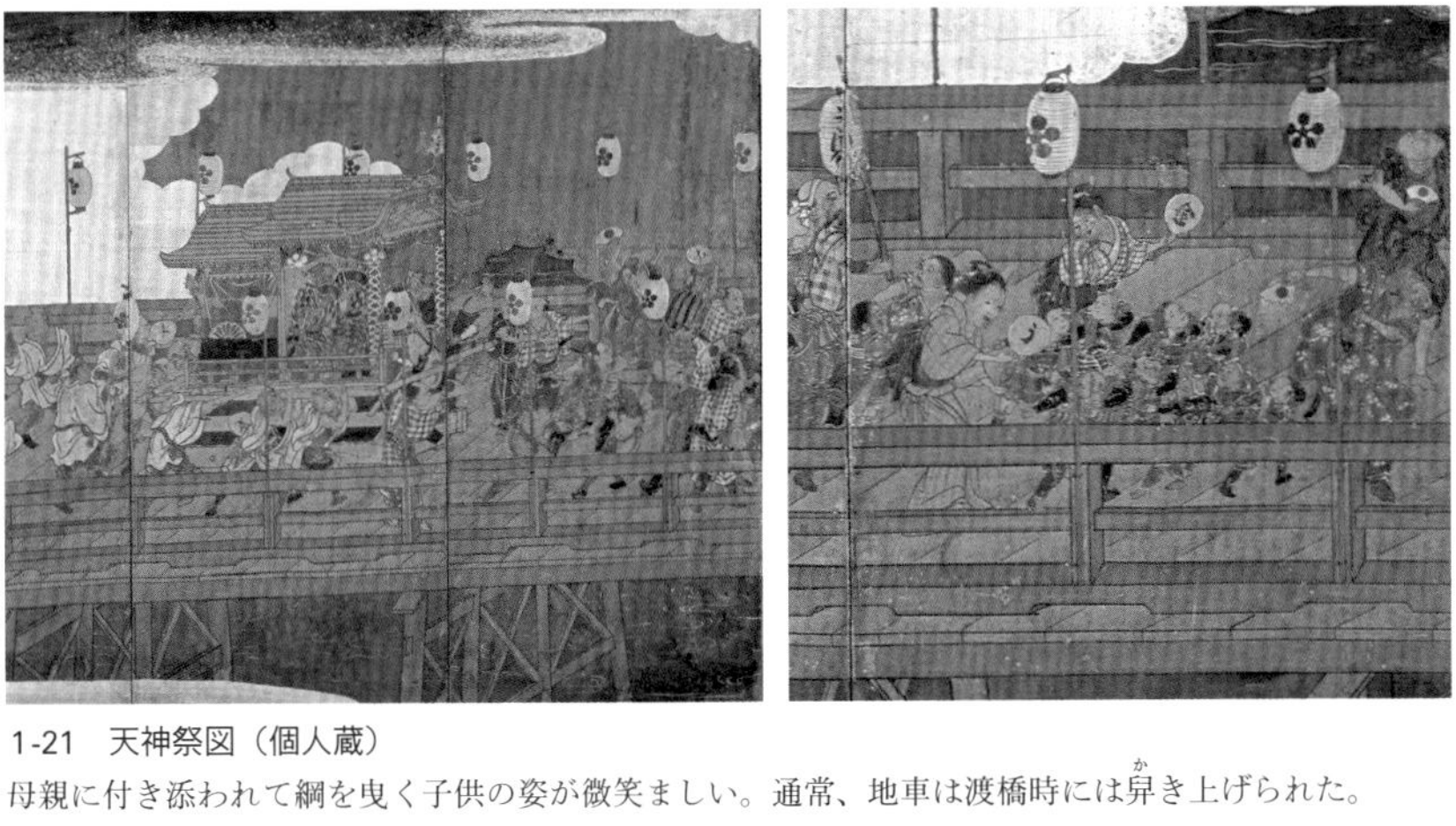

1-21　天神祭図（個人蔵）
母親に付き添われて綱を曳く子供の姿が微笑ましい。通常、地車は渡橋時には舁《か》き上げられた。

1-22　萌黄羅紗《もえぎらしゃ》水引幕 群仙図（竹内街道歴史資料館蔵）
東條《ひがんじょ》（科長《しなが》神社／大阪府太子町）新調の船型地車の水引幕。〈文化4年／1807〉

1-23　猩々緋《しょうじょうひ》水引幕 追い龍図（竹内街道歴史資料館蔵）
永田（科長《しなが》神社／大阪府太子町）新調の船型地車の水引幕。〈文政2年／1819〉

1-24　純金糸水引幕 追い掛け龍の図（梶内だんじり蔵）
南谷町内会（河上神社／兵庫県洲本市）新調の太鼓台の水引幕。立体的な「浮きもの刺繍」。梶内近一作〈大正14年／1925〉

1-27　傘提灯販売商の引札（筆者蔵）
地車や太鼓台を飾る提灯や幟の宣伝が見える。洋装と丁髷《ちょんまげ》姿の和装の人物が描かれる。表題が記される提灯はカミ迎えの御迎提灯《おむかえちょうちん》。地車の舞台では大太鼓が打たれている。

1-26　星田西（星田神社／大阪府交野市）
地車の飾金具の極致。〈天保5年／1834〉

1-25　猩々緋羅紗《しょうじょうひらしゃ》飾幕 富士の巻狩り乃図 山中渓《やまなかだに》（波太《はた》神社／阪南市）
ヤグラの飾幕。川﨑順次作（紀繍乃や）〈令和元年／2019〉

地車彫刻

大坂三郷の祭では幕末に至るまで飾幕が主となる簡素なつくりの地車が多かったが、摂河泉各地で豪華な彫刻の地車が新調される。

1-28　地車講《じぐるまこう》（大阪天満宮／大阪市北区）の地車の後部
緋《ひ》色の飾幕に重ね合わせるように唐獅子の彫刻が施される。〈嘉永5年／1852〉

1-29　旧・北町《きたんまち》（岸城《きしき》神社／大阪府岸和田市）の地車の土呂幕《どろまく》（現・大和地車保存会／天神社）
所有の変遷：北町（大阪府岸和田市）→澤（大阪府貝塚市）→大町（岸和田市）→大和地車保存会（奈良県大和高田市）。奥板の裏の緋色の布は、かつての飾幕の名残か。「諸神楽ヲ奏シテ皇暉ヲ誘《おび》ク」と刻まれる（天岩戸）。高松彦四郎作〈明治12年／1879〉

1-30　賀集《かしゅう》（賀集八幡神社／兵庫県南あわじ市）の太鼓台の狭間《さま》
「稲村ヶ崎 新田義貞 海中に投剣」開正藤作〈大正13年／1924〉

1-31　中之濱町（岸城神社／大阪府岸和田市）の地車の土呂幕《どろまく》
大正期以降の岸和田の地車の彫刻は淡路の太鼓台で培われた技法が活かされている。「平将門之勇戦」木下舜次郎作〈昭和26年／1951〉

1-32　我孫子《あびこ》（泉穴師《いずみあなし》神社／大阪府泉大津市）の地車の枡合《ますあい》の下絵（写し）
立体的な仕上がりを考えながら木に直接描かれる。「天乃巌戸」河合賢申（賢申堂）作〈平成27年／2015〉

岸和田型地車の部位名

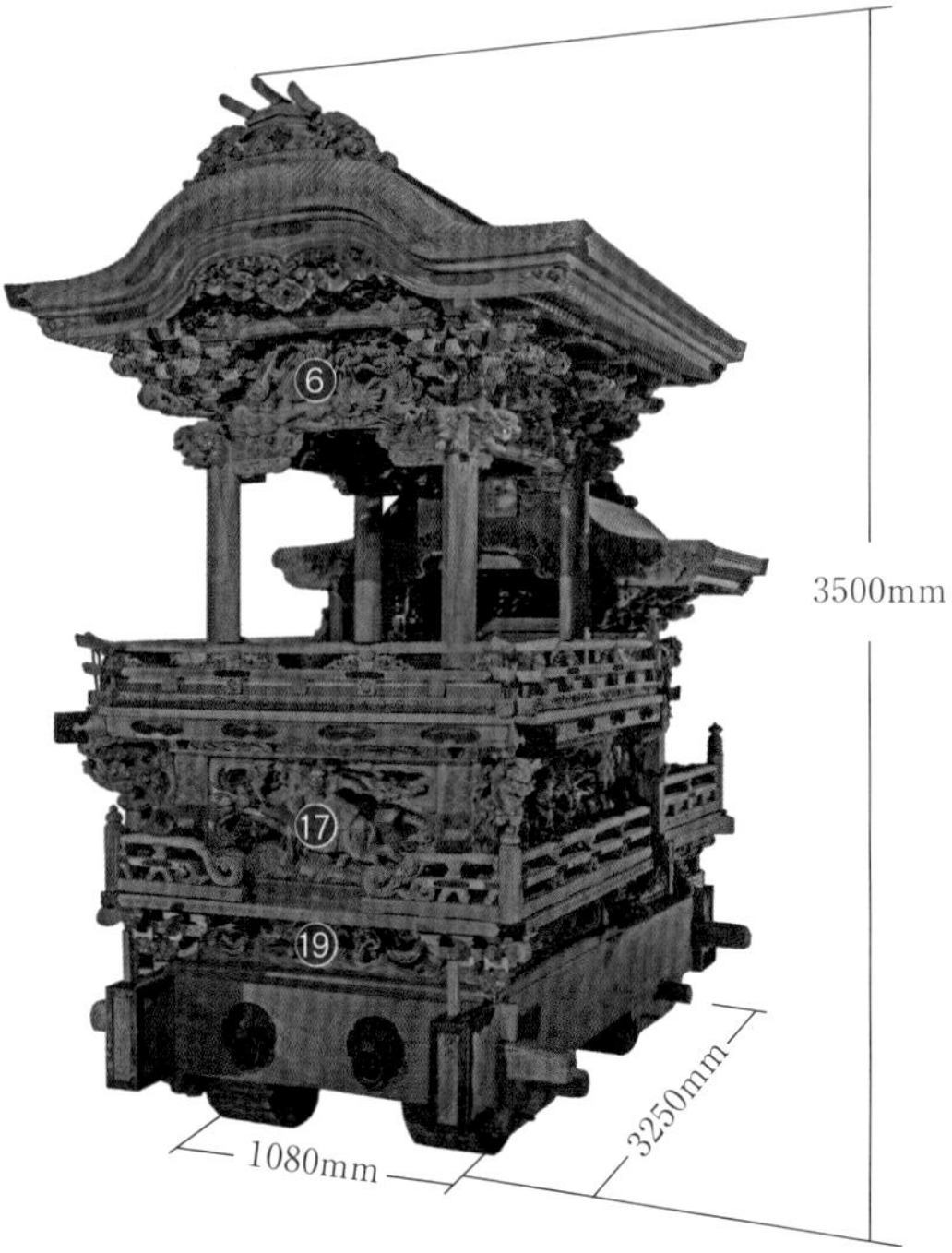

1-33　旧・五軒屋町（岸和田だんじり会館蔵）

大屋根部分	① 鬼板	おにいた
	② 葺地	ふきじ
	③ 破風	はふ
	④ 懸魚	げんぎょ
	⑤ 枡組	ますぐみ
	⑥ 枡合	ますあい
	⑦ 虹梁（舞台）	こうりょう
	⑧ 木鼻	きばな
	⑨ 舞台柱	ぶたいばしら
	⑩ 番号持	ばんごうもち
	⑪ 勾欄	こうらん
	⑫ 勾欄合	こうらんあい
	⑬ 松良	まつら
	⑭ 縁葛	えんかずら
	⑮ 大連子	おおれんじ
	⑯ 小連子	これんじ
	⑰ 土呂幕	どろまく
	⑱ 犬勾欄	いぬごうらん
	⑲ 水板	みずいた
小屋根部分	⑳ 枡組	ますぐみ
	㉑ 枡合	ますあい
	㉒ 虹梁（見送り）	こうりょう
	㉓ 摺出鼻	すりだしばな
	㉔ 大脇	おおわき
	㉕ 物見（大脇）	ものみ
	㉖ 竹の節（大脇）	たけのふし
	㉗ 見送り	みおくり
	㉘ 脇障子	わきしょうじ
	㉙ 物見（脇障子）	ものみ
	㉚ 竹の節（脇障子）	たけのふし
	㉛ 犬勾欄	いぬごうらん
	㉜ 後松良	あとまつら
	㉝ 縁葛	えんかずら
	㉞ 連子	れんじ
	㉟ 水板	みずいた
	㊱ 旗台	はただい

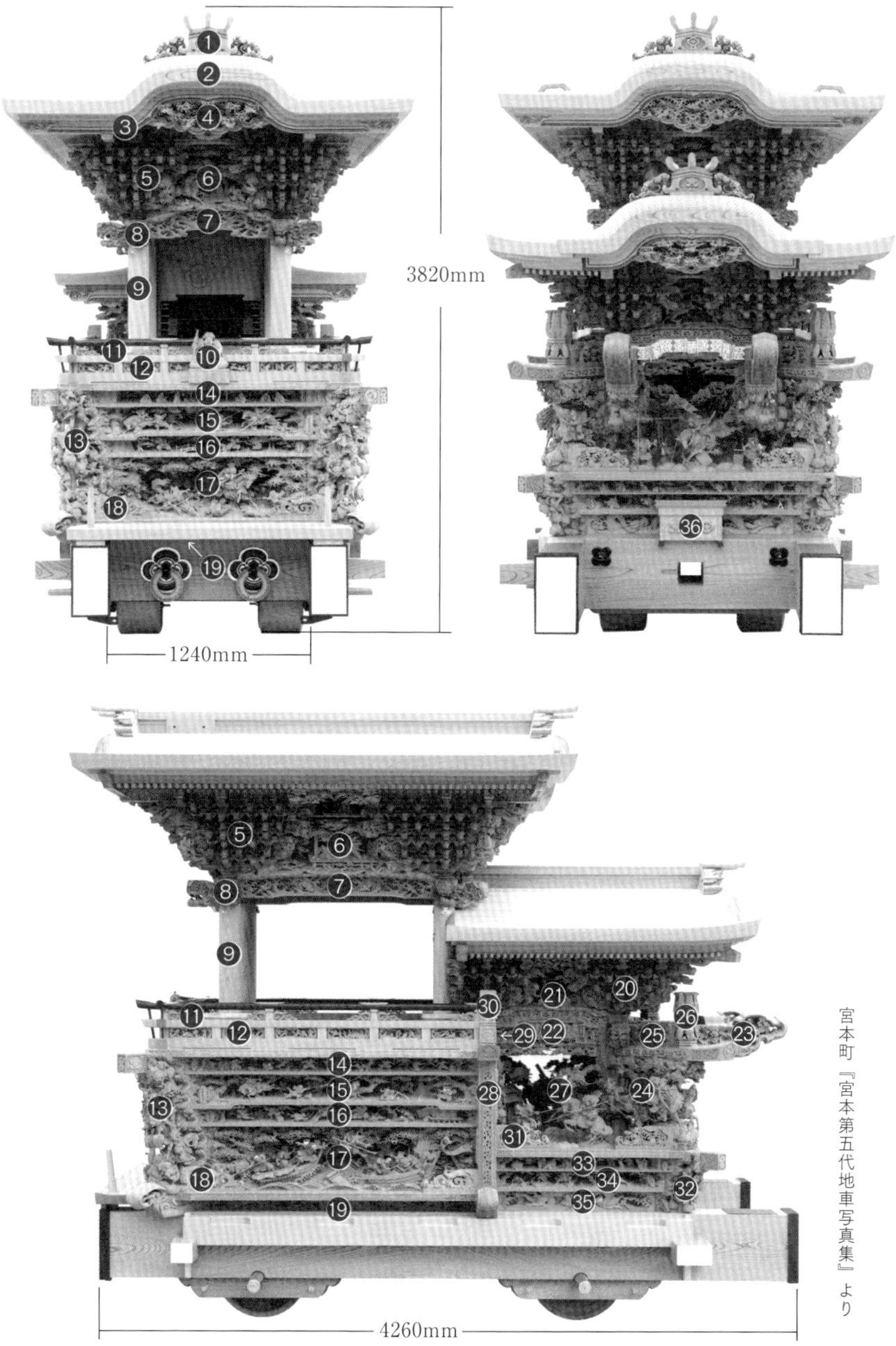

宮本町『宮本第五代地車写真集』より

1-34　宮本町（岸城神社／大阪府岸和田市）　重さ4760kg（太鼓・装飾品・梃子などを含む）。

〈 〉内は地車の製作年

2-1　地車 講《じぐるまこう》／大阪天満宮（大阪市北区）
〈嘉永5年／1852〉

2-2　西町／科長《しなが》神社（大阪府太子町）
俄《にわか》の舞台で三番叟《さんばそう》を踏む。〈天保3年／1832〉

2-3　一須賀《いちすか》／壹須何《いちすか》神社（大阪府河南町）
ぼて鬘《かづら》を被っての俄の披露。

2-4　魚吹《うすき》八幡神社の御旅所（兵庫県姫路市網干区）
柱を外し舞台を拡張した檀尻《だんじり》。奥は鳳輦《ほうれん》型の屋根を持つ屋台（やったい）と呼ばれる太鼓台。

2-5　川面町《かわづら》／美《み》具《ぐ》久《く》留《る》御魂《みたま》神社（大阪府富田林市）

大工：河合工務店、彫刻：山本陽介（彫陽）、写真：川面町〈平成30年／2018〉

2-7　都《と》呂《ろ》須《す》／高浜神社（大阪府吹田市）

〈天保6／1835〉

2-6　大道《だいどう》／科長《しなが》神社（大阪府太子町）

写真：竹内街道歴史資料館〈文化4／1807〉

2-8　海老江八坂神社（大阪市福島区）
手前：西之町〈安政2年／1855〉

2-9　星田神社（大阪府交野市）
手前：星田東〈天保4年／1833〉、奥：星田西〈天保5年／1834〉

2-10　野田恵美須神社（大阪市福島区）
大工：絹井楠次郎、彫刻：川原啓秀〈昭和7年／1932〉

2-11　西之町／野里住吉神社（大阪市西淀川区）
後部に飾幕が巡らされる。〈江戸後期〉

2-12　生野神社（大阪市生野区）
元・野田（大鳥《おおとり》美《み》波《は》比《ひ》神社）の地車。大工：植山宗一郎、彫刻：吉岡義峰〈昭和7年／1932〉

2-13　杭全《くまた》神社（大阪市平野区）
夏祭のほか輪番制で正月にも地車が出て注連縄《しめなわ》を運ぶ。

2-14　豊後町／闇無浜《くらなしはま》神社（大分県中津市）
楽車《がくぐるま》と羯鼓稚児舞《かっこちごまい》（影向楽《ようごうがく》）の傘鉾。当地の地車は祇園 車《ぎおんぐるま》と呼ばれる。

2-15　海正《かいしょう》八幡神社（徳島県阿南市）の御旅所

2-16　四所《ししょ》神社（兵庫県豊岡市城崎町）

2-17　住之江區（本住吉《もとすみよし》神社／兵庫県神戸市東灘区）

大工：板谷工務店、彫刻：河合賢申（賢申堂）、金具：仁科旗金具製作所、飾幕：金鱗、写真：住之江區〈平成31年／2019〉

2-18　貴布禰《きふね》神社（兵庫県尼崎市）
地車同士を競り当てるヤマアワセ。

2-19　貴布禰《きふね》神社（兵庫県尼崎市）
かつては陸を曳行する地車の他に、地車の屋形部分を船に乗せるものもあった。写真：中山圭介

2-20　下止々呂美／止々呂美《とどろみ》神社（大阪府箕面市）

屋根にスギの葉を敷き詰める。上止々呂美の地車は弘化2（1845）製作で社殿のような切妻造《きりづまづくり》軒唐《のきから》破《は》風《ふ》。写真：中山圭介

2-21　中之町／石屋《いわや》神社（兵庫県淡路市）

起《むくり》破《は》風《ふ》の地車に女性が乗り込み賑やかに囃し立てる。要所で芸能を披露する。写真：平田雅路

2-22　洲本八幡神社（兵庫県洲本市）
洲本の民話に登場する芝右衛門《しばえもん》狸のつくり物が見える。写真：平田雅路

2-23　中傍示《なかしょうじ》／沼島《ぬしま》八幡神社（兵庫県南あわじ市）
珍しい三棟造の地車。大工：宮本久嗣、彫刻：松田正幸、写真：平田雅路〈昭和30年／1955〉

2-25　本町／宇流冨志禰《うるふしね》神社（三重県名張市）
大正期に大和高田より購入。囃子は伊賀上野天神祭系。

2-24　先代・市脇《いちわき》／相賀大《おうがだい》神社（和歌山県橋本市）　写真：中山圭介〈明治期か〉

2-26　中殿垣内《なかどのかいと》／十市御縣坐《とおいちのみあがたにいます》神社（奈良県橿原市）
前部に船首の装飾。彫刻：相野伊兵衛〈江戸後期か〉

2-27　聖《ひじり》神社の御旅所（大阪府和泉市）
伊勢大神楽《だいかぐら》（山本勘太夫社中）の総舞の披露。

2-28　大津神社（大阪府泉大津市）
地車同士を当て合うカチアイの瞬間。

2-29　上町／岸城《きしき》神社（大阪府岸和田市）
宮入り道中の小半坂《こなから》でのヤリマワシ。〈昭和4年／1929〉

2-30　夜疑《やぎ》神社ほか／久米田寺（大阪府岸和田市）
久米田池と久米田寺にゆかりのある13台の地車が一堂に会する「行基参り」。

2-31　茅渟《ちぬ》神社（大阪府泉南市）

二輪の組車で曳行する。当地の地車はヤグラと呼ばれる。

2-32　火走《ひばしり》神社（大阪府泉佐野市）

舁《か》いて練り歩く担《にない》地車。

2-33　泉殿宮《いずどのぐう》（大阪府吹田市）
戎《えびす》神社の社殿に転用された地車。〈天保期〉

2-34　八雲神社（大阪府和泉市）
戎神社の社殿に転用された地車。

第一章

地車の誕生

地車《だんじり》とは何か。大坂の祭で生まれ育まれた地車は、摂津・河内・和泉国（大阪府と兵庫県南東部）、瀬戸内を中心に広く伝播《でんぱ》している。各地の地車の構造や江戸期の大坂の史料を吟味すると、地車は俄《にわか》をはじめとした歌舞音曲を披露するための移動式芸能舞台であったことがわかる。また、その形態は淀川を往来した豪華絢爛《けんらん》の川御座《かわござ》船《ぶね》を模したもので、当初はあえて粗末なつくりであったが、後に社寺建築の工法を導入し、飾幕《かざりまく》や彫刻などの装飾を施す地車も生み出されていく。屋根を備えた豪華なつくりの移動式芸能舞台は、祇園祭の山鉾をはじめ各地の都市祭礼で見られるが、大坂の地車は、それらとはまったく異なる設計思想で生み出されたものであった。各地に伝播した地車は多様に展開しさまざまな形態を生み出していくが、今もなお、船の記憶や芸能舞台としての役割をとどめているものがある。

第一節　江戸時代の御座船

　京都に近い大津（滋賀県）や亀岡（京都府）、南蛮貿易で栄えた堺（大阪府）や小京都と呼ばれた山口（山口県）の祭など、祇園祭の山鉾の影響を受けたと思われる都市祭礼は少なくない。京都に近接する大坂の地車も、祇園祭の山鉾の系譜に連なると考えられる向きがある。しかしながら、唐破風《からはふ》の二棟造で素木《しらき》の地車を賑やかな囃子で勢いよく曳き回す姿から、祇園祭の面影を感じることはできない。地車は大坂独自の文化である。

　現在の地車には社寺建築の工法が随所に見られる。特に唐破風は、日常では神社や寺院で見ることがほとんどであるから、地車を見て「神社が動いている」と感じる人も少なくない。古い地車を小社に転用する事例も散見される（口絵2-33、2-34、第三章第一節参照）。神社と地車の親和性は極めて高いといえよう。確かに、高低差のある二段の屋根が神社の拝殿と本殿に見えなくもない。ところが、後述するように、地車に社寺建築の工法が採り入れられたのは、地車が成立してからかなり後のことである。組物《くみもの》や彫刻といった見た目の特徴に引きずられると、地車の出自を見誤ることになる。

　そこで「大坂ならではの建築」の中に「地車の構造」を探してみると、意外にも淀川を往来した川御座船に地車と同じ設計思想を見出すことができる。いくつもの棟を並べ高低差のある屋根を連ねた豪華な川御座船は、まるで水に浮かぶ御殿のようで、船体の上の屋形の姿は地車そのものである。この前後に長く連なる屋形の造形美は、「船」という特殊な空間が前提となって成立している。

これまでも、地車と和船との類似点や地車と御座船との関連性についての論考はあったが（『だんじり大学』、「私の地車形態説」『地車研究』第五輯）、その実証はされてこなかった。筆者は、岸和田の地車の後部に立てられた吹流《ふきながし》と『だんじり大学』の著者との会話から「地車と船」との間に親和性を強く感じ（『摂河泉の神賑』第三巻）、『日本の祭と神賑《かみにぎわい》』を執筆する中で、地車の原型が川御座船である可能性を見出し、実証した。本章では、新たな史料も駆使しながら、より発展的に地車と川御座船との関係を論じていきたい。

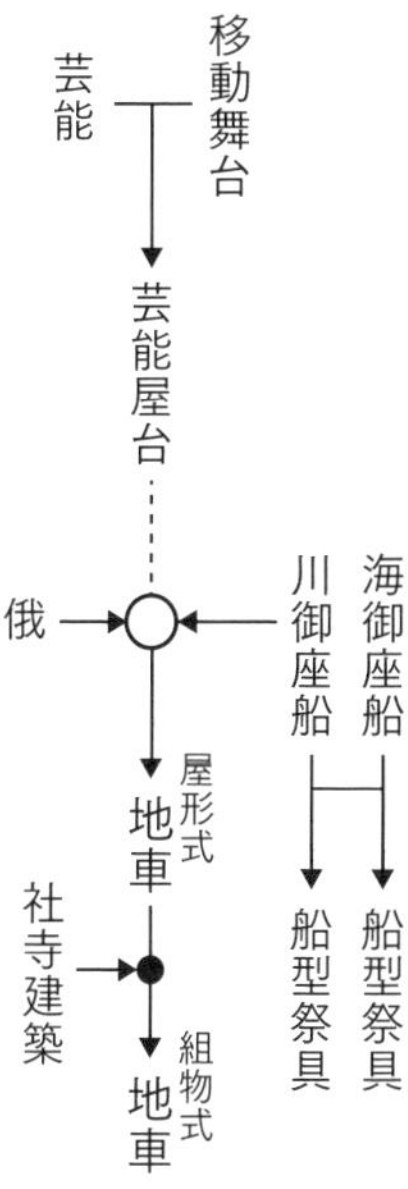

地車の誕生

海御座船

御座船とは、広義には、時代を問わず、天皇や公卿《くぎょう》、将軍など貴人のための特別仕様の船を指すが、本書で述べる御座船は、江戸時代に幕府や諸大名が所有し、朝鮮通信使や琉球使節の送迎、西国大名の参勤交代で用いられたものを指す。御座船には、海御座船と川御座船があり、大坂までの海路では海御座船が、大坂から淀（朝鮮通信使）、あるいは、伏見（琉球使節）までの淀川では川御座船が用いられた（口絵1-1〜1-5参照）。また、各藩が領国内で用いる川御座船もあった。

海御座船は、二階建ての屋形を設けた関船《せきぶね》で、主として折りたたみ式の帆柱を立てて帆走する。舳先《へさき》が細くなった一本水押《みよし》が特徴的で、先端には「下がり」と呼ばれる太い飾房を吊り下げる。船端には屋形部分を覆うように風除けを兼ねた背の高い垣立《かきたつ》が巡らされており、船体や屋形部分は漆や飾金具などで装飾が施された。垣立には幔幕《まんまく》が張られ、船尾には、紋を染め抜いた船印や風見の吹流、威儀を整える台笠《だいがさ》や立傘《たてがさ》が立てられた。

徳川幕府が開かれると、諸大名は水軍力の抑制を強いられ、大型の安宅船《あたけぶね》の所有が禁止された。その中で期待されたのが快速を誇る関船であったが、泰平の世で活躍の場がなくなった。このような状況下で、西国の諸大名は、自らの参勤交代や朝鮮通信使、琉球使節の送迎のために、関船をもとにした豪華な屋形を備えた海御座船を整えたのである。

川御座船

川御座船は、吃水《きっすい》の浅い大型の艜船《ひらたぶね》で、沖板《おきいた》を敷いた二枚水押の平らな舳先が特徴的である。各棟は欄干《らんかん》を巡らせた二階建て構造で、船首側から「床几《しょうぎ》の間」「上段の間」「次の間」などと呼ばれた部屋を備えた高さの異なる棟が連なり、その前後に出屋根《だしやね》を付す。室内は畳敷きで、花鳥風月の金碧障壁画《きんぺきしょうへきが》や山水障壁画、格天井《ごうてんじょう》などで荘厳を極めた。各部屋は身分や用途によって使い分けられ、最も格式の高い「上段の間」は、上畳、床や棚などを備えた書院のしつらえであった。内部は襖障子《ふすましょうじ》で仕切られ、外回りの建具には金箔押の舞良戸《まいらど》と明障子《あかりしょうじ》が用いられた。屋根は檜皮葺《ひわだぶき》や板葺で、唐破風のほか、照破風《てりはふ》や起破風《むくりはふ》、直破風《すぐはふ》のものがあった。屋形の周囲には幔幕が打ち回され、船尾には、船印や吹流がひるがえり、威儀を整えるための台笠や立傘、馬簾《ばれん》や梵天《ぼんてん》が立てられた。

各大名の川御座船は大坂に留め置かれ、幕府の川御座船は大坂船手《ふなて》奉行が所管した。川御座船の室内の具体的な描写は、大田南畝《おおたなんぽ》（蜀山人《しょくさんじん》）の大坂滞在記『芦の若葉』の享和元年（一八〇一）六月四日の項に詳しい。南畝は、大坂船手奉行の役人の案内で戎《えびす》島（九条島の北端）にある御船蔵に保管されていた、幕府所有の浪速丸、土佐丸、紀伊国丸、鳳凰丸、中土佐丸といった「みふねの数々」を見聞する幸運に恵まれた。

御座船を建造した船匠、金沢兼光が記した明和三年（一七六六）刊『和漢船用集』は、御座船を「その美、筆紙に尽くしかたし」と評する。天満《てんま》や堂島《どうじま》には船大工町があり、屋形の建築を担う大工や諸職人も大坂市中に住居して腕を振るった。

御座船の建造においては、船体は船大工、屋形は宮大工、その他、漆を塗る、彫刻する、金具を打ち出すといった工程ごとに作業場が異なったはずである。

宝暦十四年（一七六四）の朝鮮通信使一行の日本側の記録『宝暦物語』には「早や日も暮てければ、御座舟には燭を点じ、数の舟に、各々松明を灯し」という夜の川御座船の姿が描写されている。

書院造と御座船

川御座船の間取りや装飾から直ちに連想されるのは、将軍の御殿や大名屋敷に見られる武家屋敷の書院造の広間である。慶長十三年（一六〇八）に記された木割書『匠《しょう》明《めい》』の「昔六間七間四拾弐坪ノ図」をもとに、一般的な書院造の主殿の特徴を記すと以下のようになる。

接客の間である上段の間（一の間）が最も格式があって一段高く、さらに室内に上段が設けられることもあり、付書院《つけしょいん》、床、棚、帳台構《ちょうだいがまえ》といった座敷飾がある。隣が次の間（二の間）で、続く公卿の間が最も略式の空間であった。車寄《くるまよせ》の入口は両開きの妻戸《つまど》で、軒が唐破風となっている。外縁の建具は吊り上げ式の蔀戸《しとみど》もあるが、多くは舞良戸と明障子による引戸の組み合わせであった。各部屋とも畳敷きで襖障子によって仕切られるところが、前時代の寝殿造に比べて新しい特徴である。

室内の装飾は安土桃山時代から江戸時代初期にかけて荘厳を極めていく。襖障子や壁には、水墨障壁画や金箔地に鮮やかな濃絵の金碧障壁画が描かれ、欄間《らんま》には豪華な彫刻が施された。天井は格天井となり、随所に飾金具が打たれて、主人の威厳を誇示するに足りる豪華絢爛の

関西諸侯乗船　琉球人難波津着岸　其二『摂津名所図会』　琉球使節の一行を乗せた豪華な川御座船。

装いとなる。

　再び御座船に目を転じると、御座船は、武家の書院造を船上に再現した「移動式の武家屋敷」であることがわかる。御座船の屋根に多く見える唐破風は、書院造の車寄を連想させる。武家屋敷では外部からは見えなかった部屋ごとの身分秩序が、川御座船においては棟の高さとして顕在化し、その結果、前後に重層的に連なる美しい屋根の姿が生み出された。内部の荘厳は、御座船においては外部に積極的に解き放たれる。

二条城二の丸御殿の大広間（写真：元離宮二条城事務所）　二の間（下段の間）から一の間（上段の間）を望む。

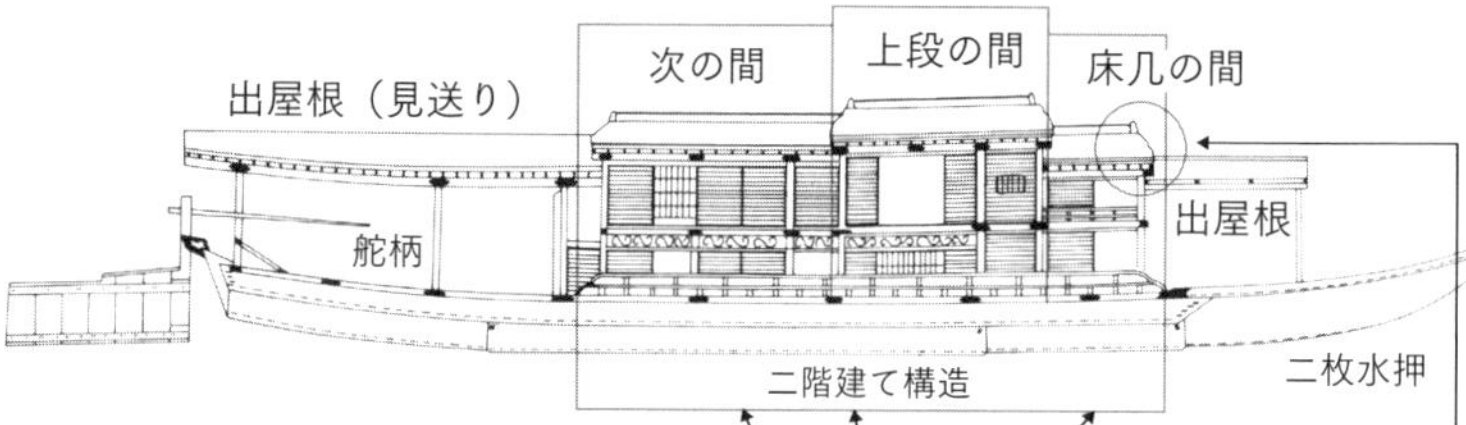

『建築大辞典 第2版』（彰国社）より

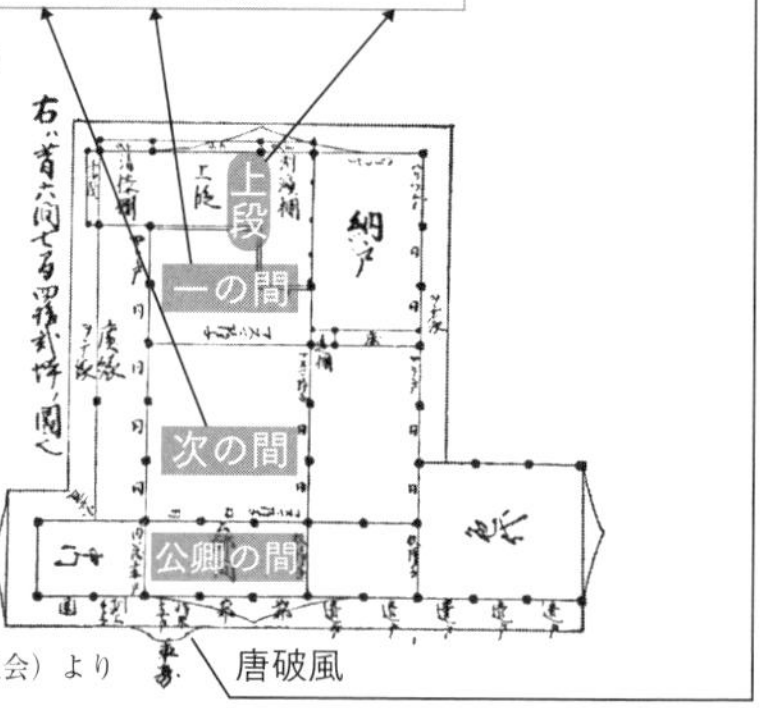

『匠明』（鹿島出版会）より

川御座船と書院造の対応の一例

名古屋城本丸御殿の玄関（写真：名古屋城総合事務所）　入口の軒に唐破風が見える。

川御座船の操舵法

綱引

帆走を主とする海御座船に対して、水の流れに逆らうこともある川御座船は、櫓《ろ》と棹《さお》に加えて、川岸から綱で曳かれることによって推力を得た。綱引道の整備、船の通り道となる水尾《みお》（おおよそ幅十間＝約十八・一m、深さ三尺＝約九十cm）の浚渫《しゅんせつ》、綱引役のための人足が、淀川沿岸の村々に課せられた。年にもよるが、例えば徳川吉宗の将軍襲職慶賀のための享保三年（一七一八）の琉球使節では二百五十名が、享保四年の朝鮮通信使では、上り千三百十八人、下り四百人が綱引に従事した。川御座船には、一艘に、おおよそ九十名から七十名の綱引役が就いた（「外国人使節船団の通航」『畿内河川交通史研究』）。

水尾は川の流れと一致するとは限らない。水尾筋には笹葉が打ち立てられたが（「淀川筋における綱引役」『近世交通史研究』）、複雑な水尾を読みながらの操舵には、海御座船とは異なる技術が求められた。船尾に大きな舵が備えられていたが、それだけでは俊敏な舵取《かじとり》が難しい。淀みなく船を進めるために、次に述べるようなさまざまな工夫がなされた。

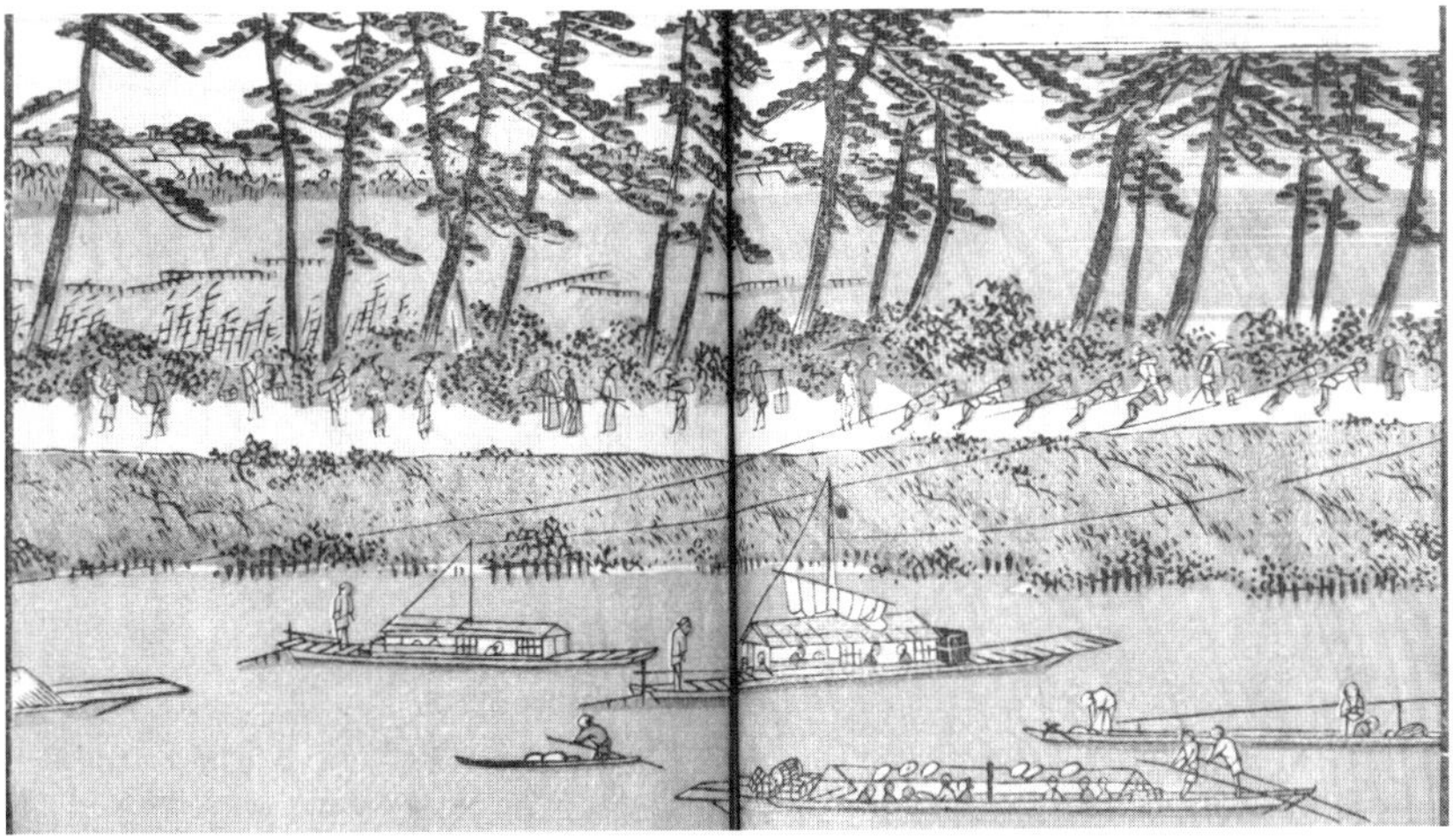

淀堤『淀川両岸一覧』下り船之部（大阪天満宮蔵）
三十石船などは船の中心に柱を立てて引綱を掛けた。『淀川舟游』所収の「よと川の図」や円山応挙の「淀川両岸図巻」には帆走する川御座船が描かれ、「川御座船仕法書」（東京大学駒場図書館蔵）にも帆柱に関する記述がある。淀城の十二挺立の屋形船にも帆が付属していた（『畿内河川交通史研究』第二編第四章）。川御座船の引綱は帆柱に結び付けられたか。

采配《さいはい》

川御座船の絵画史料には、必ず、前方の屋根と後方の屋根の上に采配や軍配を採った人物が二名描かれる。立ち位置や仕草などからも、操舵の指示を出す役割を担っていたことは間違いない。前方の屋根から後方の屋根へ、後方の屋根から舵取役へ、また、岸の綱引役へと、采配を振って情報を伝えたと思われる。文字史料にも「矢倉は弐人」「金の唐団扇、箱の緒付たるを持つ」と見える（「豊後国稲葉家伝来天和度朝鮮通信使川御座船関係文書について」）。

鈴

船尾の出屋根には鈴が備え付けられた。「川御座船之絵図」（東京大学駒場図書館蔵）の宇和島藩の川御座船には大きな鈴が描かれている。屋形前方の出屋根に座る船頭の左右には、船尾までつながる紐が垂れ下がる。おそらく鈴を鳴らすためのものであろう。前掲の稲葉家文書には「取梶おもかちの鈴引役人一人」と見え、享保四年（一七一九）の朝鮮通信使に随行した申維翰《シンユハン》の紀行文『海游《かいゆう》録《ろく》』には、船尾の金色の鈴を鳴らして舵取の合図とすると記される。

太鼓

船尾の櫓《やぐら》には太鼓が据えられた。『和漢船用集』には、後方の出屋根の上に「太鼓楼」があると記される。櫓のない船もあったが、どこかに太鼓は備え付けられていたはずである。太鼓の打ち分けで、船尾と船首の水主《かこ》、遠く岸にいる綱引役まで、多様な情報を伝達することができる。

船歌

船上では船歌が歌われた。天和二年（一六八二）の「朝鮮人来聘之節川御座船差出候書付」（「豊後国稲葉家伝来天和度朝鮮通信使川御座船関係文書について」所収）には「歌水主　櫓数おもかぢとりかぢ八挺宛　拾六人」とあり、漕ぎ手も兼ねたかもしれないが、船歌のための水主が多くいたことがわかる。呼吸を合わせるため、また、威儀を整えるためにも船歌は必要であった。『海游録』では、倭人の棹歌の妙音が絶賛される。

以上のようなさまざまな役割に従事する人たちの阿吽《あうん》の呼吸によって、川御座船は川面を滑るように航行したと思われる。優雅な船歌が歌われる中、面舵《おもかじ》、取舵《とりかじ》、良《よう》

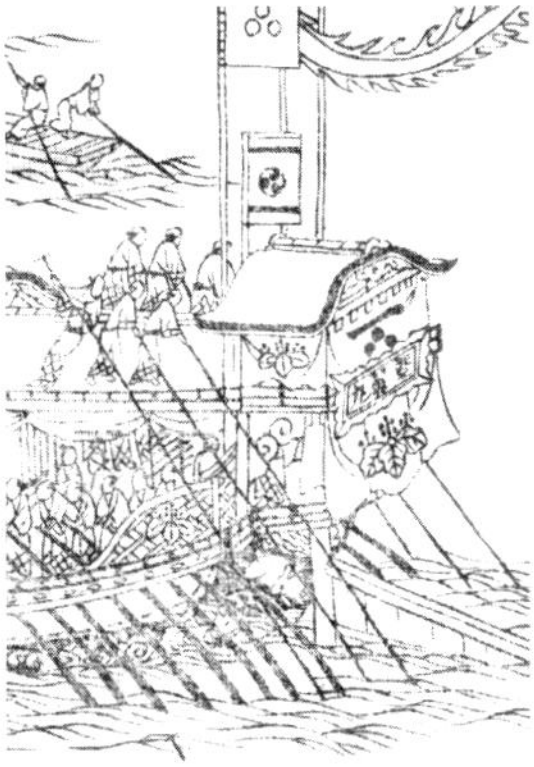

艫櫓『摂津名所図会』

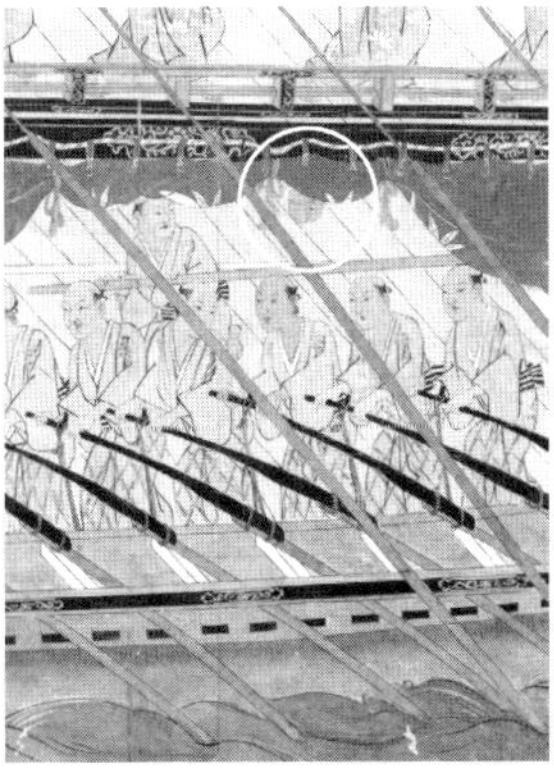

鈴（白丸部分）「川御座船之絵図」（東京大学駒場図書館蔵）

采配役と船頭「川御座船之絵図」（東京大学駒場図書館蔵）

候《そろ》の掛け声、太鼓や鈴の音も飛び交った。それは、ただ闇雲に発せられるものではなく、水尾に導かれた舵取に合わせて奏でられる祭囃子のようだったと想像される。

淀川水系では、古くから貴人用の川船が往来した。鎌倉時代成立「法然上人行状絵図」（知恩院蔵）には、鳥羽《とば》から淀川を下る法然一行の、棟瓦《むねがわら》に檜皮葺で、唐破風の屋形を備える川船が描かれている。『平家物語』には、三棟造の川船が登場する（「二つかわらで三棟の舟」）。江戸時代の川御座船は、突如として生み出されたものではなく、淀川を往来した特別仕様の川船の系譜に連なるものといえよう。

中世の屋形船『法然上人行状絵図』（知恩院蔵）

第一節　祭の中の御座船

海御座船と川御座船の造形は多くの人々の関心を集め、各地の祭の中で「船型の祭具」として再現された。海御座船を見聞する機会がほとんどであった瀬戸内では、海御座船型の祭具が生み出され、海御座船と川御座船の両方に馴染みのあった大坂では、双方の要素を備える祭具が生み出された。その中には、海や川で用いられる「実船」と、陸で用いられる「模造船」とがある。

海御座船型の祭具

瀬戸内の祭には多くの海御座船型の祭具が出る。江戸時代初期までは、広田《ひろた》、西宮《にしのみや》、南宮《なんぐう》（兵庫県）三社の神輿は、和田岬まで海を渡って神幸《しんこう》したと伝わる。寛文三年（一六六三）の祭を記録した「生田《いくた》神社神幸祭絵巻」（生田神社蔵）には、和田岬に向かう神幸列が描かれており、その中に一本水押の海御座船型の模造船が見える。これは兵庫の北浜と南浜による初趣向の「ねり船」であり「殿様御幕にて御座候」と記される。第二次世界大戦の空襲で焼失し、令和二年（二〇二〇）に復元された「西宮大神《おおかみ》本紀」には一本水押の海御座船型の実船が描かれており、出屋根の上で戎《えびす》の傀儡《くぐつ》を操っている。この絵は、江戸中期（一六六三年以降）に往時の祭を想像して描かれたものである。天神祭の催《もよおし》太鼓と同じ姿の祭具（投頭《なげず》巾《きん》を被って複数人で太鼓を打つ）が見えるので、他地域の祭の様子も参考に描かれたと考えられる。生田、西宮の船型祭具は一本水押であるから海御座船を模したものといえるが、沿岸用のためか、海御座船に特徴的な垣立は見られない。

高松城下の鎮守、石清尾《いわせお》八幡宮（香川県高松市）の祭には、海御座船を模した「飾船」と呼ばれる祭具が多く出た。これは中に入って舁《か》き歩くものである。

朝鮮通信使の一行の寄港地であった牛窓《うしまど》の牛窓神社（岡山県瀬戸内市）や鹿忍《かしの》神社（同市）の祭にも、御座船型の曳車《ひきぐるま》が出る。文政元年（一八一八）製作の東町の「御船だんじり」は海御座船型曳車である。幕末から明治にかけては船首に大きな龍や麒麟の首をかたどった曳車が多くつくられた。その造形は「朝鮮人渡海船之図」のごとくであり、朝鮮通信使の情緒を再現したものであろう。淡路島の鳥飼《とりかい》八幡宮（兵庫県洲本市）の祭にも、布団太鼓とともに「舟だんじり」と呼ばれる海御座船型曳車が出る。都志《つし》八幡神社（兵庫県洲本市）の祭では、神輿の役割を果たす「舟神輿」と呼ばれる海御座船型の祭具が舁かれる。

讃岐の豊浜八幡神社（香川県観音寺市）の祭に出た海御座船型曳車は「席船《せきぶね》」と呼ばれる。船の形態を示す「関船」の名称が文字を変えて用いられている。

伊曽乃《いその》神社（愛媛県西条市）の祭では、かつては海御座船型の祭具が出て神輿を乗せて舁くものもあった（「伊曽乃大社祭礼略図」伊曽乃神社蔵、「伊曽乃祭礼細見図」東京国立博物館蔵）。

三重県北部、四日市市に鎮座する諏訪神社や富田の鳥《とり》出《で》神社などの祭には、鯨船《くじらぶね》と呼ばれる金色の楼閣が特徴的な海御座船型の曳車が出る。道中を海に見立て、暴れる張子《はりこ》の鯨を船上から銛《もり》で仕留める。

以上、海御座船型の祭具を中心に紹介した。川御座船の船体を再現した曳車の事例は少ないが、例えば、四所《ししょ》神社（徳島県徳島市）の祭には、平らな沖板を乗せた二枚水押の川御座船型の曳車が出た。これは領国内で用いた川御座船を模したものであろう。

生田神社神幸祭絵巻（生田神社蔵）

鳥飼八幡宮の海御座船型曳車（写真：平田雅路）

牛窓の御座船型曳車（手前／東町）

四日市祭（諏訪神社）の鯨船

祇園祭の船鉾《ふねほこ》や大船鉾をはじめ、祭の中で船を再現する趣向は古くからある。このような事例は、海に関連する八幡神系の神社の祭や、神功《じんぐう》皇后や住吉神を主題とした祭具に多く見られる。江戸期に入って御座船の見聞の機会が増えると、祭神にかかわらず船型の祭具が用いられるようになる。実際に帆を上げる事例はまれであるが、例えば、長浜八幡宮（滋賀県長浜市）の曳山祭では、帆を張る船型の曳車が見られる。

天神祭の船型祭具

海御座船と川御座船が頻繁に行き交った大坂では、他地域に比べ御座船を見聞する機会が圧倒的に多かった。宝暦十四年（一七六四）の朝鮮通信使の記録を記した『宝暦物語』には「両方の川端には、近国、近在の老若男女その数幾千万といふ事を知らず。男子のかざす扇は、山に懸りし白雲の如く、女の頂きし綿帽子はふもとに敷し雪に似たり」と記される。寛政八年（一七九六）の琉球使節を描いたと思われる寛政十年刊『摂津名所図会』巻之四の「関西諸侯乗船　琉球人難波津着岸」には、川御座船と岸に群集する見物人の姿が立錐の余地なく描かれて

長浜曳山祭の船型曳車「猩々丸（舟待組）」（写真：長浜市曳山博物館）

船鉾『祇園御霊会細記』（筆者蔵）

いる。

日常的に海船と川船の双方が見られた大坂では、海船に特徴的な一本水押の船体に、川御座船のような立派な屋形を備えた船型祭具が生み出された。これは、瀬戸内によく見られる高い垣立に幕を巡らせる海御座船型の祭具とは対照的である。

船型祭具と御座船との関係は絵画史料からも明らかであるが、『芦の若葉』にある「その船の粧ひ、赤くぬれる船に檜皮ぶきの屋根して、幕打回し、吹流し、台傘、たて傘などたてならべしは、大名の船になぞらへるなりとぞ」という天神祭の御迎船《おむかえぶね》についての描写から確信的となる。

神輿の綱引船

大阪天満宮《てんまんぐう》（大阪市北区）の天神祭の船渡御《ふなとぎょ》では、神輿を乗せた船を御座船型の実船が曳航した。『芦の若葉』には、鳳神輿に道真公が、玉神輿に法性坊尊意《ほっしょうぼうそんい》が乗ると記されている（現在は鳳輦《ほうれん》に菅原道真公の御分霊《わけみたま》を遷《うつ》す）。享保十六年（一七三一）の長谷川光信作と伝わる「古来天神祭船渡御之図」（大阪天満宮蔵）には、漆塗の豪華な御座船型の船が描かれており「綱引船」と記される（口

天神御旅所『芦分船』

絵1―6参照）。天神祭を描いた最も古い絵が掲載される延宝三年（一六七五）刊『芦分船』にも同様の綱引船が描かれる。寛政十年（一七九八）刊『摂津名所図会』巻之四より後には、このような御座船型の綱引船は見られなくなる。

御迎船《おむかえぶね》

天神祭の神輿は、大川《おおかわ》（淀川の大坂三郷《さんごう》域での名称）の河口域の御旅所《おたびしょ》に、徒《かち》と船にて神幸《しんこう》した。神輿の一行を出迎えたのが、御旅所付近の町々が工夫を凝らしてこしらえた人形を乗せた御座船型の実船、御迎船である。喜田川守貞《きたがわもりさだ》による天保八年（一八三七）起稿、嘉永六年（一八五三）成立『守貞謾稿《もりさだまんこう》』には「西辺諸船業多き所よりは御迎船とて、黒漆朱漆銀金箔に彫物等美なる艤して、舳に種々の美製の大木偶一個を立てる。あるひは蛭子《ひるこ》あるは戎島、山本道鬼は勘助《かんすけ》島、あるひは素盞嗚尊等種々あり。かくのごとき船あるは天満の祭に限るなり。他の社にはこれなし。この漆ぬりの船は平日用ひず、ただ今日用ふるのみ。皆、屋根船拙に、たとふるに精製の仏壇のごとし」と記され、その絢爛の様子がうかがえる。御迎船は天神祭に限ると記されるが、『摂陽奇観』巻之三十五に所収の『摂州大坂御霊宮祭礼渡御図』には、御霊《ごりょう》神社（大阪市中央区）の船渡御の賑わいが描かれており、御座船型の御迎人形を乗せた御迎船が見える。前述のように『芦の若葉』には、御迎船は大名の御座船を模したものであると明記される。

摂州大坂御霊宮祭礼渡御図

戎嶋天満宮御旅所『摂津名所図会』

天神丸

天神祭では御座船が陸上でも再現された。その代表が元禄三年（一六九〇）十月に堀川浜の上荷船《うわにぶね》茶船《ちゃぶね》仲間によって製作された模造船、天神丸である（「天神祭の曳船」）。上荷船（二枚水押）と茶船（一本水押）は、沖に停泊する船から荷物を輸送する瀬取船である。天神丸は、一本水押の海船形式の船体で、海御座船よりも垣立を低く抑え、川御座船のように屋形を見せる豪華な曳車である。随所に金箔に彩色付きの彫刻が施され、黒漆と飾金具との対比が美しい。組物で屋根を持ち上げるなど、住宅建築である本物の御座船には見られない社寺建築の工法が採用されている。天神丸は、寛政四年（一七九二）五月の火災で一部の彫刻を除いて焼失したが、嘉永五年（一八五二）の天満宮九百五十年祭で復興した（口絵1-7参照）。明治・大正期にも天神丸は祭で境内に飾られることがあったが、長らく人々の記憶から忘れ去られていた。現在は、大阪天満宮から大阪市立住まいのミュージアム（大阪くらしの今昔館）に寄託されており、毎年、夏季に組み立てられ、同館で披露される。

大阪では天神丸以外の御座船型曳車の記録は少ないが、天神丸が製作される以前の、延宝八年（一六八〇）刊『難波鑑』の天神祭の項に「引船なンどあり、内にて、おもしろき小歌うたハせ」とある（御座船型の神輿の綱引船も描かれる）。宝暦十一年（一七六一）成立『和漢船用集』には、「籠舟《かごぶね》」の説明として「祇園会舟鉾と云の類也。神事に用て引舟と云。摂州浪花ねり物、地車（引っ張る車の意）に多くあり。外回り船の形、美をつくして飾といへども、内は空なり、故に籠舟といふ」とある。天神祭の天神丸の他にも、あるいは、天神祭以外でも、御座船型曳車があったと思われるが、宝暦の時点では天神丸がその代表のようで、『和漢船用集』の籠舟の挿絵は天神丸である。

以上のように、大坂の夏祭、特に天神祭において、人々は御座船の姿を祭具に採り入れた。ただし、このような豪華な祭具を準備するためには相応の財力が必要とされ、すべての町や仲間が所有できるものではなかった。ならば、金銭に頼らない別の方法で「大衆的な御座船」をつくり出すことはできないものか。誰もが御座船に魅力を感じた時代において、地車が生み出される条件が整っていく。

天神丸（大阪天満宮蔵／大阪市立住まいのミュージアム寄託）

第三節　地車と和船

「地車は船である」とすれば、その事実を多くの人が知っていた時代があったはずである。喜多村筠庭《きたむらいんてい》の文政十三年（一八三〇）成立『嬉遊笑覧《きゆうしょうらん》』には「然らば難波にて陸地を車して牽するものを壇尻と呼も、原《もと》天満の祭礼に舟を飾りしを（かの津島祭の船に準らへて）台尻といひしが、転りて訛れるなるべし」とある。天神祭に飾っていた船というのは天神丸であろう（寛政四年に焼失し嘉永五年に復興）。大坂で陸を行く曳車（地車）がダンジリ（壇尻）と呼ばれるのは、御座船型曳車（天神丸）の呼称、ダイジリ（台尻）の転訛であるという（第一章第七節参照）。論の信憑性は薄いが、「船体のある曳車」と「船体のない地車」を同じ名称で結び付けるこの記述は「地車と船との関連性」を強く示唆するものである。

地車は誕生後、その形態や曳行方法が変化するにつれて、人々の記憶から、地車の原型が川御座船であること、さらには、船であることすらも忘れ去られていく。しかしながら、各地に伝播した地車には、今でも「御座船の記憶」が深く刻み込まれている。

地車の形態の多様性

現在、地車といえば、一般に、唐破風二段の大屋根と小屋根を備える二棟造の曳車を指し、四つのコマ（車輪）で大屋根を前にして曳行されるものをいう。しかしながら、絵画史料や各地に伝播した地車の形態を見ると、必ずしもこのような地車ばかりではない。「天満祭地車《ぢぐるま》宮入の図」（大阪府立中之島図書館蔵）には、唐破風三棟造の地車や直破風《すぐはふ》二棟造の地車、さらには大屋根が唐破風で小屋根が起破風《むくりはふ》の地車もある。五雲亭貞秀《ごうんていさだひで》の安政六年（一八五九）刊「浪速天満祭」には、照破風《てりはふ》の二棟造の地車が描かれる。現在、天神祭に出る天満市場の地車は三ツ屋根地車と呼ばれるが、これは、現行の一般的な地車が二ツ屋根であることによる通称である。

このように、地車は、棟数や破風の形式で規定されるものではない。二棟造が主流となったのは造形美や費用対効果を考えてのことであろう。コマ（車輪）の型式や数もさまざまである。地車を「唐破風大屋根小屋根二段の二棟造で車輪が四個の曳車」と限定してしまうと、その出自を見誤る恐れがある。地車の姿は、時代や地域によって異なるという事実を、まずは確認しておきたい。

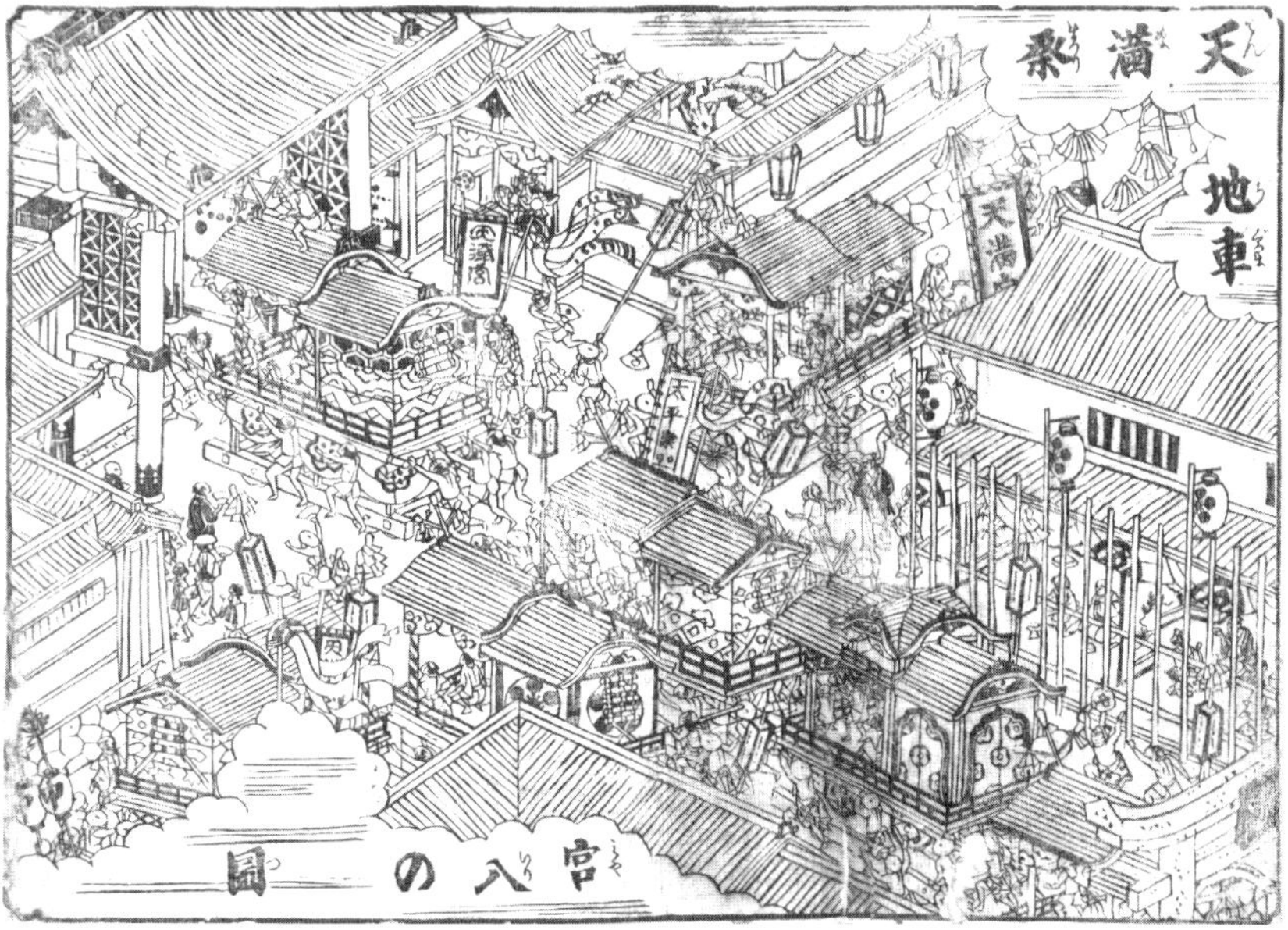

「天満祭地車宮入の図」『保古帖』（大阪府立中之島図書館蔵）「大和屋弥兵衛」「志ほや三らう兵衛」と記される。

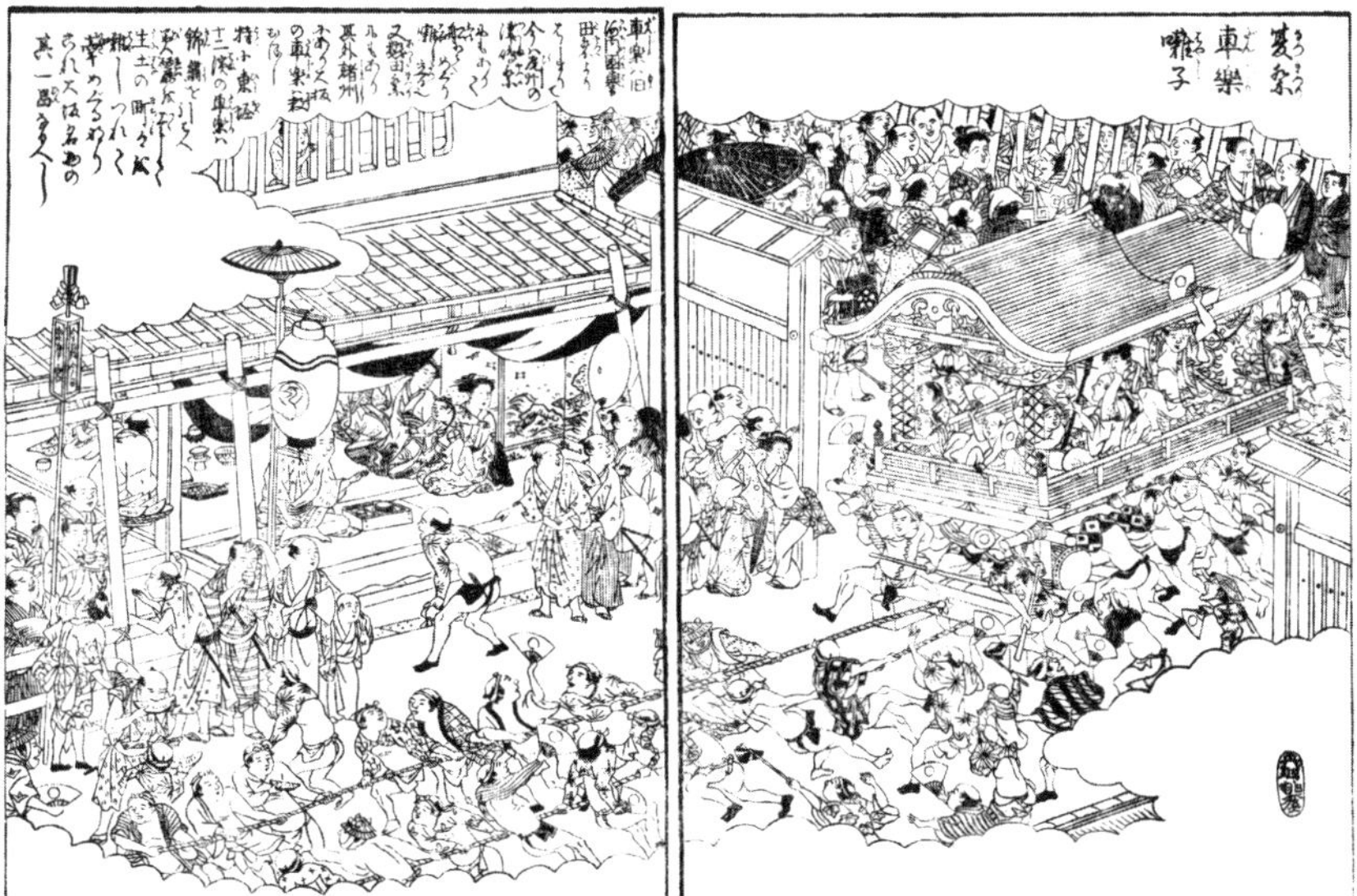

夏祭車楽囃子『摂津名所図会』 豪華な飾幕で有名であった東横堀川十二浜の地車。

地車に残る御座船の記憶

波の意匠

「地車が船である」ことを最もわかりやすく示しているのは、地車の下部（一階）に巡らされた波模様の幕である（口絵1-11参照）。現在では、ここを彫刻板とする地車が多いが、その場合でも、土台などに必ず水に関わる彫刻を施す。弘化三年（一八四六）の天満市場の「地車図面」（個人蔵、天満宮近くで大和屋の屋号で宮大工を営んだ家系）にも、台木に波の彫刻が見える。波は、地車を船に見立てるために必須の表現であった。

中神車（なかしんしゃ）（野里住吉神社）の地車（大阪市西淀川区）

天満市場の地車図面（弘化三年）
大阪歴史博物館ウェブサイト掲載画像をトレース。
不鮮明な部分は現在の地車を参考に河合賢申（彫刻師）が補筆。

二階建て構造

地車の内部は、敷板で上下二段に分けられ、上部（二階）は芸能披露のための舞台と楽屋、下部（一階）は道中囃子の太鼓を鳴らす囃子座のための空間となっていた（第三章第一節参照）。舞台や楽屋の周囲には欄干が巡らされる。囃子座の周囲に彫刻板がはめられる場合には、その部分にも欄干が設けられることが多く、上下二段に欄干が認められる地車も少なくない。川御座船には屋形の二階および船端に欄干が設けられる。欄干は、地車が二階建て構造であることを象徴的に示している。

高田（天神社）の地車（奈良県大和高田市） 明治中期に堺で製作されたと伝わる。

多様な屋根の形式

現在は唐破風二棟造の地車が一般的であるが、前述のように、かつてはさまざまな形式の屋根があった。このような、地車の屋根の多様性は、その出自の特定を難しくするものではなく、逆に、その原型が御座船であったことの傍証になり得る。徳川幕府、各藩は、それぞれの威信をかけ、競い合うように棟数を増やし独自の形態の屋形を持つ御座船を生み出した。海御座船に比べて風の影響の少ない川御座船において、それはより顕著であった。『和漢船用集』には「箱棟と鬼板がある栩板葺《とちいたぶき》で、唐破風、照破風、起破風、入母屋造、横棟造などの屋形があり、船端まで欄干を巡らす」と川御座船の姿を描写する。

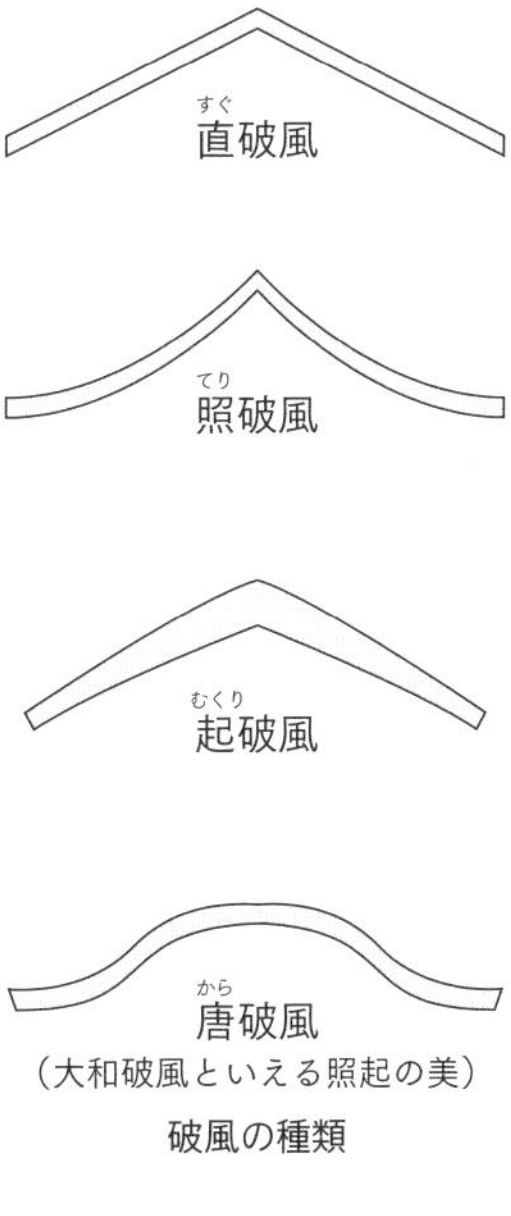

破風の種類

吹流《ふきながし》と幟《のぼり》

「天満祭地車宮入の図」には、吹流や幟を携えて地車に付き従う人々が描かれている。大坂の泉屋（住友家）が経営した別子銅山の村民生活を描いた『銅山略式志』の山神宮（大山積神社）の祭にも同様の光景が見える（口絵1-16参照）。高向《たこう》神社（河内長野市）の文久三年（一八六三）の「祭礼絵馬」には、地車の後部に吹流と幟が描かれている。吹流や幟などの旗指物《はたさしもの》は、風見や、所属を顕示するための船印として、また、威儀を整える飾物として、御座船の後部に立てられた。

高向神社祭礼絵馬（高向神社蔵）

梵天《ぼんてん》

『日本唐土《にっぽんもろこし》二千年袖鑑《そでかがみ》拾《しゅう》遺《い》』や「浪花浮世画壇松川半山翁遺稿」（第一章第五節参照）などには、曳き手の周囲に梵天を持つ人々が描かれる。「浪速天満祭」では梵天が地車に先行し「梵天先達」と説明されることから、梵天役が辻などで進行方向を指示したのであろう（口絵1-15参照）。川御座船の屋根の上で舵の指示を出した采配役は、梵天のようなものや軍配などを采配としていた。地車の梵天は、この川御座船の采配に由来すると思われる。

以上のように、地車と御座船との間に多くの類似点を見出すことができる。

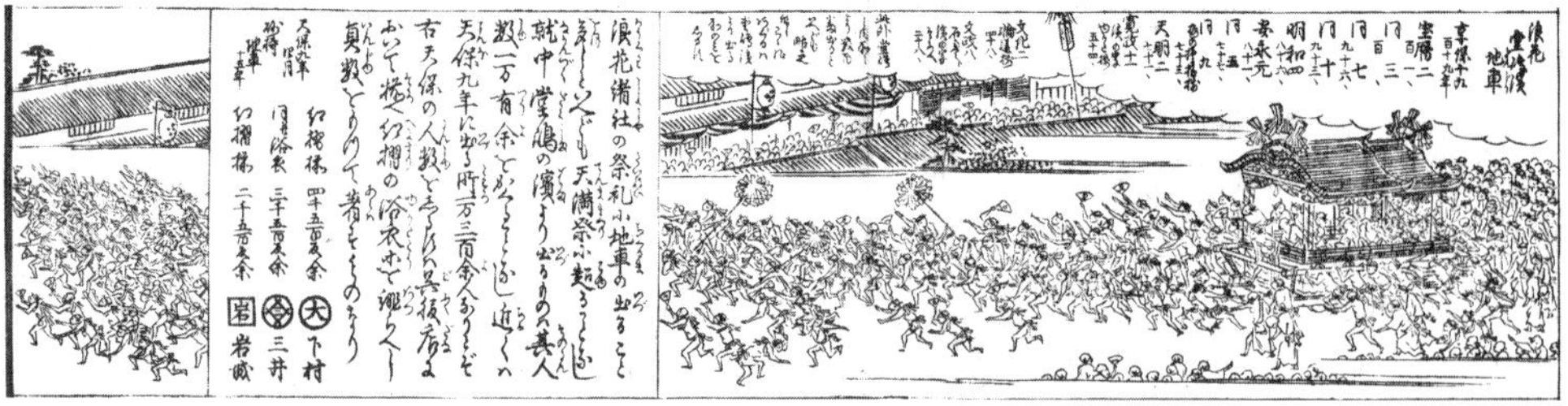

『日本唐土二千年袖鑑拾遺』（筆者蔵）

岸和田の地車と川御座船

岸和田型地車にも御座船の要素が多く見られる。その中には、大坂の地車の要素を引き継いだ部分と、岸和田独自の御座船との類似点がある。後者については、当時は「地車は川御座船を模したものである」ことは自明の事実であって、岸和田の人々が地車を「より川御座船らしく」見せるために新たに加えた工夫といえる。

水板《みずいた》と土呂幕《どろまく》

地車の土台の上部には「水板」と呼ばれる細長い部材が組み込まれ、地車の四方に巡らされている。水板には習慣的に川や海などを連想させる彫刻が施されており、地車が水に浮かぶ船であることを如実に物語る。「土呂幕」は「胴幕」（胴掛幕《どうかけまく》）の転訛であろう。岸和田では大坂の地車における「波模様の幕」の役割が「水板」に受け継がれた。

勾欄《こうらん》と犬勾欄《いぬごうらん》

地車の下部の土呂幕の両隅には「犬勾欄」と呼ばれる小さな部材がある。イヌは「似て非なるもの」「役に立た

岸和田城下三郷浜方の一、中町の地車　製作：大正11年（1922）、大工：田端辰次郎、主彫刻師：開正藤・開生珉。①勾欄（欄干）、②犬勾欄、③松良、④水板、⑤土呂幕、⑥見送り、⑦摺出鼻、⑧旗台。

ないもの」を表す接頭語で、かつては「勾欄」（欄干）であったことを暗示する。江戸期の古い五軒屋町の地車（岸和田だんじり会館蔵）では、完全な形の勾欄が巡らされている。この犬勾欄と上部の勾欄によって、地車は二階建て構造であることが示される。かつては岸和田型地車も大坂の地車のように、内部が上下二段に分かれていた。二階建て構造は御座船の重要な特徴の一つである。

松良《まつら》

岸和田型地車に特有の部材に「松良」がある。地車の前方後方の四隅に組み込まれる部材で、部材の突出部を支える「持送《もちおく》り」が、彫刻面を増やすために複数連結して肥大化したものである（第三章第六節参照）。マツラ（松羅・間連）とは『和漢船用集』にも見える和船用語であり、船体を補強するための部材を指す。持送りに、あえて和船用語を当てたのは、岸和田の大工が地車を船に見立てたからに他ならない。

旧・五軒屋町の地車（岸和田だんじり会館蔵）　最初期の岸和田型地車。

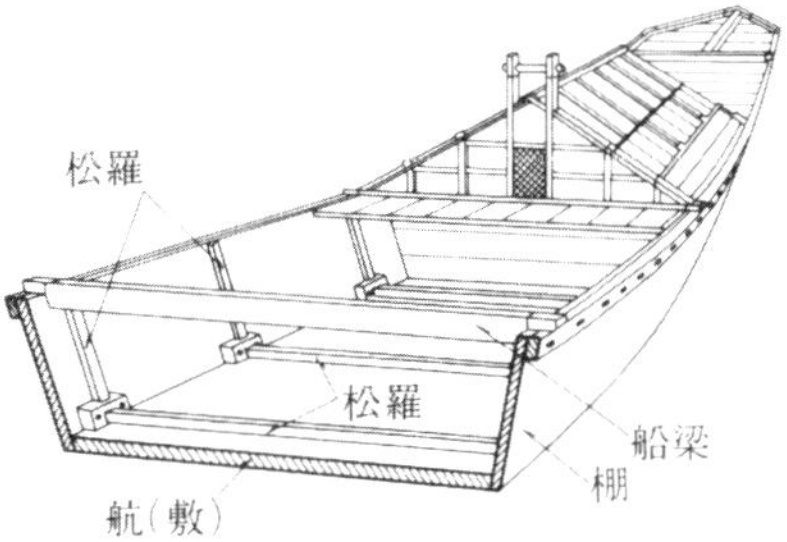

船体を補強するマツラ（『建築大辞典 第2版』彰国社）

旗指物《はたさしもの》

岸和田型地車では、吹流や幟などの旗指物は地車後部の旗台《はただい》と摺出鼻《すりだしばな》に支えられ、曳行中も地車に立てられる。この摺出鼻は小屋根を後方に移動させるために施されたものであり、部材名からも、その役割が推察される（第三章第五節参照）。岸和田では吹流を吹散《ふきちり》と呼ぶ。番匠笠《ばっちょがさ》と長刀と伝承される指物を立てる地車もあるが、これは、御座船の飾物や大名行列の威儀物である台笠と立傘に由来するものと思われる。堺で製作された地車の中にも旗台と摺出鼻を持つものがあるが、小屋根は固定されており、摺出鼻は旗指物の支えとしてのみ用いられる。

北町（岸城神社）の地車　宮入り時に立てられる吹散。

見送《みおく》り

岸和田型地車の小屋根の二階内部の空間は「見送り」と呼ばれ、城や館、人馬の彫刻が箱庭的に配される（第三章第六節参照）。『和漢船用集』には、川御座船の船尾の「出屋根」を「見送り」と呼ぶと記されており、もともとは、川御座船に倣って地車の後部一棟全体を「見送り」と称したと思われる。

後梃《うしろで》子《こ》とドンス

岸和田では地車の後部に舵取のための太い梃子が差し込まれる。梃子の左右に張られた細綱がドンス（和船用語）と呼ばれることから、この後梃子は船の舵柄《かじづか》に見立てられていたことがわかる。ドンスは、大型の和船の舵の保持と操作を容易にするために、舵柄の両方に張られた細綱である。『和漢船用集』は、ドンスを「加賀苧《かがそ》の細引き綱也。又、手安《てやす》という。柁柄にかけて引くもの。凮あらき時は幾筋も掛て柁《かじ》をとる也」と説明する。岸和田型の地車では、何本ものドンスを張ることによって多くの人数の力を地車に伝えることが可能となった。後梃子役はドンスを用いて、曳行中に速度を落とさずに行なう舵取の微調整チョイドリ（ちょっと舵を取るの意）や、豪快に辻を曲がるヤリマワシ（遣ってまわすの意か）をこなしていく。そのさまは「凮あらき時は幾筋にも掛て柁をとる」という海船に乗り込んだ水主たちの姿を彷彿とさせる。堺で製作された地車にも後梃子があった。

上町（岸城神社）の地車　後梃子に張られたドンス。

真上から見た岸和田型地車（本町／岸城神社）

川御座船の操舵法による地車の舵取

岸和田の人々が編み出した、独特の「地車の遊び方」がある。岸和田型の地車では、曳行時に大屋根で舞い踊る大工方が目を惹く。大工方は大屋根に一名、小屋根の左右に一名ずつ配され、例えば、大屋根の大工方が左へ移動して手に採った団扇《うちわ》をはたくと、それを受けて、小屋根左側の大工方が団扇で屋根の縁を叩く。それを受けて後梃子の左側のドンスが息を揃えて引かれ、その結果、地車が右方向へと向きを変える。後梃子の力を地車に伝えるためには、コマと台木との間にアザ（狭間《はざま》の転訛か）と呼ばれる遊びの空間が必要であり、一回の操作ごとに後梃子を元の位置に返す。大工方は単なる演舞ではなく、地車に阻まれて前方を目視できない後梃子役に対して、舵取の方向を伝える役割を担っている。

この情報伝達の手順は、川御座船の操舵法に他ならない。多くの地車が昇棒を力押しして地車の方向を変える中、岸和田の人々は、地車の姿を船に見立てることだけでは飽き足らず、その動きにも川御座船を再現したのである。灯入れ曳行では、両手に採った弓張提灯《ゆみはりちょうちん》で町名の文字を描くように動かす。これは、川御座船の夜の采配役の動きを真似たものかもしれない。

灘《なだ》地域（兵庫県南東部）の地車などで多くの若者が屋根に乗って采配（地元ではハタキという）を振って踊る行為や、平《ひら》野《の》郷《ごう》の杭全《くまた》神社（大阪市平野区）の祭で地車の屋根に乗って御幣《ごへい》を振る行為なども、遠く川御座船の采配の記憶を残すものかもしれない。

以上の考察から、地車の原型は御座船であること、その中でも川御座船の影響が大きいことが証明された。しかしながら「船に由来するはずの地車に船体がないのはなぜか」という重要な案件が未解決のままである。

船型祭具から船体を取り除いた可能性もなくはないが、「船という造形」に魅せられて生み出された船型祭具から、船体をなくす積極的な理由が見当たらない。現在でもさまざまな形態の船型祭具が各地の祭で活躍していることは先に述べた通りである。後述するように、地車は、初めから「船体を持たない船」であった可能性がある。

住之江區（本住吉神社）の地車　大勢の若者が屋根の上で采配を振る。『摂津名所図会』巻之四には地車の舞台で采配を振る姿が描かれる。

本町（岸城神社）の地車の灯入れ曳行　大屋根に乗って提灯で文字を描く。

菱垣廻船「浪華丸」（なにわの海の時空館旧蔵）
舵柄にドンス（細綱）が掛けられる。

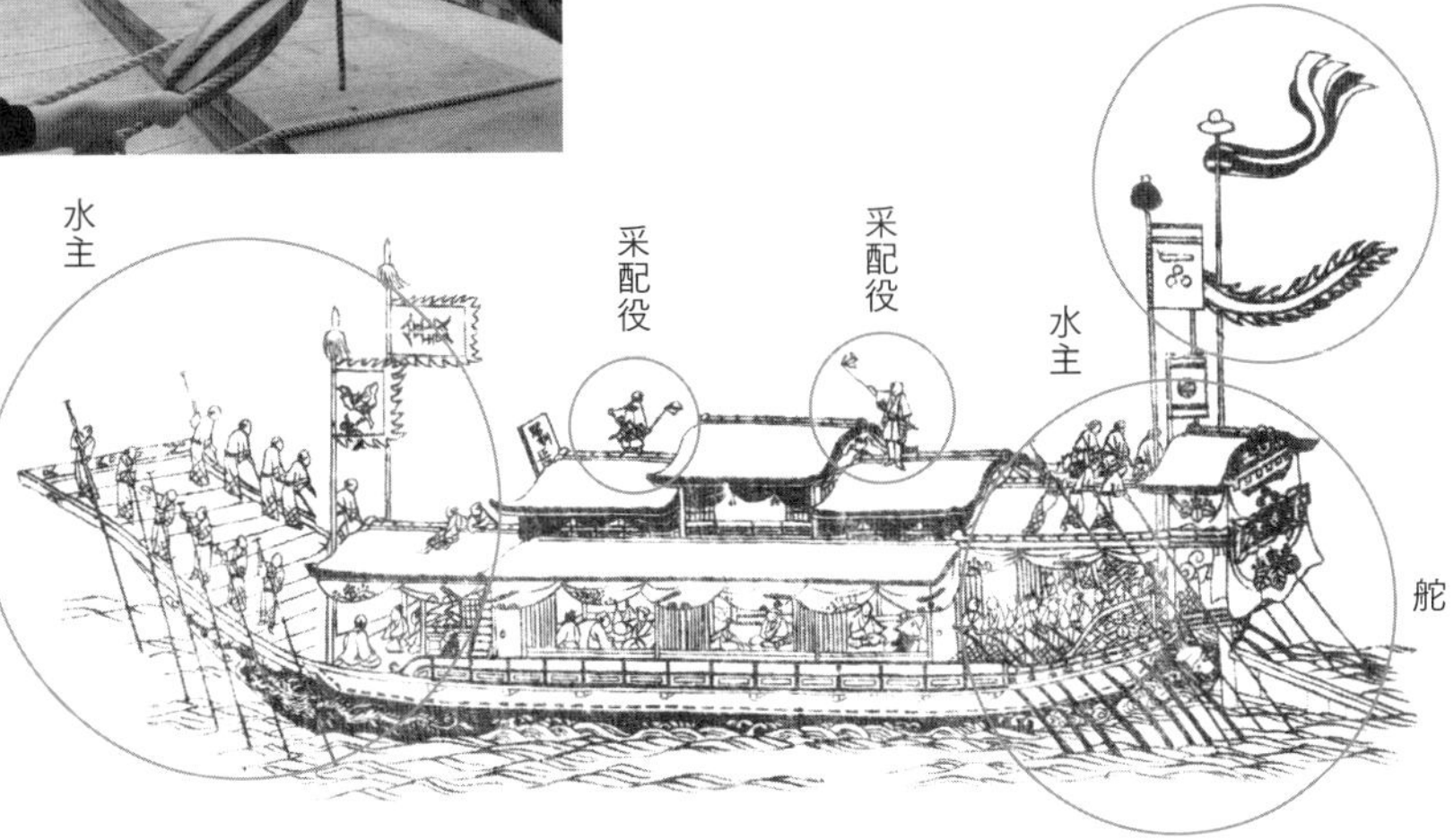

川御座船の操舵法を模す岸和田型地車　①→②→③の流れで舵取の方向と加減が伝えられる。

川御座船と岸和田型地車の対応図

第四節　ニワカ（俄）と地車の舞台

各地の都市祭礼で、意匠を凝らした移動式の祭具が多く生み出された。それは、芸能の披露、お宝自慢、重量物を大人数で曳く楽しみ、といった人々の欲求が集成されたものであった。ここまでの議論で、地車の原型は川御座船であることが明らかとなったが、地車は同時に、移動式の芸能舞台でもあり、俄と呼ばれる「ボケ」を売りにした滑稽寸劇をはじめさまざまな芸能が披露された。

俄《にわか》の誕生

五代将軍、徳川綱吉（一六八〇～一七〇九年在職）の時代に、上方（京都・大坂）を中心に元禄文化が花開いた。貨幣経済の発展に支えられた経済基盤の向上に伴って、公家や僧侶、武士や特権的な町人だけではなく、一般町人や有力百姓をも文化の担い手とする華やかな時代となっていく。浮世草子作者の井原西鶴、人形浄瑠璃・歌舞伎作者の近松門左衛門、義太夫節の竹本義太夫、大坂落語の祖で物真似を得意とした米沢彦八らが活躍した時代である。

元禄文化は、元禄期および、その前後の時期（十七世紀末～十八世紀初期）にわたる文化現象であり、一、町人という社会階層が文化の主体的な担い手となった（町人文化）、二、上方の都市的発展と環境が文化形成の推進力となった（都市文化）、三、奢《しゃ》侈《し》的風潮に伴って衣食住ほか生活の諸相に芸術的表現が認められる（生活文化）、四、劇場や出版といったマスメディアの成立がみられる（大衆文化）、といった特徴がある（『元禄文化』）。

俄という芸能は、この元禄文

米沢彦八とされる絵姿『とばゑ三国志』（国立国会図書館蔵）

井原西鶴像（生國魂神社）

化の成熟期にあたる享保の頃（一七一六〜一七三六）に生まれた。安永四年（一七七五）刊『古今俄選』では、俄の中興を享保の頃とし、住吉祭の御迎《おむかえ》提灯《ちょうちん》に群集した人々の悪巫山戯《わるふざけ》に端を発するという。天保四年（一八三三）成立『摂陽奇観』巻之六の「俄舞台」の項には「享保の頃よりニワカといふもの始まりて、寛延（一七四八〜五一）の頃より盛んに成りゆき、宝暦明和（一七五一〜七二）の頃は江南の奇観として道頓堀中はし（橋）の辺をふたい（舞台）と呼びたり」とある。江南とは、今のミナミのことで道頓堀界隈をいう。特に、六月の夏祭の時季になると、島之内・道頓堀、曽根崎《そねざき》新地、新町・堀江などの遊里では、あちこちで俄が繰り広げられた（『古今俄選』）。

俄の特徴

俄とは、モノ（道具）やコト（言葉や仕草）を用いた語呂合せ（口合《くちあい》）や見立てによって意表を突き、ボケを駆使して笑いを起こす滑稽寸劇である（口絵1-8参照）。天保三年（一八三二）序『風流俄天狗』では「ボケはとぼけるといふ略語にして是ぞ俄の一大事也」とする。俄は、「二輪加」「二〇加」「ニワカ（〇＝輪が二つ＋「カ」）」などとさまざまに表記される。芸の終局の落としどころは「くくりのハネ」と呼ばれ、落語のサゲ（オチ）や、今の漫才のボケに通じる馬鹿馬鹿しさがある。漫才にはツッコミが入るが、俄にはツッコミはなくボケで終わる。ツッコミは聴衆に委ねられる。

俄は複数人で演じられることが多く、話の終局で唐突なボケが入ると、相方が「ハテ」「そりゃなんじゃ」などと問い返す。その答えは「猩々の顔が白いのは白酒を飲んだから」「親の頭の上に大根を乗せて親孝行（大根の漬物をお香々という）」といった阿呆らしい内容に終始する。ハネは突然に（俄に）訪れるが、そこに至るまで、ハネの内容をまったく予想させずに話が展開する。そして、人々を物語に引き込み、笑いに対して無防備になったところで不意打ちを食らわせるのである。

俄には生まれては消えゆく無数のネタがある。地車に取材したものを一つ紹介すると、『古今俄選』に記された明和期（一七六四〜七二）の俄に、地車を先導するサカンボ（榊万度《さかきまんど》）が登場するものがある。まず、突拍子もなく、娘が「檀尻《だんじり》の印《しるし》」（サカンボ）を産む。誰の子かわからないと娘がいうが、そこには「天満宮」の文字が見える。母親が「天神様のおとし子かいの」といって印の裏を返してみれば、「若イ者中」と記されており、「南無三、若イ者中じゃ」と仰天する、というハネである。

また、ハネのない俄もあって、祭当日、雷雨がやんで晴天となった時に、雷様の姿に扮して太鼓を背負った者が申しわけなさそうに腰をかがめて家々を尋ね、「ただ今はさぞおやかましうございませう」と詫びてまわる類のものがあった（『守貞謾稿』）。これなどは体を張ったボケといえよう。とにかく長く話を引っ張る趣向は「油」と呼ばれる（『古今俄選』、地車囃子のアブラの語源か）。

俄には、屋内で披露する「座敷俄」と、道中で披露する「流し俄」があった。後者は「しょうもん（所望）」と声が掛かると、その場で演じてはまた練り歩くもので、照明のための俄行灯《にわかあんどん》が流し俄の目印としても必携であった。

俄は素人芸が売りであったが、座敷俄では本芸に迫ろうとする者も現れた。『守貞謾稿』に「坐敷にわかと云ふは、劇場用のかづら、衣服を用ふ」「あるひは芝居狂言を学び、あるひは種々の行を学び」とある。寛政の頃（一七八九〜一八〇一）には玄人の俄師が登場する。明治に入ると改良俄、新聞俄など時事ネタを扱う軽演劇が生ま

ぼて鬘と俄行灯『大阪ことば事典』

俄行灯をかたどった石碑（四天王寺本坊庭園） 文政4年（1821）のもの（『祭礼と風流』）。

檀尻の印『古今俄選』

地車講（大阪天満宮）のサカンボ 「林鐘廿五日」「天満宮」「地車講」「いちば」と記される。林鐘は旧暦6月の異称。

れ、曽我廼家五郎《そがのやごろう》、十郎の喜劇から現在の松竹新喜劇へと、俄の芸風は受け継がれた（「大阪仁輪加という芸能」）。

このような本物志向の俄も生まれはしたが、基本的には俄には即興性が求められた。ぼて鬘《かづら》（張子の鬘）や菓子粉の白粉《おしろい》などによる「俄づくり」が喜ばれ、『古今俄選』には「実の物をつかふよりは此方かへつて風流あり」「干蕪《ほしかぶら》をつなぎて数珠にして用るなど、風流ありてよし」とある。楽器は鉦、太鼓、三味線を用いたが「三線の音も鳴過るは、かへつて、はなやか過て、おかしみ少なし」とされた。

祭芸の志向性

京都・大坂・江戸から離れた地域の祭では、都会への憧憬も手伝って、三都で流行した人形浄瑠璃や歌舞伎の演目が、台詞や衣装、舞台装置など、本物志向で演じられる傾向がある。

絹市で栄えた秩父《ちちぶ》の秩父神社（埼玉県秩父市）の秩父夜祭では、屋台から張出舞台を左右に展開して歌舞伎が演じられる。長浜城下の長浜八幡宮（滋賀県長浜市）の長浜曳山祭では、四畳半の舞台を持つ山と呼ばれる屋台で、子供狂言（歌舞伎）が行なわれる。これらの曳車では、社寺建築や仏壇製作などで育まれた技法が駆使されて、彩色の施された彫刻や飾金具も美しく、芸能舞台としての役割を超えた魅力を持つ。最も大掛かりな移動式芸能舞台は、烏山《からすやま》城下の八雲神社（栃木県那須烏山市）の「山あげ祭」のものであろう。御拝《ごはい》と呼ばれる可変式の屋台と地車《じんぐるま》と呼ばれる舞台を中心に、座敷、波松、舘《やかた》、前山《まえやま》、中山《なかやま》、大山《おおやま》が遠近を考慮して配置され、常磐津《ときわづ》節に乗せて歌舞伎舞踊が披露される。

秩父夜祭の屋台　地芝居「白浪五人男」が披露されている。

また、村々では、いわゆる農村歌舞伎が盛んで、神楽殿などの名目で神社の境内に舞台を建て、氏子自らが演じたり、専業の旅役者を雇ったりと、芸能に対する情熱は並々ならぬものがあった。

一方で、身近で「本物」の芝居が繰り広げられた三都では、そのまま「本物」を真似るという発想が生まれにくい。そのような背景もあって、商人の町、大坂では、町人生活の中に見られる身近な悲喜劇や、本芸をもじって笑いに変える芸風が好まれたのであろう。

小豆島（香川県）の肥土山農村歌舞伎（写真：土庄町商工観光課）

大坂夏祭の芸能舞台

大坂の祭でも芸能を披露するための移動式の屋台が出た。慶安二年（一六四九）六月、大坂町奉行から天満宮の氏地に対して触《ふれ》が出された（『摂陽奇観』巻之十三、「大阪天満宮の祭礼と戎島行宮」『大阪天満宮史の研究』第二集）。これは、かねてより後先の争いが絶えなかった練物《ねりもの》（惣町中より出候ねり物）の宮入りの順番を定めるもので、先規に従って、一番・地下町、二番・宮之前町、三番・御旅所之町とし、その他の町や仲間は、事前に天満宮に参って鬮《くじ》を取ることとされた。

練物は、後に、主として遊里から出される囃子屋台を伴った行列を指すようになるが、ここでの練物は、町や仲間から出される祭具・芸能一般を指す。この取り決めは、練物の内容が地車一色になっていく享保期（一七一六～三六）以降にも守られる。

延宝七年（一六七九）刊の大坂案内記『難《なに》波《わ》鶴《づる》』の夏祭の項には、綱を引いて曳行される四輪の屋台が描かれており、その舞台上で囃子や芸能が披露されている。屋根は描かれておらず上部の構造はわからない。後部の幕が巡らされている空間は楽屋と思われるが、天井はない。

略式の絵であるため、再現性の程度は不明であるが、大坂の夏祭に移動式の芸能舞台が出たことは間違いない。前方の屋台には、太鼓、鉦、笛を奏でる囃子方がいる。「あうあう」と記されるのは曳き手の掛け声か。後方の屋台には「これハ志のだづま（信太妻）じや」と記され、罠と着ぐるみの狐二匹が描かれる。『難波鶴』は広く長く読まれることを期待された案内記であるから、この屋台は、特定の年、特定の町や仲間のものではなく、道中囃子と舞台芸という二つの要素を、二台の屋形に分けて描いたものかもしれない。

井上通女の『帰家日記』、元禄二年（一六八九）六月二十三日の項には、江戸から郷里の丸亀への帰路に、天神祭の「やかた車」（井上通女の表現）に遭遇したことが記される。この日は宵宮の前日にあたる。「やかた車などはしらかせて、わらはべおとなども、あまた引ゐありく、いとらうがわしく」とあり、大勢の子供や大人で賑やかに曳かれ、太鼓の速い拍子に合わせて狂ったように踊り騒いでいたと記される。「やかた車」に地車の姿が重なるが、元禄期には地車が出ていない可能性が高い（第一章第六節参照）。ここでは、「やかた車」は、地車の登場以前に存在した、『難波鶴』に描かれたような移動式の芸能舞台であろう、との想像にとどめておきたい。

『難波鶴』（国立国会図書館蔵）

芸能舞台としての地車

享保期（一七一六～三六）以降に、大坂の夏祭で隆盛を誇った芸能舞台が地車である。地車で披露されるさまざまな芸能を総称して「ダンジリ芸」と呼ぶことにする。今日、地車の舞台で歌舞音曲を演じる事例は多くはないが、南河内（大阪南東部）の秋祭では江戸期の大坂の俄の系譜にある河内俄が、魚吹《うすき》八幡神社（兵庫県姫路市）の秋祭では日本舞踊などが、中津城下の闇無浜《くらなしはま》神社（大分県中津市）の夏祭などでは大衆演劇の舞踊が披露される（第三章第四節参照）。

大坂のダンジリは、①「壇尻」「檀尻」「段尻」、②「地車」、③「車楽」「楽車」などと記された。

①は、ダンジリの音に漢字を当てたものである（何らかの意味を持たせた可能性はある）。②は、表音ではなく移動形態を捉えて表意したものである。地車（じぐるま）と読むと、物を運ぶ車一般を指す。③も意味を持たせた表記であり、こちらは、移動式の芸能舞台であることを示している。「楽」は「あそび」とも訓じて諸々の歌舞音曲を意味する。ここでは、③の「車楽（楽車）」の表記が象徴する、芸能舞台としての初期の大坂の地車の姿を概観する。

佐賀藩（鍋島藩）の蔵屋敷があった天満十一丁目下半町の堂島川に面する鍋島浜は、夕涼みの場となっていた。宝暦八年（一七五八）と思われる蔵屋敷内への通達（「佐賀藩蔵屋敷文書」）の中に「浜御門桟敷前にてたんちり芸なといたし候節は、真桑瓜《まくわうり》一籠宛遣わし候、もつとも右代銀にて目録遣わし候事」とあり、別項に「桟敷前にてだんぢり芸致し候節は、銀一両宛目録手代存にてこれを遣わす」との記述がある（「天神祭の地車 Part1」『大阪春秋』第55号）。天神祭の見物のため蔵屋敷の前に桟敷が組まれ、芸を披露した地車には果物や金銭の返礼が出たようだ。

大田南畝の大坂滞在記『芦の若葉』の享和元年（一八〇一）六月二十四日の項に、「かのだんじりといへる舞車」「その上に舞子あり」という天神祭の地車の描写がある。江戸の出身者から見て、地車は舞を行なう芸能舞台であると認識されたことがわかる。

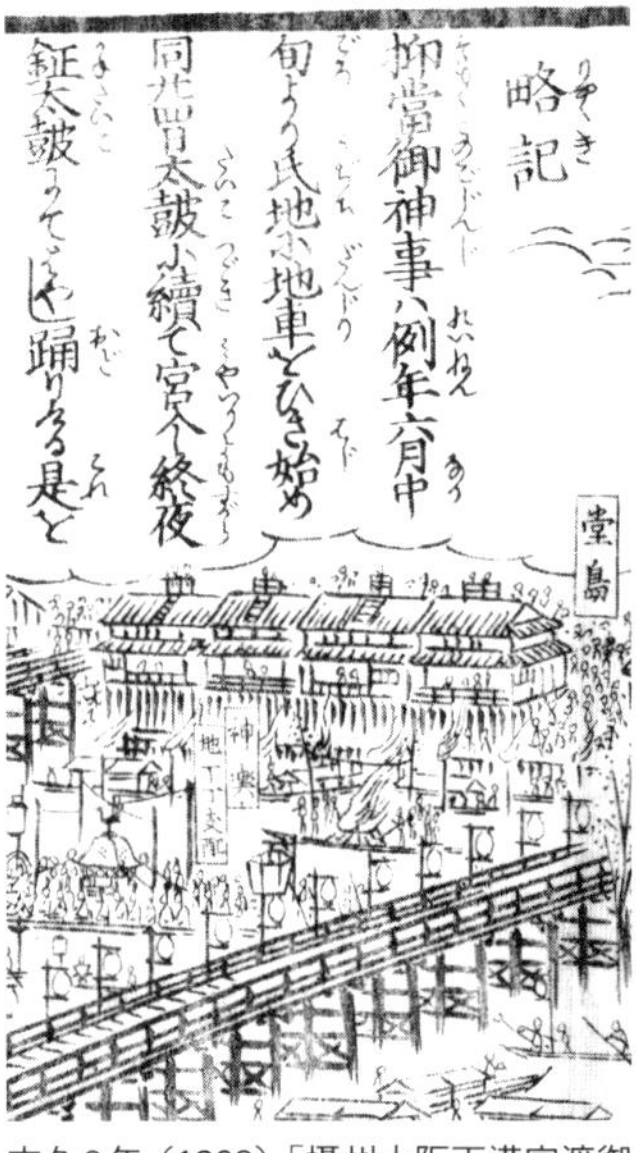

文久2年（1862）「摂州大阪天満宮渡御之図」（筆者蔵）

だんじり俄

大坂生まれの喜田川守貞による『守貞謾稿』からも、地車が芸能舞台であったことがわかる。ここでは「楽車」と記され、「また近年やうやく悪風にのみ長じ、この上にて俳優声色《こわいろ》を真似興ずることになりぬ」と記される。「声色」とは流行の歌舞伎役者の真似事などを指す。拙著『日本の祭と神賑』では、この記述から、もともとは神楽に準じる芸能が披露されていたのかもしれないと述べたが、おそらくそうではない。かつては、即興性のある滑稽な俄がダンジリ芸として披露されていたが、その俄の精神を忘れて、本格的な歌舞伎の真似事が好まれており、その流行が悪風であるという意味であろう。

昭和二年（一九二七）刊「浪花浮世画壇松川半山翁遺稿」に描かれた地車の扁額には「ニワカ」とあり、地車が俄の舞台であることが明示されている（第一章第五節参照）。

さらに時代を遡るために、絵画史料で地車を確認する。『府社天満宮 神事要録』に享保十六年（一七三一）の長谷川光信筆と記される「古来天神祭船渡御之図」には、三味線弾きが地車に搭乗する（口絵1-9参照）。落款印章などはないが、箱に貼られた紙に「奉納神恩感謝 古来天神祭船渡御之図、小屏風、正徳享保年間絵師柳翠軒長谷川光信正筆」と記される（「天神祭船渡御図について」『天神祭――火と水の都市祭礼』）。この享保という記録が正しければ、これは地車の絵画史料の初見となる。曳き手の勢いから考えると、三味線一挺《ちょう》の囃子では心許ない。

ここで、地車の下部にある二つの太鼓に注目したい。地車の内部空間は三つに分けられ、下部の囃子座には太鼓が据えられて道中囃子が打ち鳴らされた（第三章第一節参照）。つまり、三味線弾きは異時同図法的に描かれたもので、三味線は道中囃子の楽器ではなく（戯《たわむ》れに弾くことはあったかもしれないが）、主として舞台で披露される芸能に付属する楽器であると思われる。ここで、俄の伴奏は三味線であったことを思い出したい（口絵1-8参照）。三味線は俄をはじめとした芸能の象徴、太鼓は道中囃子の象徴として描かれているといえよう。

寛政十年（一七九八）刊『摂津名所図会』巻之四の「夏祭車楽囃子」に描かれる地車にも三味線弾きが乗っており、下部には太鼓が見える。髪を結った「女性らしき人物」も見え、お茶を酌み交わす余裕がある者までいる。「女性らしき人物」は、実は「ぼて鬘を被った男性」であり、彼らは出番待ちの俄の役者である可能性が高い。

以上のように、ダンジリ芸の始まりは俄であった。

夏祭車楽囃子『摂津名所図会』

だんじり諸芸

地車は、当初、俄と一体となって曳行されたが、時代が下がると、俄以外の芸能も披露されるようになる。

大坂町奉行から出された宝暦六年（一七五六）の達〔達五五二〕と安永三年（一七七四）の達〔達七二五〕は、「こんくわい」あるいは「狐釣《きつねつり》」と呼ばれる芸を地車で披露することを禁止するものであった（〔　〕内の数字は『大阪市史』の通し番号）。叿嘊《こんかい》とは狐の鳴き声のことである。御霊神社（大阪市中央区）の祭のダンジリ芸で竹が折れて怪我人が出たという。狐が油揚げにつられて罠にかかる話は狂言の「釣狐《つりぎつね》」などにも見られるが、怪我人が出る芸態とはどのようなものか。若宮稲荷神社（長崎市）に伝承される「竹ン芸」（竹竿の上にて狐の着ぐるみで曲芸する）のようなものが披露されたのかもしれない（「こんくわい檀尻考」『兵庫地車研究会々報』第二十九号）。また、上福島村の御迎人形も叿嘊であり（第二章第七節参照）、天保年間の菱川清晴「摂州大阪天満宮御祭礼図」にも狐の御迎人形が描かれている。

地車ではカラクリ芸も披露された。大坂では竹田近江が寛文二年（一六六二）に道頓堀に創始した竹田芝居の機関《からくり》が有名で、元文四年（一七三九）刊『軽口初売買《かるくちはつあきない》』所収の軽口（落話《おとしばなし》）「からくりひやうばん」の中に、地車で披露される物真似人形の顔の変わり細工が凝っているというくだりがある。また、郷土史家、小谷《こたに》方明《みちあきら》が収集した版木に彫られた地車では、地車の前方に張り出した板の上で狐が逆立ちしている（第三章第五節参照）。この絵は略式のものであるから詳細はわからないが、カラクリ人形、あるいは、前述の叿嘊の曲芸の可能性もある。

現在、大坂三郷周辺の地車で見られる龍踊りの発生の時期は明らかではない。大阪天満宮の『本殿詰所日誌』〔K2-37〕の明治三十九年（一九〇六）八月二十一日の項に「地車踊、飾地車於両所、本宵ヨリ連夜」と記される（八月十八日に末社・白米《しらよね》社の修繕落成遷座祭）。天満宮に奉職した藤里好古《ふじさとこうこ》による昭和六年（一九三一）の「天神祭の諸相」『郷土研究 上方』第七号には「その囃子も漸次野卑となり、果てはエログロな地車踊なるものを生じ、紅褌《ふんどし》一つとなりて屋上に乱舞するに至り、祭礼ムードをいやが上にも高調せしむる」と記される。龍踊りは、ダンジリ芸というよりも、地車囃子に合わせて自然発生的に生まれた乱舞かもしれない。

第五節　地車の誕生

龍踊り（天神祭）

地車は「船体を持たない川御座船」である。地車に船体がない理由を示す史料は、今のところ発見されていない。そこで、地車が俄という芸能と一体となって存在していたことに着目して、「俄的」な観点から、地車に投影された御座船の姿を分析し、地車の船体の行方についても考察したい。

議論を始める前に、当初の地車は、今に見る組物や彫刻で装飾された豪華な姿ではなかったことを確認しておきたい。天保八年（一八三七）起稿の『守貞謾稿』に「惣《そう》欅《けやき》造り、彫刻等あれども、美といふに及ばず。道修町《どしょうまち》および堂島等の楽車《だんじり》中にも、精製と云ふに近きのみ。あるひは道具屋に所蔵するものもありて、神祭中、損料と号して費を出して借用する等は、特に粗製なり」と記されるように、江戸後期に至っても、多くの地車は粗末なつくりであった。

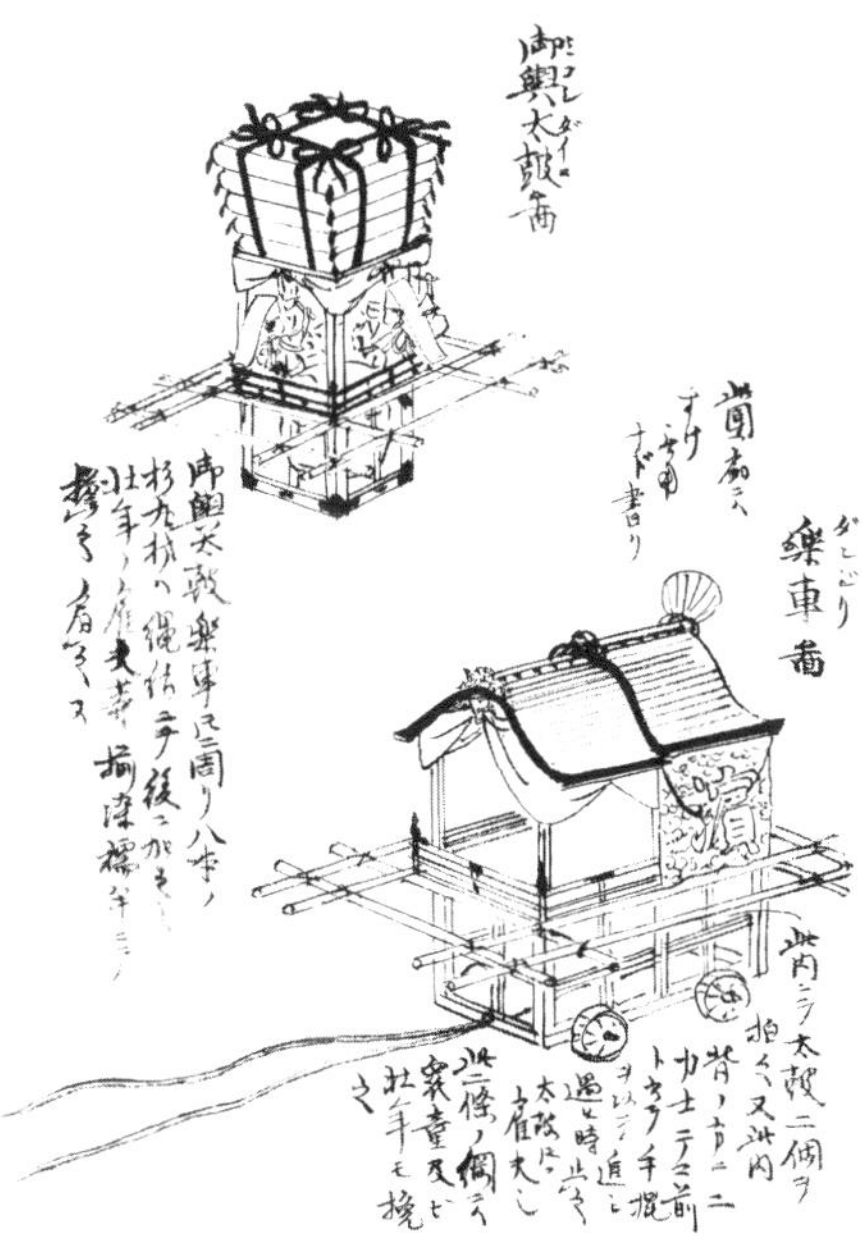
御輿太鼓図・楽車図『守貞謾稿』（国立国会図書館蔵）

地車の縁起

まずは、江戸後期から明治にかけて活躍した松川半山の絵を粕井《かすい》豊誠《ほうせい》が模写した、昭和二年（一九二七）十月九日と記された印刷物「浪花浮世画壇松川半山翁遺稿」（摂河泉文庫蔵）の絵解きから始めたい。

地車の大屋根に掲げられた扁額には、ニワカ（〇＝輪が二つ＋「カ」）の文字が見える。この表記から、舞台では俄が演じられているはずであるが、描かれるのは、笛と銅拍子の奏楽で、お多福面を掛けた巫女《みこ》姿の人物が鈴を手にして舞っており、俄ではなく本格的な神楽を連想させる。演目は日本神話の天岩戸であろう。お多福（アメノウズメノミコト）が滑稽を演じている可能性はなくはないが、伴奏が三味線ではないことが不自然である。

この謎を解く鍵となるのが、宝暦六年（一七五六）刊『清神秘録』に記される「俄の起源は天岩戸の庭神楽」とする縁起である。これは俄の指南書ともいえる安永四年（一七七五）刊『古今俄選』でも引用されており、天岩戸の神楽において、天香具山の竹を採ってきて俄に笛をつくることなど「仮にものをなぞらへ用いる」ことは「今の俄の所業のごとし」と力説するが、もちろんこれは、

豊誠模写「浪花浮世画壇松川半山翁遺稿」（摂河泉文庫蔵）「昭和二年十月九日」「西田静波 太田小寶 芳夲倉多楼 粕井豊誠 寄贈」と記される。

真面目を装った法螺話である。
この俄の起源譚は、当時の俄愛好者や地車関係者の間では自明のことであったと考えられる。その上で、松川半山は、地車を通して俄の起源を巧みに語ってみせたのであろう。毎年、人々が目にするダンジリ芸は、ここに描かれる巫女舞とはほど遠い風俗であるから、その絵と現実の落差が面白い。

以上のことから、この絵は、実際の堂島浜の地車やダンジリ芸を描いたものではないことがわかる。本来ならば、扁額の文字も「ニワカ」ではなく「天満宮」と記すべきであろう。この絵の価値は写実性にあるのではなく「地車の縁起」を語る点にある。

俄と庭神楽の語呂合せ『古今俄選』

流し俄としての地車

先に、俄に特徴的なボケの趣向を見てきたが、その俄の舞台となった地車に、同じような俄的な感覚は反映されてはいまいか。

嘉永元年（一八四八）の序を持つ『浪華勝概帖《なにわしょうがいじょう》』の「夏祭車楽《だんじり》」には、地車の曳き手に混じって台形の大きな器のようなものを掲げる人々がいる。これは大型の俄行灯と思われる。『摂州大坂御霊宮祭礼渡御図』（大阪歴史博物館蔵）の表紙にも、実際の祭の風景ではないが、地車とともに俄行灯を携えた子供の姿が描かれる（口絵1-20参照）。俄行灯は流し俄に必携の道具であった。ここに「地車曳行そのものが流し俄」であった可能生が浮上する。「地車の舞台で俄が披露された」というよりも「俄の舞台のために地車がつくり出された」という逆転の発想である。

「地車図」（筆者蔵）『浪華勝概帖』と同じ構図の絵。

俄づくりの御座船

俄の舞台をつくる時に、ただの屋台では面白くない。ここで発揮されるのが俄的発想である。先の起源譚からもわかるように、俄では大仰なボケが尊ばれる。

俄が発祥したとされる享保期（一七一六〜三六）には、淀川では豪華絢爛の御座船が多く行き交った。また、この頃、天神祭では、御座船を原型とした綱引船や御迎船、天神丸など装飾の凝った船型祭具が広く知られていた（第一章第二節参照）。このような話題性のある事物は格好のネタとなる。例えば、御座船を俄的な発想でつくれないか、と思った人がいたかもしれない。そして、それが俄を演じる舞台にもなり得ると気づいた人がいたと仮定しよう。ここで、前述の『古今俄選』の、干蕪をつないで数珠にしたり、三味線をわざと弱い音で弾いたりするような「実の物をつかふよりは此方かへつて風流あり」という記述を思い出したい。俄的な趣向を凝らすならば「豪華な御座船」を手本としながらも、俄づくりの「粗末な御座船」であらねばならない。ただし、御座船の造形を簡単にするだけでは、単なる下手な大工仕事になってしまう。それではどのようにすれば、賞賛に値する粗末な御座船を再現することができるのであろうか。

その手掛かりとなるのが「天満祭地車宮入の図」（第一章第三節参照）や、大坂の泉屋（住友家）が経営した別子銅山の絵図『銅山略式志』である。そこには、吹流や幟を携えて地車に付き従う人々が描かれる。これらの指物は、後の岸和田の地車などのように、台を設けて地車の後部に差し立てればよいはずであるが、大坂嫡流の地車では今に至るまで旗台がない（現在では幟を掲げる習慣も失われている）。その理由は何か。それは、地車に吹流や幟を立ててしまうと、自己否定に陥る危険があったからである。一線を越えてしまうと、御座船と地車とが比較対象になってしまい、より実物に近づける必要が生じる。中途半端な対応では、悪い意味でのツッコミが入って「俄の美学」を保てなくなる。わざとらしく、人が手で持って地車の後方を付いて歩くことにこそ、意味がある。このような俄的な感覚で地車の姿を捉えると、地車に船体がないことは必然であり、むしろ、船体は「俄の道理」に反する要素であることがわかる。

地車の考案者は一人なのか、複数人なのかはわからないが、地車の試作の過程で以下のような会話があったかもしれない。「船のカタチにつくるんは難しそうやな」

「そんなもん適当に布裂《ぬのきれ》巻いて波の絵でも入れといたらよろしい」「そんなんで御座船やとわかるやろか」「後から吹流でも持って走っとき」といった具合に「俄づくりの俄の舞台」が誕生した、のかもしれない。『守貞謾稿』では、地車は「美といふに及ばず」「粗製なり」と酷評されたが、地車とは、あえて粗末なつくりを選んだ「ボケた俄の大道具」だったのではなかろうか。

祭における移動式芸能舞台の存在の必然性と、川御座船と俄という二つの流行が偶然にも人々の心の中で焦点を結んだ時、地車という新たな神賑行事の祭具が誕生したのである。

九月九日山神宮祭祀『銅山略式志』（個人蔵）
吹流と幟を掲げて地車の後に付き従う。地車の舞台には三方と瓶子が見え、後部には飾幕が巡らされる。

第六節　地車誕生の時期

地車の誕生はいつ頃か。その時期を示唆する史料に、嘉永五年（一八五二）刊『日本唐土二千年袖鑑拾遺』がある。ここには「（地車は）享保年間よりはじまり安永中さかんに行はれ百数十番出たり」と記される。「享保」（一七一六〜三六）という時代に当たりをつけたい。

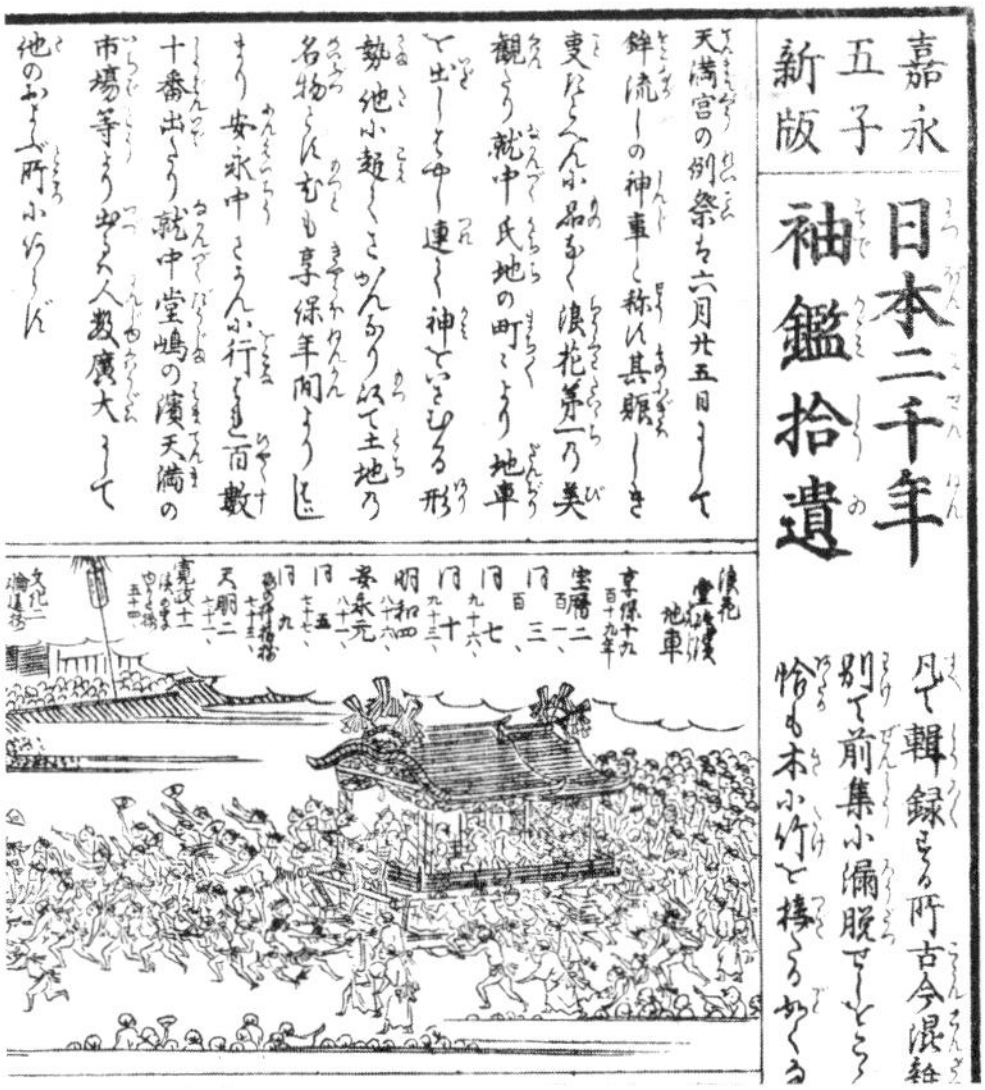

『日本唐土二千年袖鑑拾遺』（筆者蔵）

俄の流行と川御座船の往来

地車は「俄の舞台のための川御座船」であったから、その誕生には「俄」と「川御座船」の隆盛が必須の条件となる。

俄は、享保の頃に勃興した。『摂陽奇観』巻之六の「俄舞台」の項には「享保の頃よりニワカといふもの始まりて」とあり、『古今俄選』でも俄の中興を享保の頃とする。

川御座船についてはどうか。大きな船団で淀川を行き交った朝鮮通信使は、将軍の代替わりに合わせて来朝した。また、琉球使節は、琉球王の即位ごとに謝恩使が、将軍の代替わりごとに慶賀使が江戸に参った。加えて、川御座船は、参勤交代にも用いられたが、航行の機会は不定期であった。ところが、享保元年（一七一六）前後の十年間は、家宣、家継、吉宗と相次いで将軍が変わったため、朝鮮通信使と琉球使節の往来が重なった。大坂の人々は、大川にて川御座船を中心とした船団の往来を、繰り返し見聞する機会に恵まれたのである。時代は下がるが、宝暦十四年（一七六四）の朝鮮通信使の時は「両方の川端には、近国、近在の老若男女その数幾千万といふ事を知らず」（『宝暦物語』）といった様子で、寛政八年（一七九六）の琉球使節を描いたと思われる「関西諸侯乗船 琉球人難波津着岸」『摂津名所図会』巻之四には、川岸に群集する見物人の姿が描かれる（第一章第一節参照）。

宝永7	1710	琉球使節（徳川家宣襲職慶賀・琉球王襲封謝恩）
正徳1	1711	朝鮮通信使（徳川家宣襲職）
正徳2	1712	
正徳3	1713	
正徳4	1714	琉球使節（徳川家継襲職・琉球王襲封）
正徳5	1715	
享保1	1716	
享保2	1717	
享保3	1718	琉球使節（徳川吉宗襲職）
享保4	1719	朝鮮通信使（徳川吉宗襲職）
享保5	1720	
享保6	1721	
享保7	1722	
享保8	1723	
享保9	1724	享保の大火「妙知焼」
享保10	1725	地車の初見（町奉行の達）
享保11	1726	
享保12	1727	
享保13	1728	
享保14	1729	天満宮への地車の宮入り初見
享保15	1730	
享保16	1731	
享保17	1732	
享保18	1733	
享保19	1734	
享保20	1735	
元文1	1736	

地車誕生期（推定）

俄は享保の頃に始まる『摂陽奇観』巻之六、『古今俄選』

地車は享保年間に始まる『日本唐土二千年袖鑑拾遺』

天神祭では神輿の綱引船、天神丸など豪華な御座船型祭具が出ていた。

天神丸は元禄三年（一六九〇）新調。

享保期に誕生した地車

　享保九年（一七二四）三月の大火（妙知《みょうち》焼《やけ》）以前の大坂三郷の史料は少なく、享保元年から享保八年の間の地車の記録は確認できない。「地車」の文字の史料上の初見は、享保十年（一七二五）六月二十日の「ねり物、地車公儀橋へ引き掛け申すまじき事」という達である〔補達四〕（『大阪市史』）。ここでは「練物」と「地車」が区別され、双方とも橋を引き渡ることを禁止されており、地車が神賑行事の祭具として町奉行に認知されていたことがわかる。この時点では、地車は当家も定めない、後の宿無地車のような存在であったと思われる（第二章第三節参照）。

　次に六冊の「天満宮地車宮入り番付史料」を確認してみる（口絵1－12参照）。これらの史料の中には、天満宮の古記録から情報を抜粋した『（練物定札の写）』（大阪天満宮文書C－3）と、神社側の史料とは異なる可能性のある五冊の「地車番付」（大阪天満宮文書C－2、4～7）がある。『（練物定札の写）』には、地車も含めた練物一般の宮入り番数が記される。「地車番付」は地車に特化した記録であり、一部の年を除いて地車の所属名も記される（第二章第八節参照）。

　五冊の「地車番付」は、享保十四年（一七二九）から記録が始まり、享保十四年の地車の宮入り台数は十二番とある。一方、同じ年の『（練物定札の写）』には三十九番の記録がある。これ以降の年は『（練物定札の写）』と「地車番付」の番数に、ほとんど違いが見られず、享保十四年のみ大きな差異が認められる。これは何を意味するのであろうか。

　『（練物定札の写）』は、享保九年（一七二四）の宮入り三番という記録まで遡ることができる。妙知焼のため記録はないが、もちろん、享保八年以前にも宮入りがあった。慶安二年（一六四九）には、練物の宮入り順と鬮取《くじとり》が定められているから（第一章第四節参照）、練物の宮入りの習慣は、少なくとも、それ以前にまで遡る。ここでの練物は、町・仲間・寄合によって準備された祭具・芸能一般を指し、その内容はさまざまである。

　以上を踏まえた上で、再び享保十四年の番数を確認してみる。天満宮の公式記録といえる『（練物定札の写）』は三十九番、地車の番数のみを記録した「地車番付」は十二番であった。ここから、三十九番から十二番を引いた、二十七番が地車以外の練物の番数であるといえる。

享保十四年が、天満宮への地車の宮入りの始まりである可能性が高い。この年は、地車を含めたさまざまな祭具や芸能が宮入りしたのであろう。

　前述のように、享保十年の達において地車が認知されているから、享保十三年以前にも、夏祭で地車が曳行されていたことは間違いない。しかしながら、天神祭においては（他の神社は不明）、享保十三年には、地車を曳き出そうとする町・仲間・寄合はなかったか、曳き出したとしても鬮取が認められなかったものと考えられる。『（練物定札の写）』の享保九年から享保十三年の数は、地車とは異なる練物の宮入り番数と考えられる。

　また、「地車番付」に、町・仲間・寄合などの所属名が明記されるのは、享保十六年（一七三一）からであり、十五年、十四年は番数が記されるのみである。ここから、少なくとも、享保十六年からは、地車の所属名が記録に値するものであると判断されたことがわかる。これらの記録が、どの時代に集成されたのかまでは分析できていないが、神社や祭関係者から、享保十三年以前の祭の様子を聞き取りすることはできたはずである。そこに地車の姿はなかったのであろう。

「地車番付」には、天満宮への地車の宮入りが始まって二年目となる享保十五年には四十八台、三年目の享保十六年には四十二台の記録がある。『（練物定札の写）』には享保十五年の記録はないが、享保十六年には四十三番となっており、一番を除いて、すべて練物が地車に入れ替わっていることがわかる。以後、『（練物定札の写）』と「地車番付」の番数にほとんど差がなくなるので、天神祭において、練物といえば、天神丸や勘助島の太鼓台など一部を除いて、すべて地車を指すようになったといえる。それにしても、流行の速度がすさまじい。なお、天神祭以外の大坂の祭で地車が誕生した可能性も留保しておきたい。

		C-2	C-3	C-4	C-5	C-6	C-7
享保9年3月大火			享保8年以前にも練物は宮入り				
享保9	1724		3				
享保10	1725		／				
享保11	1726		⑪				
享保12	1727		26				
享保13	1728		48				
享保14	1729	12	39	12	12	12	12ヵ
享保15	1730	48	／	18	48	48	48ヵ
享保16	1731	42	43	42	42	42	42
享保17	1732	50	51	50	50	50	50
享保18	1733	14	⑭	14	14	14	14
享保19	1734	39	㊵	34	39	39	39
享保20	1735	36	37	36	36	36	36
元文1	1736	8	⑧	7	8	8	8
元文2	1737	47	47	50	47	47	47
元文3	1738	39	㊴	26	39	39	39
元文4	1739	26	26	10	25	26	26
元文5	1740	36	㊱	36	37	36	37
寛保1	1741	23	㉔	23	23	23	23

地車とは異なる練物（享保9〜13年のC-3）
地車＋その他の練物（享保14年のC-3）
〔C-3〕は番数のみ（○の数字は追付地車を含む）
番数のみ記載（享保15年まで）←→ 宮入り順と所属名の記載（享保16年以降）

享保期の練物の宮入り台数の変遷

第七節　ダンジリの語源

ダンジリにはさまざまな表記があるが、本書では、その形態を端的に表す「地車」の文字を用いてきた。ダンジリに地車の文字を当てる事例は、『日本唐土二千年袖鑑拾遺』(第一章第六節参照)や、文久二年(一八六二)刊「摂州大阪天満宮渡御之図」(第一章第四節参照)に見える。これらの史料には「地車」に「だんじり」の振り仮名がある。

それでは、地車(川御座船を原型とする移動式芸能舞台)は、なぜダンジリと呼ばれるに至ったのであろうか。

ダンジリと呼ばれた羯鼓稚児舞

ダンジリの語源については、文政十三年(一八三〇)序『嬉遊笑覧』にある「台尻大隅守という人物の名前が訛って尾張の津島天王祭の祭具がダンジリと呼ばれるようになった」という説が知られるが、信憑性に乏しい。また、大槻文彦の明治二十二年(一八八九)刊『言海』や、昭和五年(一九三〇)刊『近松《ちかまつ》語彙《ごい》』には、ジリジリと動く台と解して、楽車《だんじり》は台躙《だいにじり》であろうと推測するが、根拠に乏しい。

長らくダンジリの語源はわからない状態であったが、近年、「中世の羯鼓《かっこ》稚児舞」が「たん(だん)ちり」と呼ばれていたことが明らかとなった(「「だんじり」遡源」『祇園囃子の源流』)。

羯鼓稚児舞とは、首に掛けた羯鼓を打ちながら踊る芸能で、現在でも各地の祭の中に、その痕跡を残している。京都の祇園祭の稚児もその一例と思われ、かつて「たんちり舞」と呼ばれる羯鼓稚児舞が存在した。明応八年(一四九九)成立『竹馬狂吟集』には「祇をんの会にもたんちりそまふ、かゝりける所にほこをさしたてゝ」という句が収められている。鉾に乗り込む稚児はその系譜にあり、現在でも、長刀《なぎなた》鉾の稚児や放下《ほうか》鉾の稚児人形は、様

羯鼓舞(紫野今宮三月十日やすらひ祭『都名所図会』より)

長刀鉾の稚児『祇園御霊会細記』(筆者蔵)

式的な所作にとどまるが首から掛けた羯鼓を打つ。羯鼓稚児舞は「八撥（やつばち）」とも呼ばれ、『日葡辞書《にっぽじしょ》』で「ヤツバチ　カッコと呼ばれる鼓の打ち鳴らし方」と説明されるように、桴《ばち》の扱いに特徴があった。

「「だんじり」遡源」によると、羯鼓稚児舞が「たん（だん）ちり」と呼ばれたのは、その囃子に由来するという。「たん（だん）」と「ちり」は、それぞれ太鼓と笛の擬音であった可能性が高い。もともとは「だんちり」などと発音されていたものが、濁音化して「だんぢり」となり、「四つ仮名」（じ・ぢ・ず・づ）の混同が顕著になった十六世紀以降に「だんじり」の表記が一般的になったようだ。

豊後町（闇無浜神社）の楽車（大分県中津市）　影向楽と呼ばれる羯鼓稚児舞が披露される（第3章第4節参照）。

羯鼓稚児舞の舞台

江戸時代に「ダンジリの始まり」として知られた祭が二つあった。前述の尾張の津島天王祭と河内の誉田《こんだ》八幡祭である。『摂津名所図会』巻之四の「夏祭車楽《だんじり》囃子」には「車楽ハ旧《もと》河内国誉田祭よりはじまりて、今ハ尾州の津島祭にもありて船にてめぐり囃し立るなり」と記される。津島祭には二艘の船に多層構造の屋形を設けたダンジリ（車楽）が今も出る。かつて、誉田祭には大きな花傘を頂く三輪のダンジリ（車楽）が出た。これら二つの祭具は、なぜダンジリと呼ばれたのか。現在、津島祭で羯鼓稚児舞は行なわれないが、羯鼓と桴を備えた稚児が車楽に乗り込む（桴は実用性が失われて長く伸びて装飾化している）。誉田祭についても宝物館に古い車楽が残るのみであるが、『河内名所図会』巻之三に描かれた車楽には、羯鼓を携えた稚児が乗る。このように、双方の車楽とも羯鼓稚児舞を披露する芸能舞台であった。このことから、ダンジリ（羯鼓稚児舞）の舞台となる祭具そのものが、ダンジリと呼ばれるようになったと考えられるのである。

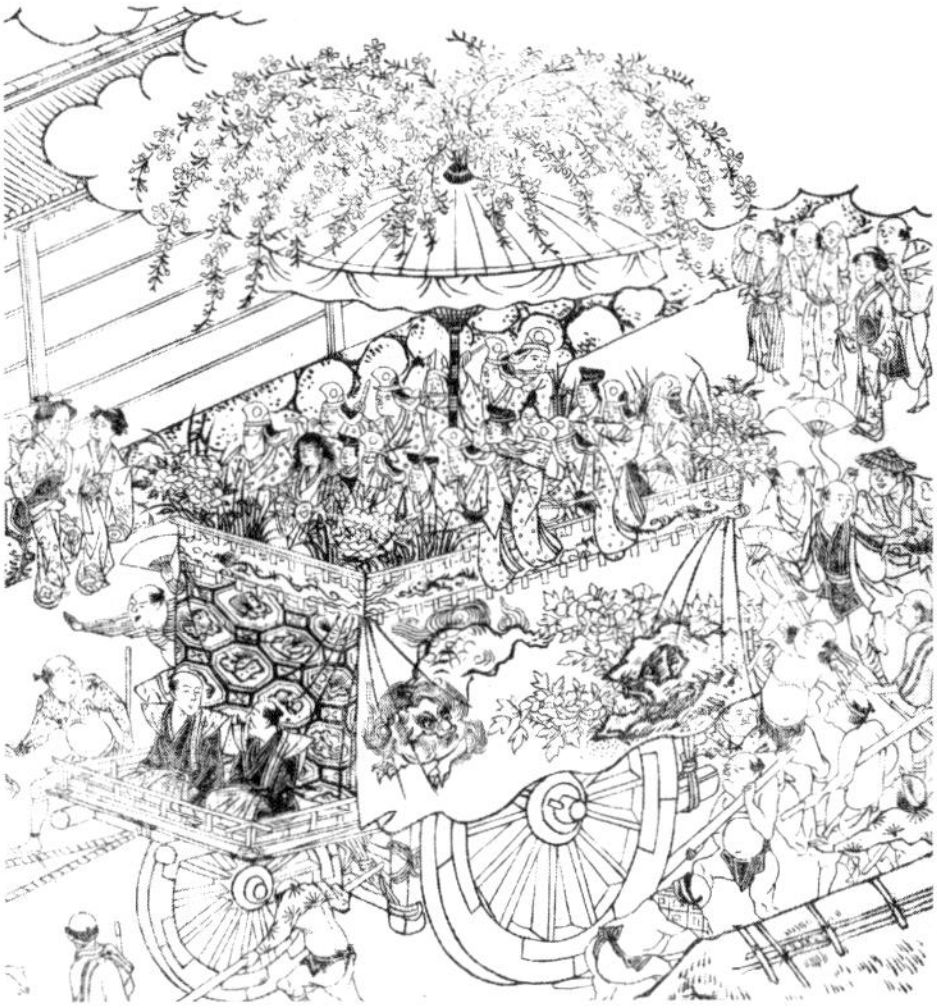

誉田例祭車楽『河内名所図会』 花傘下の前部に羯鼓稚児が座る。

「尾張 津嶋天王祭り」『六十余州名所図会』 無数の提灯に彩られた宵宮の祭船。本宮では装いを変えて能人形を飾った車楽（だんじり）舟となり羯鼓稚児が乗り込む。

太鼓台としてのダンジリ

　太鼓台もダンジリと呼ばれる。例えば、淡路島でダンジリといえば、布団太鼓と地車、船型曳車を含めた神賑行事の祭具一般を意味する（第三章第四節参照）。また、江戸期の大坂では布団太鼓は御輿太鼓と記されることが多いが、枠式太鼓台がダンジリと呼ばれる事例もあった。隠岐島の御碕《みさき》神社（島根県隠岐郡隠岐の島町）の祭にダンジリと呼ばれる枠式太鼓台が出る。これは享和三年（一八〇三）に、大坂からの流人、黒崎又五郎らによって始められたものである。嘉永三年（一八五〇）と思われる『諸事心得控』には「だんじり之始まり」とあり「ざい（采）振」「投頭巾」「太鼓たたき」といった太鼓台の特徴を示す文字が見える（『隠岐の祭礼と芸能』）。

　羯鼓稚児舞がダンジリと呼ばれていたことを意識すると、太鼓台の見え方が根本的に変わってくる。祇園祭も含め各地の羯鼓舞の稚児は、特別な化粧を施し、あでやかな衣装で、地面に足を付けずに大人の肩に乗せられて移動する。このような稚児のあり方は、太鼓台の乗子《のりこ》の姿と重なる。太鼓の打ち方にも注目したい。羯鼓稚児舞は、「桴を顔の前にかざす」「桴を片肩あるいは両肩にかつぐ」「桴を交差させる」「桴を垂直に立てる」「体を前に曲げる」「左右に腕をまわす」といった特徴を持つ（「「祇園囃子」の源流」『祇園囃子の源流』）、このような様式美を重んじる桴の扱い方は、太鼓台の乗子の奏法と重なる。羯鼓稚児舞の首から掛ける太鼓が据え置きの大太鼓になれば、枠式太鼓台である。

以上のような類似性を踏まえて考えると、太鼓台の乗子は羯鼓舞（ダンジリ）の稚児の系譜にあり、太鼓台は、その稚児が乗り込むがゆえに、ダンジリと呼ばれるようになったという推論が成り立つ。布団太鼓のように屋根が付くと桴の扱いが制限されるが、その場合でも、稚児の振る舞いや太鼓の旋律は枠式太鼓台に準じる。

太鼓台の出自は神輿の触《ふれ》太鼓である（『日本の祭と神賑』）。触太鼓は、基本的には担《にな》って歩きながら打つものであるが、羯鼓舞の稚児は地面に足を付けない。この矛盾は、枠式の太鼓に乗子が上がることで解決される。神輿の神幸列を先導し太鼓の音でカミの到来を知らせる触太鼓を「太鼓を打つ穢れなき稚児」が担当することがあっても不思議ではない。太鼓台は、単に触太鼓が大型化したというものではなく、羯鼓舞の稚児の存在と相まって生み出された祭具といえよう。

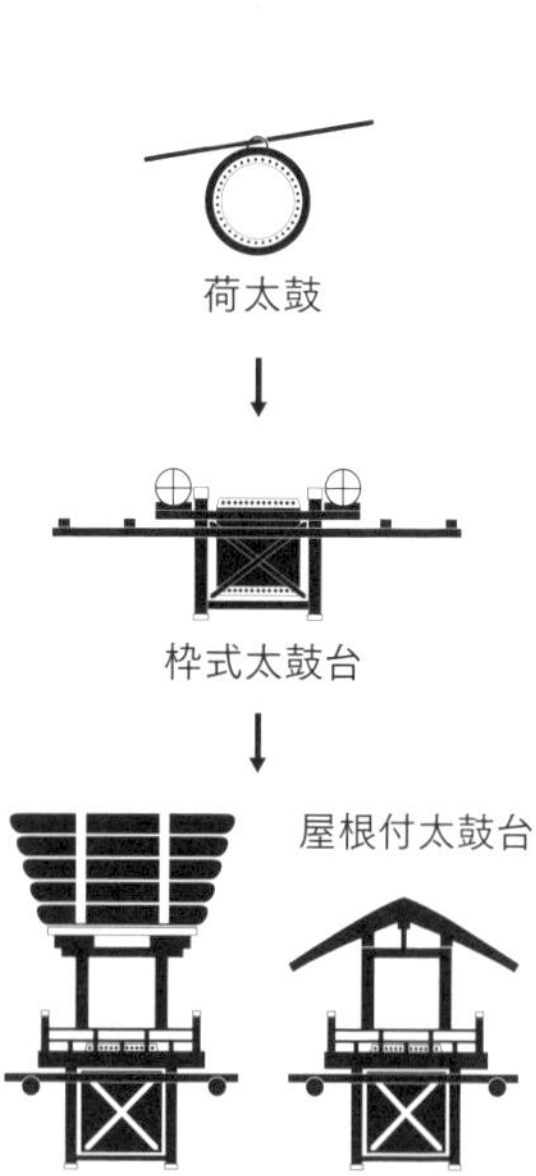

太鼓台の変遷

肩車で移動する太鼓台の稚児
（『摂津名所図会』より）

天神祭の催太鼓　願人（かんじ）と呼ばれる乗子が「チェーサージャ」の掛け声で太鼓を打つ。

地車としてのダンジリ

地車の誕生は江戸時代の享保の頃（一七一六〜三六）であり、祭具としての歴史は新しい。そのため、地車と、中世の羯鼓稚児舞（タンチリ）とは直結しない。それでは、なぜ「川御座船を原型とする俄づくりの移動式芸能舞台」をダンジリと呼ぶのであろうか。

『嬉遊笑覧』には、御座船型祭具（天神丸）が「台尻」と呼ばれ、それが訛って地車の名称になったと記される（第一章第三節参照）。しかしながら、天神丸が地車の登場以前にダンジリと呼ばれていた可能性は低い。担い手の上荷船茶船仲間が自ら作成した嘉永五年（一八五二）の摺物（口絵1-7参照）にも「引船」と記されており、「天満宮地車宮入り番付史料」でも、地車とは区別され「引船」と別記される。嘉永五年の番付には「番外　船地車」の文字も見えるが（大阪天満宮文書C-5、C-7）、これは史料としては時代が新しすぎるし、ダンジリと読んだかどうか不明である。単に「船型の曳車」の意味で「船地車」と記した可能性もある。

『嬉遊笑覧』の内容は、おそらく、ダンジリという言葉を探す中で津島祭の車楽に辿り着き、それを地車と結び付けようとしたものと思われる。ところが、津島祭の車楽は船であるが地車は船型ではない。そこで、地車と同時に境内で見られ、唐破風の屋形など地車の形態に類似する船型の天神丸を経由させて、地車と船型の車楽とを結び付けようとしたのではなかろうか。この連想を手伝ったのは「地車の原型は船である」という古い記憶だったのかもしれない。『嬉遊笑覧』の記述を素直に信じるわけにはいかないが、その内容は示唆に富む。

そこで、以下に二つの可能性を考えてみる。津島祭の船（車楽）や誉田祭の曳車（車楽）は、ダンジリ（羯鼓稚児舞）を披露する舞台であったがゆえにダンジリと呼ばれたことは先に述べた（「楽」は歌舞音曲を意味する）。この段階に至ると、次に、羯鼓稚児舞に限らず芸能一般を披露するための移動式芸能舞台をダンジリと呼ぶ事例が出てきてもおかしくない。さらには、芸能の披露がなくても、囃子を伴う曳車一般をダンジリと呼ぶことにも抵抗がなくなる。菅原神社（三重県伊賀市）の上野天神祭に出る楼車《だんじり》や、御迎提灯を源流とする粉河《こかわ》産土《うぶすな》神社（和歌山県紀の川市）の車楽《だんじり》は、その一例であろう。

移動式芸能舞台一般がダンジリと呼ばれていた、あるいは、移動式の祭具一般がダンジリと呼ばれていた、という状況であったならば、地面を曳いて移動する芸能舞台に、ダンジリの名称が与えられることは自然な流れである。

それでは、誰が、この新しい祭具をダンジリと命名したのであろうか。考案した氏子らが名づけた、と考えるのが普通であるが、そうではない可能性もある。

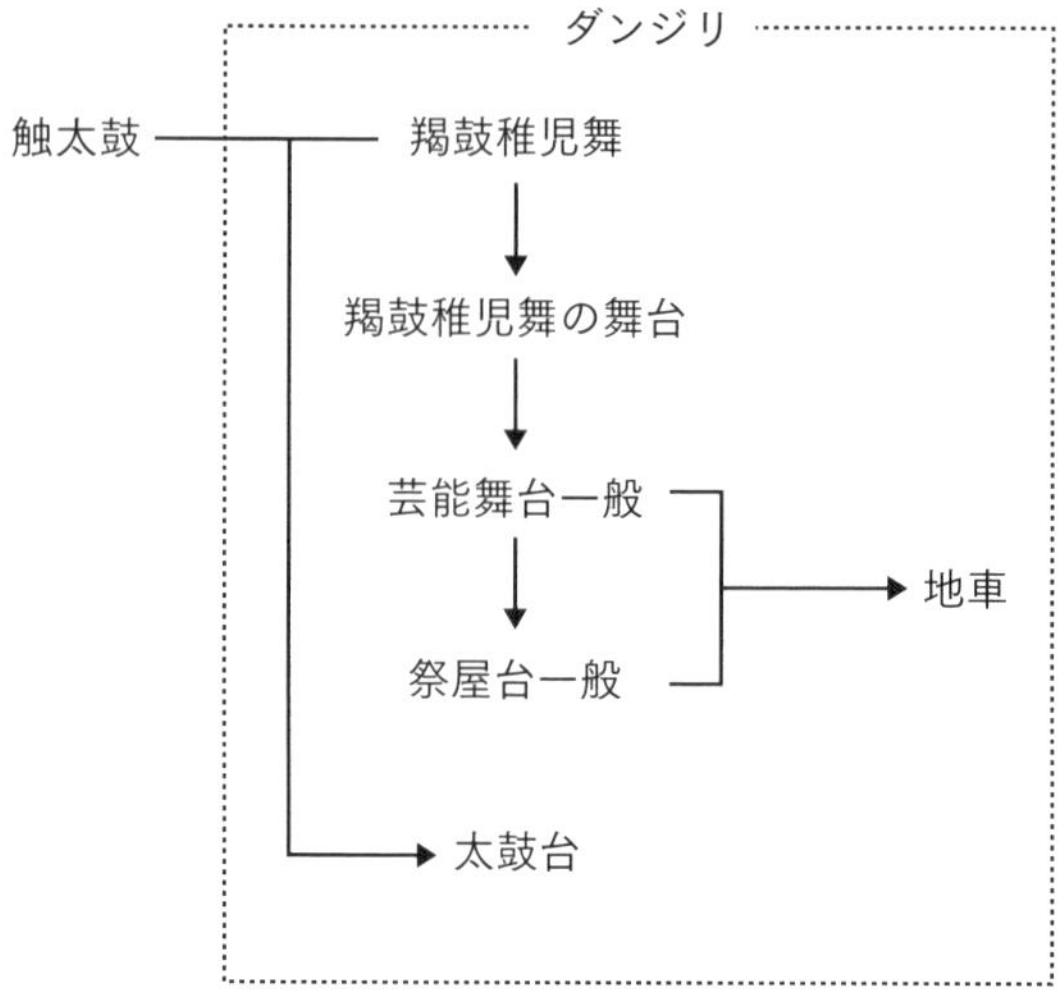

ダンジリと呼ばれた祭具・芸能

地車誕生以前は、大坂では祭に出る祭具・芸能一般を練物と呼んだ。ところが、地車の存在が際立ってくると、宮入りの鬮取《くじとり》や触達《ふれたっし》などで、その他の練物と異なる名称が必要となる。その際に、神社や大坂町奉行といった祭を統制する立場の組織が、新たに出現した「名もなき神賑行事の祭具」を「ダンジリ」と呼び「地車」の文字を用いたのかもしれない。

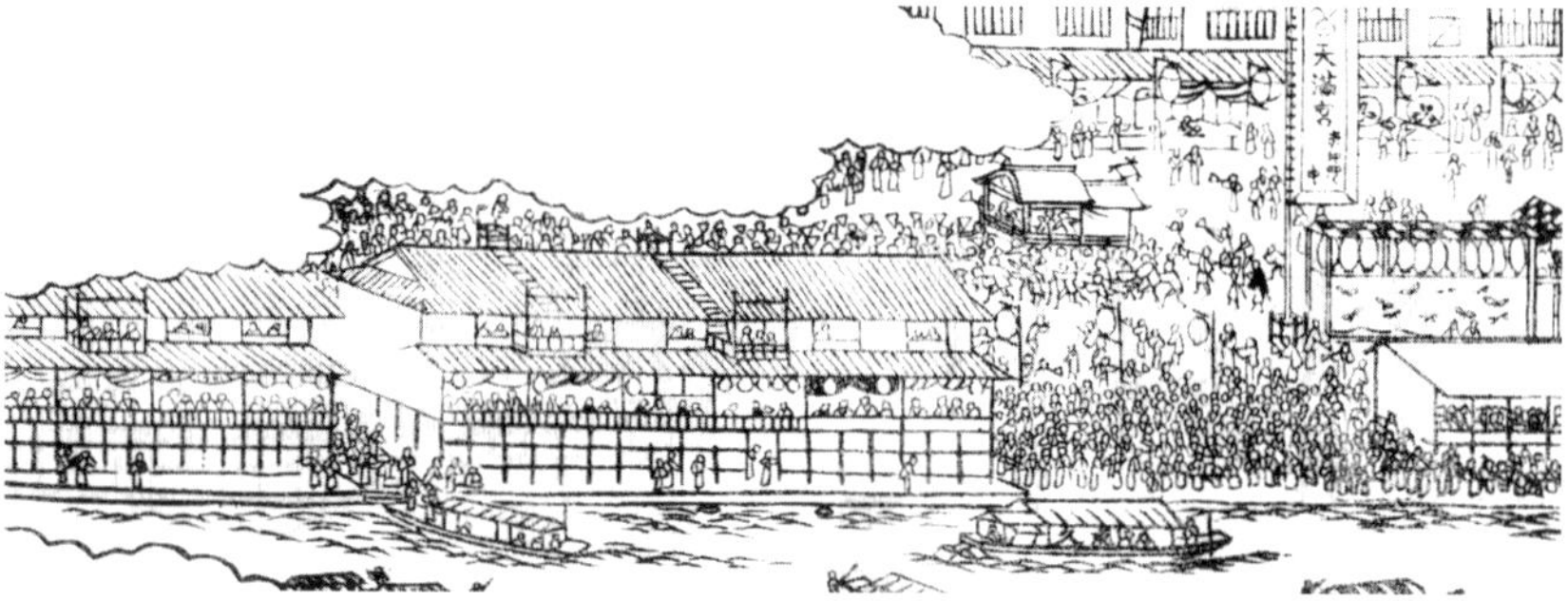
堂嶋河面 神輿乗船『摂津名所図会』

第二章

地車の隆盛

本章では、主として、大坂町奉行から出された「触達《ふれたっし》」と「天満宮地車宮入り番付史料」を活用しながら、江戸期の地車の姿を捉えていく。本文中の〔触〇〇〇〇〕〔達〇〇〇〕の数字は『大阪市史』所収の触達の通し番号、〔C-〇〕などのアルファベットと数字の表記は『大阪天満宮所蔵古文書目録』の分類番号である。本章における天満宮は大阪天満宮（大阪市北区）を指す。

大坂三郷《さんごう》（大坂の行政区域、北組・南組・天満組の総称）の祭に関する触と達は、幕府の東西の大坂町奉行から出された。大坂は幕府の直轄領である。多くは神賑《かみにぎわい》の華美や乱暴を戒める内容であったが、時に祭の賑わいを奨励するものもあった。

第一節　大坂の夏祭

夏祭の日程と意義

人々が集住する都市の祭礼は夏祭であることが多い。旧暦の五月や六月は、温湿度が高く洪水も頻発し疫病《えきびょう》が発生しやすい。特に、農山漁村とは異なり、生活環境の自浄作用が追いつかない町場では、疫病の流行が顕著であった。都市域では、自然に蓄積される罪穢《つみけがれ》を祓う半年ごとの神式の「大祓《おおはらえ》」や、災害や疫病の原因を怨霊の類に求めて鎮める仏式の「御霊会《ごりょうえ》」が営まれた。双方とも水辺で祭が営まれ、罪穢や悪霊を水に流して送り出す。四方を海で囲まれ多くの河川が淀みなく流れる日本列島で育まれた、日本らしい「禊《みそぎ》信仰」とも呼び得る祭の様式である。

御霊会といえば、全国的には京都の祇園祭が有名であり、疫病退散を願って、祇園感神院（現・八坂神社）の祭神である牛頭天王《ごずてんのう》が、各地の城下町などに勧請《かんじょう》された。天満宮の菅原道真公も御霊信仰の影響も受けながら独自の天神信仰を形成していくが、天神祭も含め大坂の旧暦六月の夏祭は、御霊会ではなく夏季の大祓（夏越大祓《なごしのおおはらえ》）を基底とする。

延宝七年（一六七九）序『難波鶴《なにわづる》』の夏祭の項に「座摩宮御祓」「天満天神祭」「住吉御祓」の文字が見える。住吉社の祭は六月晦日の大祓が祭の主たる目的となっている。かつて神輿の渡御《とぎょ》の目的地を定めたとされる天神祭の鉾流《ほこながし》神事も、もともとは罪穢、あるいは悪霊の類を水辺でカミ送りするための儀式であったかもしれない。

『摂津名所図会』巻之四には、天神祭を「鉾流神事」として紹介し、多様な神事や神賑行事について述べた後、「これらに群をなすもみな天満神《あまみつかみ》の夏越の御祓《みそぎ》なるべし」と記される。

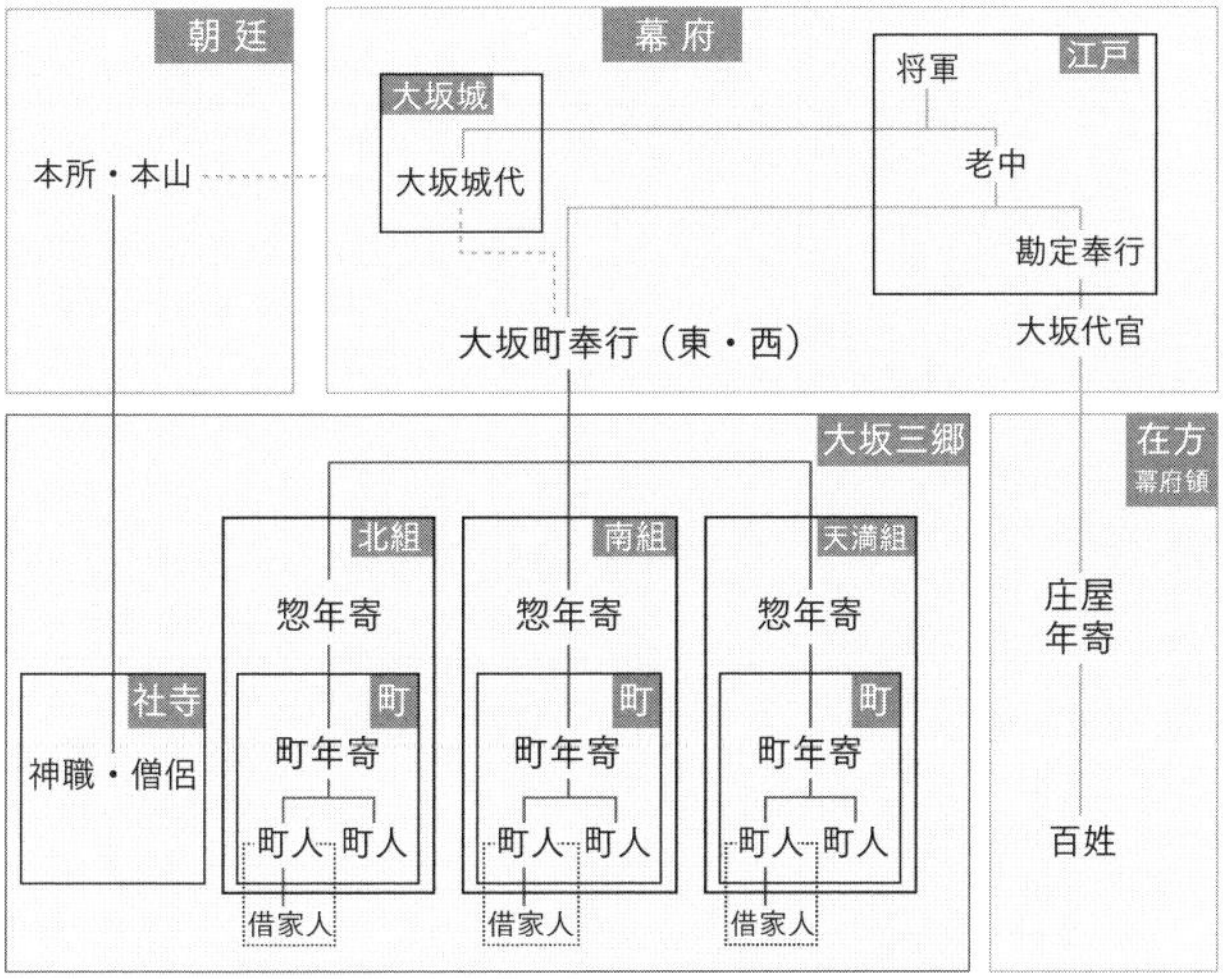

近世大坂の支配体系（大阪歴史博物館展示解説を参考に作図）
両町奉行所は大坂城京橋口付近に並び立っていたが、享保9年（1724）の大火で罹災した後は、東町奉行所は元の場所に、西町奉行所は本町橋東詰に移転して再建。触と達は三郷それぞれの惣年寄を通じて町年寄に伝えられ、町人、借家人へと伝達された。

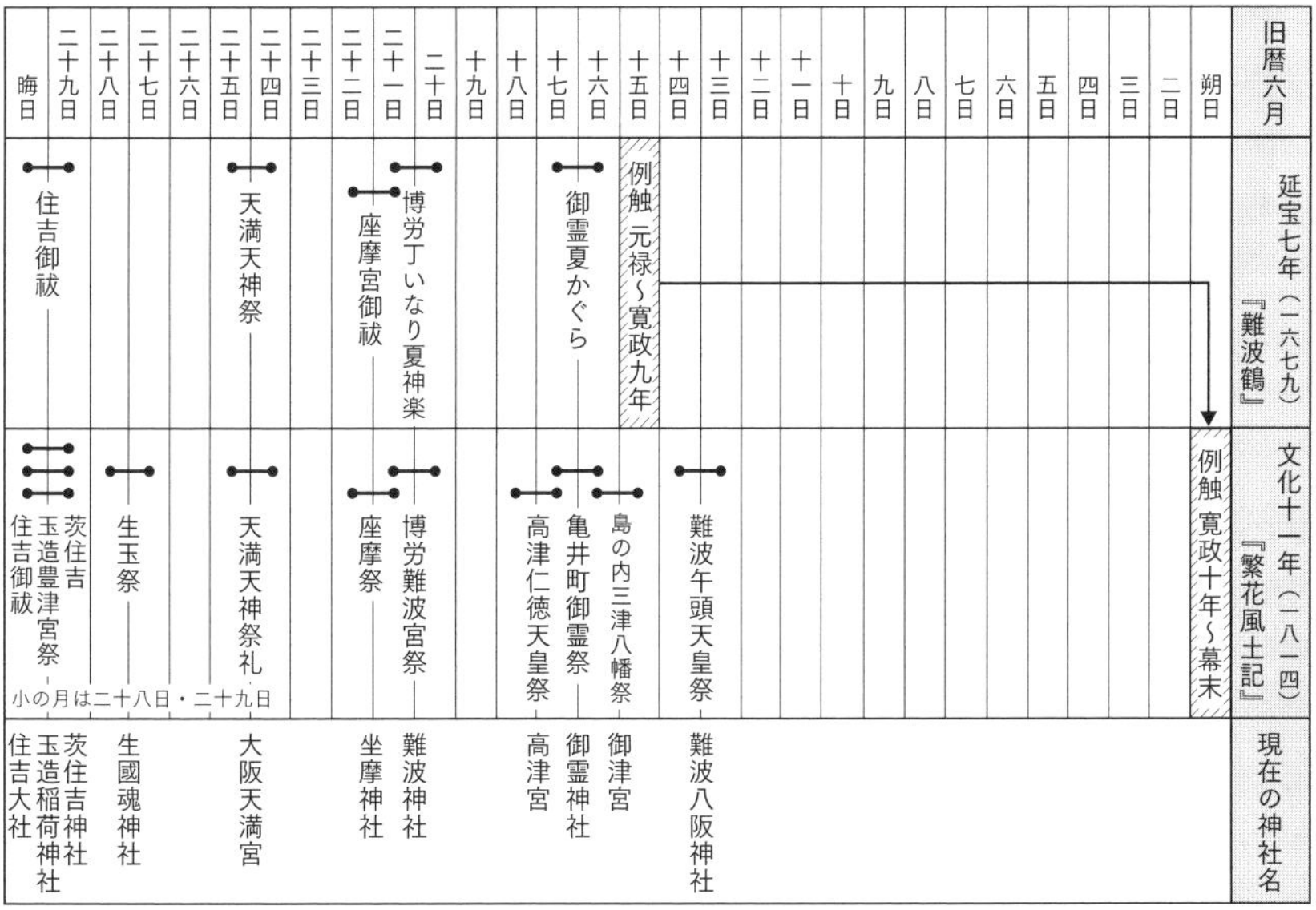

大坂の夏祭の日取りと例触　各社の祭の賑わいが相乗して大きな賑わいが創出された。

各社の夏祭の様子

次に、幕末から明治中期までの大坂三郷の世相が記された『近来年代記』の中から各神社の夏祭の記述を抜粋してみたい。なお、史料中の「太鼓」には、天神祭の催《もよおし》太鼓のような「枠式太鼓台」と、緋《ひ》色の茵《しとね》を何枚も重ねたような屋根を備える布団屋根付太鼓台（布団太鼓）が区別なく記されている。神輿の触《ふれ》太鼓の役割を担う神社所属の太鼓台と、氏子から出る神賑一般の太鼓台との別があり、前者の多くは枠式太鼓台であり氏地に一台、後者の多くは布団太鼓で氏地に複数台であることが多い。

三津《みつ》八幡社（御津《みつ》宮《ぐう》）の祭には太鼓が、難波《なんば》村の牛頭《ごず》天王《てんのう》社（難波八阪神社）の祭には太鼓と台楽《だいがく》（台昇）が出た。大坂三郷の南方の村々では、御迎《おむかえ》提灯《ちょうちん》の一種である台昇が多く出た。高津《こうづ》宮《ぐう》の夏祭が舞台となる人形浄瑠璃・歌舞伎の『夏祭《なつまつり》浪花《なに》鑑《わかがみ》』でも、神輿とともに台昇が登場する。高津宮の弘化三年（一八四六）の祭には、地車が五台、太鼓が一台（道頓堀九郎右衛門町）出た。

御霊社（御霊神社）の嘉永二年（一八四九）の祭では、七台の地車が宮入りした（一番・うつぼ中、二番・道空町、三番・江戸堀三丁目、四番・道修町五丁目、五番・

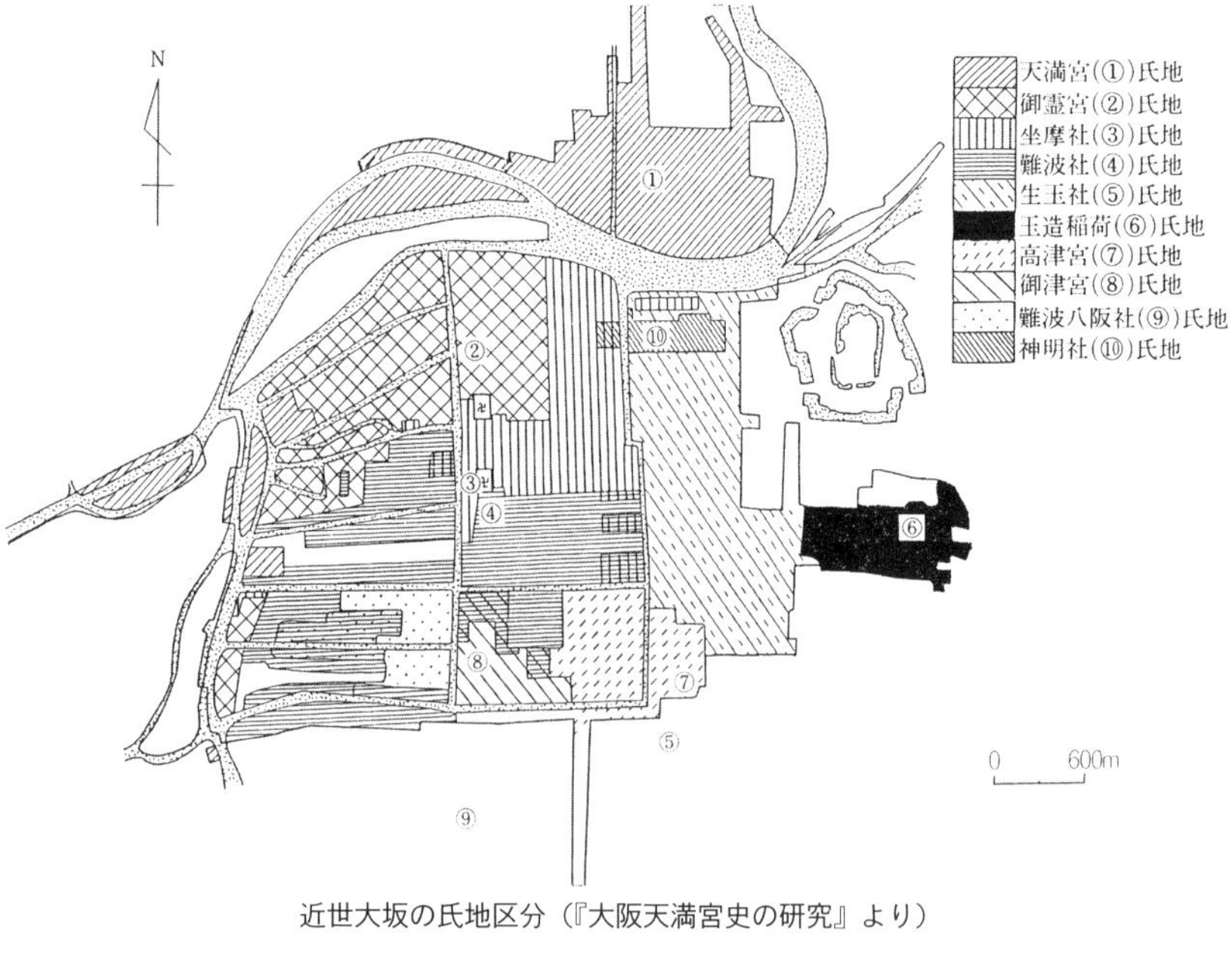

近世大坂の氏地区分（『大阪天満宮史の研究』より）

土佐堀常安町、六番・江戸堀五丁目、七番・三右衛門町)。この年の祭は大弾みで、なかでも「うつぼ中」(永代浜《えいたいはま》の商人仲間か)の地車の曳き手は二千人を数え、返礼品としてであろうか、手拭いを一万本も準備して、天神祭の堂島浜の地車にも劣らない勢いであったという。嘉永三年(一八五〇)には「太鼓宮付外なし」の記述がある。この太鼓は『摂州大坂御霊宮祭礼渡御図』(『摂陽奇観』巻之三十五に所収)にも描かれた渡御列の先頭を行く枠式太鼓台のことであろう。

博労《ばくろう》稲荷社(難波神社)の弘化四年(一八四七)の祭には、四台の地車(綿袋町、茨町、伊達町、石浜)と二台の太鼓(白髪町、幸町五丁目)が出た。博労稲荷の布団太鼓は有名で、嘉永三年(一八五〇)刊『皇都午睡《みやこのひるね》』初編には「今浪花稲荷祭礼に御輿太鼓を舁《かく》掛声となるは、近江に石山秋の月、月に村雲花に風、風の便りを田舎から、唐をかくせし淡路島(後略)」と記される。これと類似の尻取歌(後付《あとつき》)は、今でも摂河泉《せっかせん》の枠式太鼓や布団太鼓で、時に「べーらべーら、べらしょっしょ」の掛け声とともによく聞かれる(「牡丹に唐獅子竹に虎、虎追うて走るは和藤内」など)。寛政十年(一七九八)刊『摂津名所図会』巻之四には、大型の布団太鼓が描かれ「難波の夏祭の囃し太鼓は数百の雷声にも及ばず、炎暑に汗を流して勢猛にして天地も轟くばかりなり」と記される。享和元年(一八〇一)の祭には、珍しい形態の布団太鼓が(舁くのではなく)曳き出されたようで、『芦の若葉』に「所謂だんじりのごときものに似て、檜皮ぶきなる上に、錦の茵五ツばかり重ねしきて」と記される。淡路の祭で見られる唐破風に布団を沿わせた太鼓台や、伊曽乃神社(愛媛県西条市)の二輪の布団太鼓などが連想される。

坐摩《ざま》社(坐摩《いかすり》神社)の弘化四年(一八四七)の祭には、四台の地車が出た(南本町一丁目、北久太郎町五丁目、南久太郎町一丁目、石浜)。氏地となる渡辺村でも豪華な布団太鼓が八台出て、新調された十軒町の布団太鼓の詳しい描写がある。道修町《どしょうまち》一丁目の地車は飾金具が、東横堀川十二浜の地車は飾幕が自慢であった。

生玉《いくたま》社の天保十五年(一八四四)の祭には、事前に順番が決められた二十九台の地車と、当日に飛び入りした四台の俄《にわか》地車が宮入りした。これは、同年の天神祭の宮入り台数(事前に宮入り順が決められた鬮取《くじとり》地車二十五台と俄地車五台)をしのぐ数であった。『浮世の有様』には「か様に多く地車を出せし事三十年来これなき事也」と記される。『西遊草《さいゆうそう》』の安政二年(一八五五)六月二十六日の項には「明日より二日の間、生玉明神の祭礼にて、いわゆるだんじりなるもの三、四本、今橋を通りぬ」とある。生玉祭には枠式太鼓台も出ていたと思われ、『御指令書綴』〔A-31〕には、明治八年（一八七五）に天満宮の催太鼓と生玉社の報知太鼓との交流の記録がある。

天満宮の祭については、後ほど詳述する。なお、天満宮の地車宮入り番付史料よりも『近来年代記』のほうが地車の台数がやや多いのは、俄地車や追付《おいつき》地車（後述）の台数が含まれるからであろう。

玉造《たまつくり》稲荷社の天保十五年（一八四四）の祭には、十五台の地車が出た。茨住吉《いばらすみよし》社の嘉永三年（一八五〇）の祭には太鼓が一台出ている。この太鼓は、後に、亀甲太鼓の名で知られる枠式太鼓台であろう。

大坂の夏祭は「住吉《すみよ》っさん」で締めくくられた。六月晦日の住吉祭では、堺の宿院頓宮《しゅくいんとんぐう》に神輿が渡御し、荒和《あらにごの》大祓《おおはらえ》の神事を斎行した。堺には、大寺《おおてら》と通称された三村《みつむら》宮《ぐう》（開口《あぐち》神社）と天神社（菅原神社）の南北二社の産土《うぶすな》神社で八朔《はっさく》祭が行なわれるとともに、住吉祭でも神賑《かみにぎわい》行事が行なわれた。寛政六年（一七九四）刊『住吉名勝図会』には、大坂、堺の町々から「地車《ちぐるま》、祇園囃子、飾提灯、旗幟《はたのぼり》、練物《ねりもの》」が出たと記される。寛政十年（一七九八）には、大坂から地車を出す場合には、三郷域での曳行禁止、住吉大社の境内以外での鳴物禁止の達が出ている〔達一一三六〕。堺への神幸と住吉への還幸《かんこう》の際には、多くの人々がカミ迎えの御迎提灯や松明を掲げて群衆した（『摂津名所図会』巻之一）。

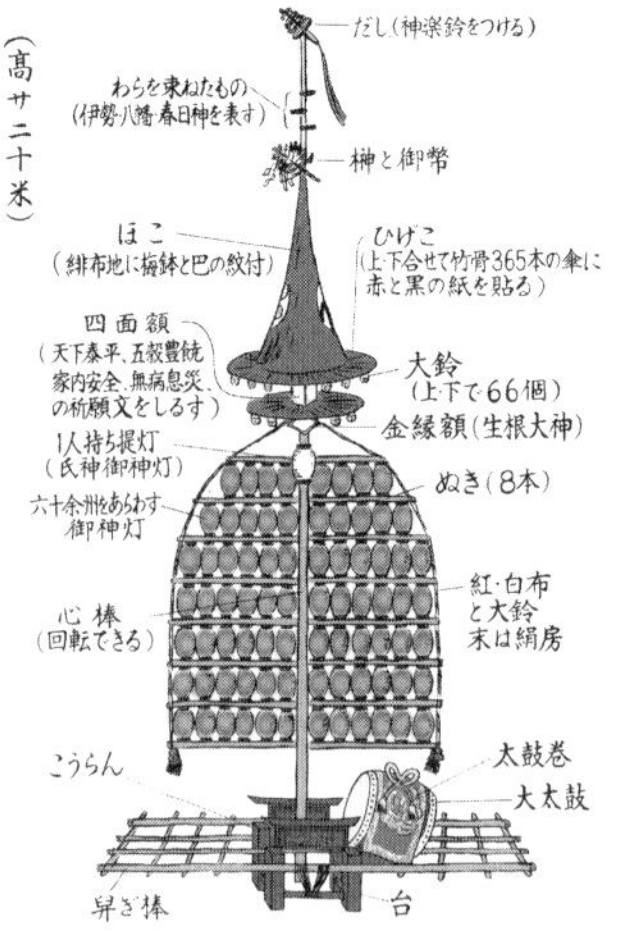

台舁　生根神社「だいがくの由来」の挿絵に着色。

夏祭り蒲団太鼓之図『郷土研究上方』第55号

第二節　町奉行からの例触

毎年六月には、大坂町奉行から同じ内容の例触が出された〔例触五〕。古くは十五日に、寛政十年（一七九八）からは六月朔日《さくじつ》に出された。例触の前倒しは祭の隆盛を意味する。そこには「祭の衣装、笠鉾《かさほこ》に懸ける小袖、帯、小袋、吹貫《ふきぬき》、小旗、造物《つくりもの》、人形の装束は、絹、麻布、木綿に限る」「衣類道具への金銀箔押の禁止」といった贅沢の禁止、天神祭をはじめとした神輿に対する規制、乱暴の取り締まり、「住吉祭に大坂町中より掲げて行く提灯は一棹に一つの提灯に限る」「提灯の火は今宮村で消してから市中に戻ること」といった火の用心などが列挙される。

例触の初見は元禄八年（一六九五）で、類似の触は元禄二年（一六八九）に出ている。これらに地車や太鼓台の記述は見られないので、まだ地車は誕生していなかったか、規制の対象となるような目立った存在ではなかったと考えられる。「笠鉾」の表記は、次第に古臭く感じられたと思われるが、贅沢の禁止、神輿の規制、乱暴の取り締まり、火の始末に関する注意は時代を問わず必要とされた。この六月朔日の例触は幕末まで出されている。

大坂はたびたび大火に見舞われており、享保九年（一七二四）三月の大火（妙知《みょうち》焼《やけ》）では、大坂三郷域の三分の二が灰燼と化し東西の大坂町奉行所も焼失、周辺農村域にまで飛び火した。享保九年以前の大坂三郷の史料が少ないのはこのためである。寛政元年（一七八九）から同四年にかけても三度に及ぶ大火があった。寛政四年には天神丸が焼けている。天保八年（一八三七）二月の大塩の乱では天満宮の社殿が焼失し、神輿が生玉社の北向《きたむき》八幡宮に避難している〔触五二二三〕。『近来年代記』には「太鼓、地車さてをき、にわかだにもなかりけり」「天神祭りも御神輿も焼たれば、御かり輿にしてようやく一船ニて御わたり有。いともあわれなる祭りなり」とある。

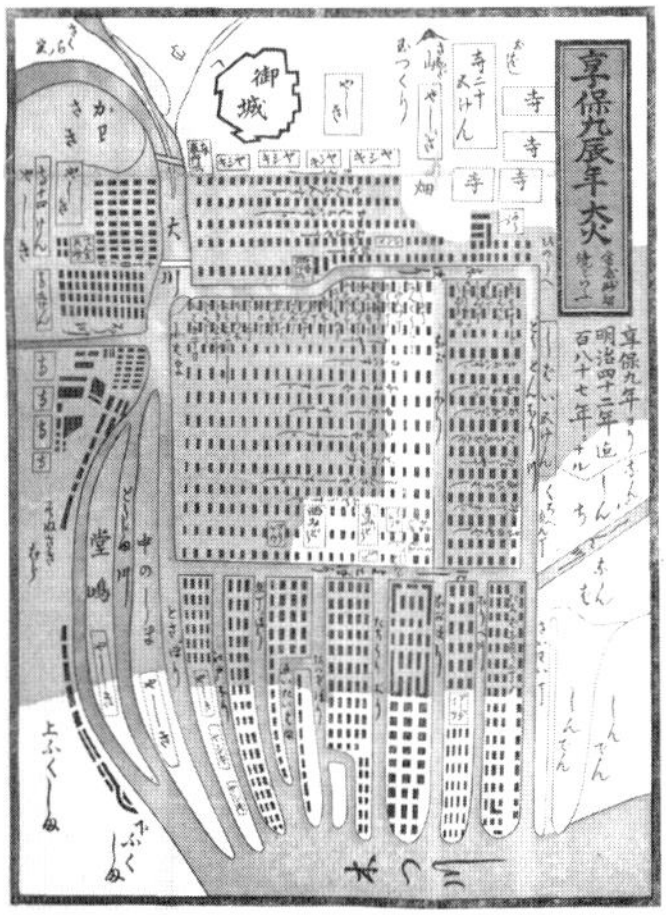

「火之用心　大坂今昔三度之大火」（東京大学大学院情報学環図書室蔵）　享保九年、天保八年、文久3年の大火の惨事が記される。

第三節　地車の実態

当家《とうや》地車と宿無《やどなし》地車

　地車は、責任の所在によって「当家地車」と「宿無地車」に分けることができる。

　当家地車は、町や仲間、任意の団体が当家を定めて運営する公認の地車で、町年寄が置かれる行政単位としての町に所属する「町方《まちかた》地車」（天満一丁目、滝川町、鈴鹿町など）、同業の仲間に属する「仲間地車」（天満市場、堂島浜、番匠《ばんしょう》中など）、任意の場所を所属名とする「寄合《よりあい》地車」（鳥居近所、天神橋東詰、堂島渡辺橋辻合など）に分けることができる。寄合地車は地縁的な印象を受けるが、地車を出すために名目的に結成されたものであろう（宿無地車以外は筆者の造語）。

　宿無地車は、当家を定めない責任の所在が不明瞭な地車で、大田南畝《おおたなんぽ》の大坂滞在記『芦の若葉』には「その所のおさ（長）などのゆるしなくして、ひそかにだんじりを出して若きものどもさはぎあへるを、俗に宿なしだんじりといふ」と記される。

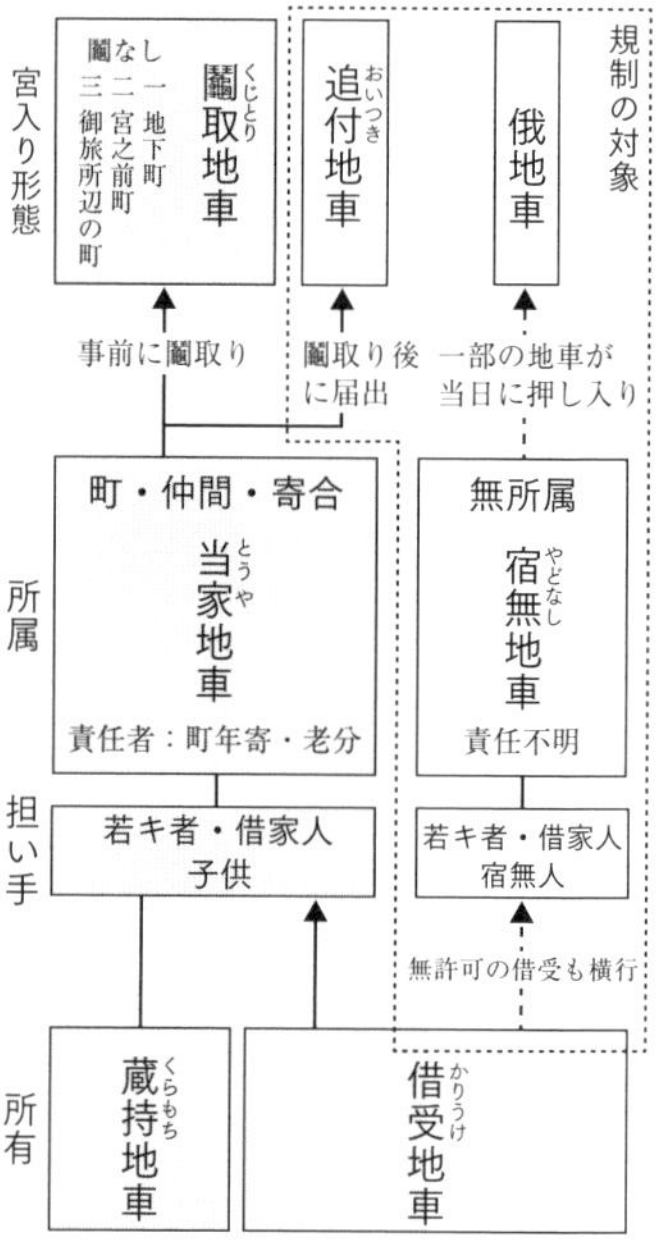

地車と担い手の属性

借受《かりうけ》地車

　現在では、地車は自治会で所有し、小屋に納めて保管することが一般的であるが、江戸期の大坂では地車を借りることが多かった。このような地車を「借受地車」と呼ぶことにする。

　『芦の若葉』の享和元年（一八〇一）六月二十二日の項には「だんじりも大かたはかり（借）来りて祭をわたし、町のうちにつくり置るはすくなしといへり」と記される。天保八年（一八三七）起稿『守貞謾稿《もりさだまんこう》』にも「あるひは道具やに所蔵するものありて、神祭中、損料《そんりょう》と号して費を出して借用する等は、特に粗製なり」とあり、道具屋から地車を借り受けたことがわかる。

安永六年（一七七七）刊『難波《なにわ》丸綱目《まるこうもく》』には、三軒の「貸地車祭礼貸物屋」が見える（道頓堀戎橋北「いづみや」、本町心斎橋西「なにはや甚左衛門」、順慶町東堀「くらはしや茂兵衛」）。地車は解体して保管され、祭ごとに組み立てられたと思われる。現在でも中津（大分県中津市）の祇園車《ぎおんぐるま》と呼ばれる地車は組み立て式で、往時の姿を偲ぶことができる。岸和田型地車で、前梃子《まえてこ》を受けるために土台に巻かれる鼓形の縄絡《なわがらみ》も、その名残かもしれない。

貸地車祭礼貸物屋は、地車の他にもさまざまな祭具や装束を扱って渡世を営んでいたと思われる。周辺農村域の秋祭でも需要が見込まれよう。『守貞謾稿』に「これには借用のものこれなし」と記されるように太鼓台の取り扱いはなかった。太鼓台は、神社の所有（宮付）で氏地に一台の場合が多かったからであろう。

宿無の借受地車の中には乱暴を働くものが多かったようで、地車曳行の許可を渋る町年寄の家の軒先に故意に、地車を当てる若キ者による乱暴もあった〔触三六〇八〕。寛政二年（一七九〇）六月十六日の達〔達九七五〕で、町年寄の奥印《おくいん》のある書面を持たない者への地車の貸し出しが禁止されている。

姫路町（闇無浜神社）の祇園車の組み立て（写真：中津祇園保存協議会）

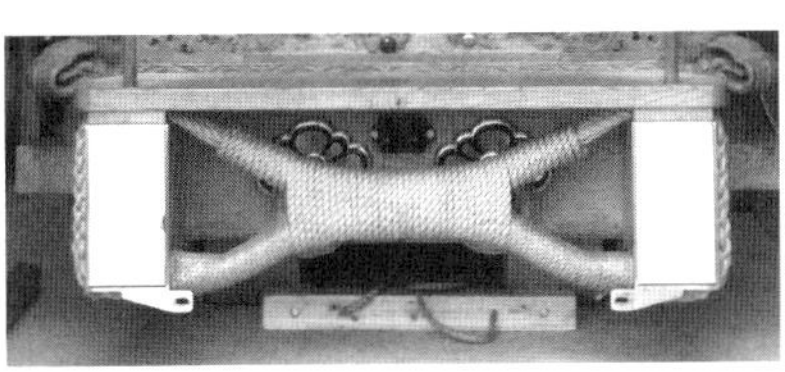

岸和田型地車の鼓巻（中町）

町や仲間同士での地車を貸し借りもあった。弘化元年（一八四四）六月十六日の達〔補達六八七〕では、他町から地車を借りる際は太鼓や鉦などを囃さず、自分の町で組み立てることとされた。時代は下がるが、明治二十年（一八八七）七月の天神祭では、天満青物市場の地車を有志で借り受け、天満宮に宮入りしている（『大阪天満宮夏大祭天神祭と秋大祭流鏑馬式史料』）。

蔵持《くらもち》地車

町や仲間が所有する地車を「蔵持地車」と呼ぶことにする。江戸期に大坂の職人によって製作され他地域で曳行される地車はいくつか現存するが、大坂の夏祭で曳行された蔵持地車については不明な点が多い。膨大な数の借受地車が祭の賑わいに果たした役割は大きいが、構造や装飾にこだわって製作された蔵持地車の存在なくして、今日に受け継がれる地車の発展はなかったであろう。

『守貞謾稿』には、借受地車と対比して「この故に楽車等出す、堂島、ざこば、靫《うつぼ》、市の側《かわ》などの盛り場のみ。その他は道修町等美に近く、これ中富の商人ある故なり」とあり、大坂三大市場である堂島米市場、雑喉場《ざこば》魚市場、天満青物市場の市の側（以上、天満宮氏子）、また、靫（御霊社氏子）、道修町（一丁目と二丁目は坐摩社氏子）などの地車が、蔵持地車であったことを示唆している。

堂島米市場の米仲買《なかがい》（浜方）が出した堂島浜の地車は、曳き手の人数が多く絵画史料にもよく描かれた。「天満宮地車宮入り番付史料」には、雑喉場の地車の名前は見えず、もっぱら御迎人形を出したが、資金面や保管場所の確保の観点から、地車を所有していてもおかしくはない。宮入りはせず、町内周辺のみを曳行していた可能性もある。

大坂三郷の祭に出た蔵持地車で、現存するのは天満市場の三棟造の三ツ屋根地車のみである。天満宮の氏子の中では、江之子島の地車も蔵持地車であった。天満宮の神主家、滋岡家の『日記』（大阪大学滋岡家文書№60）の寛政三年（一七九一）五月二十六日の項には、末社の白大夫社が類焼したため、江之子島の「新しき地車」を仮殿としていたが、返却の要望があったので小社と取り換えたとの記述がある。

靫は干鰯市《ほしかいち》が開かれた地域で、『近来年代記』には、嘉永二年（一八四九）に「うつぼ中」の地車が二千人の曳き手を集めたと記される。道修町は薬種問屋が軒を連ねた地域で、道修町一丁目の地車の柱には、登竜《のぼりりゅう》の飾金具が施されていた（『芦の若葉』）。『摂津名所図会』に描かれた豪華な飾幕の東横堀川十二浜の地車（坐摩社氏子）も蔵持地車に違いない。

明治に入ると祭を取り巻く環境が激変し、蔵持地車の寄進が相次ぐ。大阪天満宮の『本殿詰所日誌』によると、明治十八年（一八八五）に富島町の地車が、明治二十九年（一八九六）には天満青物市場の地車が天満宮に奉納されている。明治三十六年（一九〇三）には安治川上通二丁目中から「地車及付属品」の寄付があった（富島町と安治川上通二丁目の地車の行方は不明）。

鬮取《くじとり》地車・追付《おいつき》地車・俄《にわか》地車

天満宮の地車の宮入りは、天神祭の宵宮六月二十四日の夕刻、催太鼓の宮入りを待って行なわれた。宮入りの順番は、六月二十一日に鬮を取って決められ「立合《たちあい》帳面」に記されたが、一番・地下《じげ》町、二番・宮之前町、三番・御旅所之町の先番が定められていた。これは、慶安二年（一六四九）六月の触で「惣町中より出候ねり物」が、宮入りの前後を争わないようにと定められた方法で（第一章第四節参照）、地車の登場以前からのしきたりである。地下町と宮之前町は、二基の神輿の舁夫《かきふ》を出した天満宮に近接する町である。御旅所之町とは御旅所のある町のことで、初めは雑魚場町、寛文八年（一六六八）頃、御旅所が戎《えびす》島に移って後は、戎島町を指す。御旅所之町が戎島町となってからは、四番が雑喉場町とされた（「天満宮祭礼之節町々江御触」大阪大学滋岡家文書№１７９『大阪天満宮史の研究』第二集に所収）。『（練物定札の写）』〔C－3〕には、一・地下町、二・宮之前町、三・戎島町、四・木津川町（戎島町の分地ゆえ定札）、五・雑喉場町（旧御旅所町）、と記される。これら先番の町々が宮入りしない年は、鬮の順に繰り上げとなる。

このような鬮を取らない町や仲間の地車も含めて「事前に宮入りの順番が定められた地車」を「鬮取地車」と呼ぶことにする。

鬮取りに間に合わなかった地車も、鬮取地車の後に、神社から宮入りが許されることがあった。このような地車は「追付地車」と呼ばれた。例えば天満宮の『日記』（大阪大学滋岡家文書№８）の元文三年（一七三八）六月二十二日の項には「天満惣古手ヤ若者中」から「地車追イ付キ」の届け出があったと記される。

また、宮入り当日に、俄に飛び入りした地車は「俄地車」と呼ばれた（俄芸の意味ではない）。例えば『祭礼記録』〔C－7〕の天明八年（一七八八）の項に「外ニ俄地車アリ」と記される。「天満宮地車宮入り番付史料」に宿無地車の番数がまとめて記されることがあるが、宿無地車は鬮を取ることができず、追付も認められないから、宮入りで宿無といえば俄地車と同義となろう。例えば『祭礼地車番数控並諸神事人形飾付』〔C－5〕の明和四年（一七六七）の項に「此外ニ無宿地車宮入拾五番」と記される。

このうち、町奉行による規制の対象となったのは、俄地車と追付地車であった。正規の当家地車であっても追付地車が禁止されたのは、「立合帳面」に記載がない地車が増えると、俄地車と区別がつかなくなるからであろう。

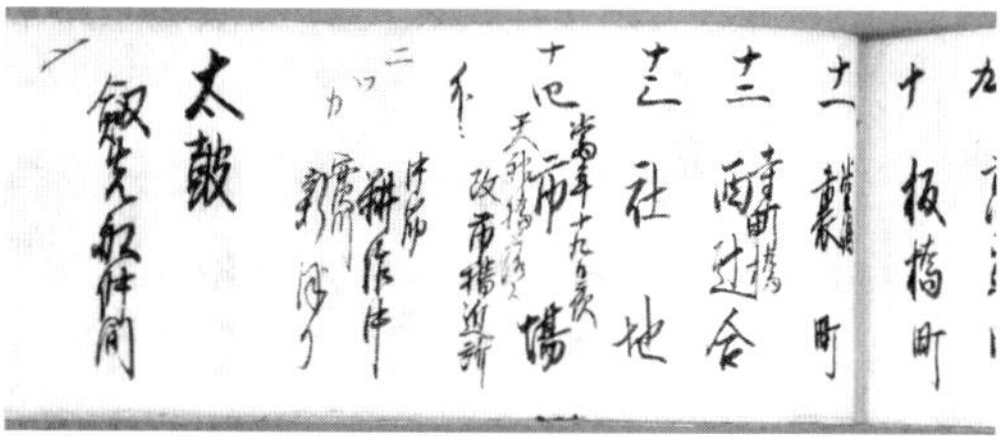

天保3年（1832）の番付『天満宮御祭礼地車』〔C-2〕 翻刻「十四 当年十九日夜 市場 天神橋落候 改市場近所 外ニ ニワカ 中筋耕作中 安治川新ぼり」。

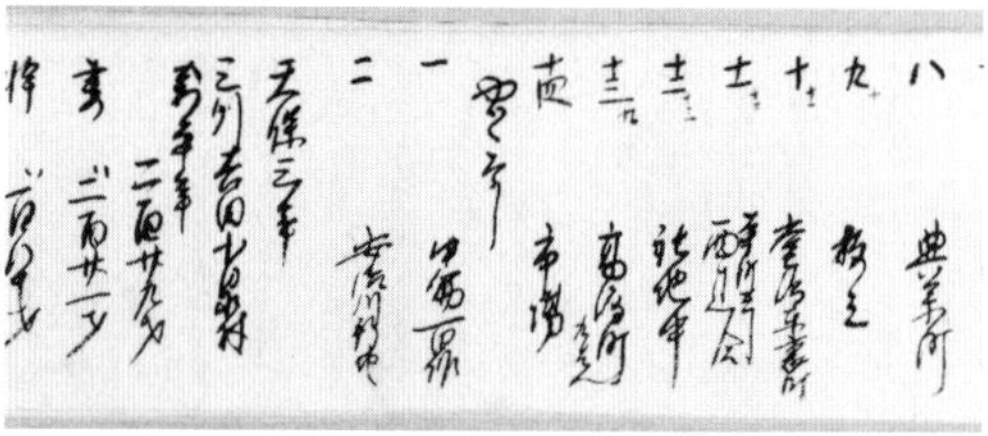

天保3年（1832）の番付『天満宮御祭礼地車番付』〔C-6〕 翻刻「十四 市場 やとなし 一 中筋百作 安治川新地」。『地車年代広記』〔C-4〕には「クジナシ 堂小児中」と記される。

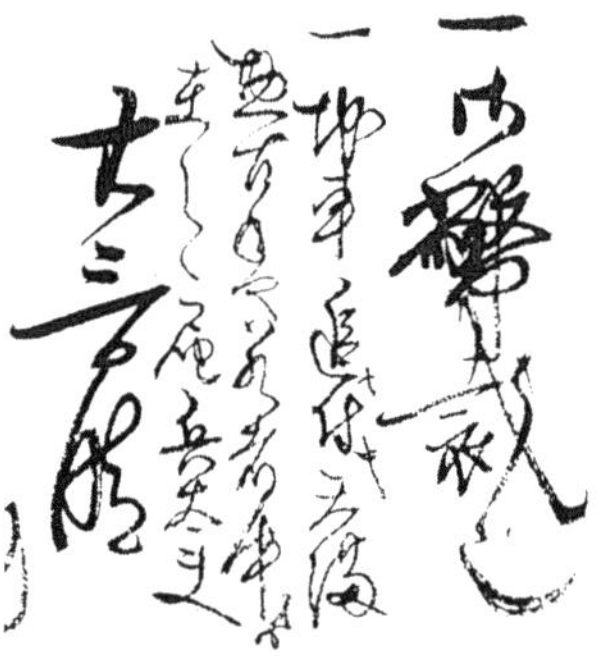

『日記』（大阪大学滋岡家文書№8） 翻刻「地車追イ付キ天満惣古手ヤ若者中より在之候届 兵太夫」。

祭礼の節地車猥《みだ》りに差出し、宿なしと唱え候類あるまじき事

借屋人若キ者ども、その外、宿なしどもまで差し加はり、我が儘《まま》に地車かり請け、町名を出さず、猥りに曳き歩き行き、喧嘩口論致し、町内難儀致し候由（中略）かつ又、社に寄り、神事前、地車番付鬮取の上、番順を極め置き候も之ある由の処《ところ》、右番順の外に、追付又は無宿地車などと唱へ、俄に相催し候姿にて、猥りに差し出し候類も之ある由、なかんずく右の内には、丁（町）内切り、又は、仲間組合を離れ候輩も多く之ある由、相聞こへ、かたがた以て不埒《ふらち》の事に候。右体、鬮《くじ》に相洩《も》れ候後、追付ならびに宿無地車などと唱へ候類の儀は勿論、（中略）右の趣、三郷町中末々の者ども迄、洩らさずよう触知らすべきもの也

寛政三年（一七九一）六月八日の触〔触三六〇八〕

第四節　地車の担い手

若キ者と老分

地車に関する最終的な責任は、町年寄や仲間の老分《ろうぶん》が負うものであったが、曳行の実質的な担い手は「若キ者」と呼ばれる集団であった。「若キ者」の実態は詳らかではないが、農山漁村域における若者組・若衆組・若者仲間に相当すると思われる。大坂の祭の史料に見える「若キ者」は、加えて、突発性と匿名性が高い印象がある。明治初期の地車が描かれた引札「傘提灯販売商　小松伊助」（大阪市北区浪花橋筋天神表門通東ニ入南側）の地車の提灯には「若中」（若者仲間の意）の文字が見える。若者頭《わかものがしら》（若頭）などは町や仲間に縁の深い人物が務めたと思われるが、その他大勢の出自は定かではない。天神祭では、神事の祭具である神輿でさえ、神輿を舁く駕輿丁《かよちょう》役の町（地下町、宮之前町）から町外へ声を掛けて人を集めていた（『日記』〈大阪大学滋岡家文書№79〉『大阪天満宮史の研究』第二集に所収）。まして神賑《かみにぎわい》の地車ともなれば、来る者拒まずの感覚で、地縁や職業縁、年齢や性

別を超えて多くの人々が集ったと思われる。そうでないと、堂島浜や天満市場、靭の地車の数千人規模の曳き手の数の説明がつかない。天保九年（一八三八）四月の天満宮の砂持《すなもち》に出た堂島浜の地車には、一万人を超える人々が揃いの浴衣で群集した〔第二章第八節参照〕。

若キ者が曳き出す地車の中でも「宿無の借受地車」には問題が多く、先に述べたように、寛政二年（一七九〇）六月十六日の達〔達九七五〕では、町年寄の奥印のある書面を持たない者への地車の貸し出しが禁止された。寛政期の触達《ふれたっし》を見ると「借屋人若キ者ども、その外、宿なしどもまで差し加はり、我が儘に地車かり請け、町名を出さず、猥りに曳き歩き行き、喧嘩口論致し、町内難儀致し候由」〔触三六〇八〕、「遊び狂ひ候同前」「がさつなる者ども」「祭礼を幸に不法の振る舞」「氏神の霊には相叶ふまじき事」〔達一〇三七〕、「神輿あるいは地車等、町家軒先等へ当て損じ候ても、神のなさしむる儀、又は賑ひにいたし候事等と申し成し候て」〔達一一一五〕、「全く夜に入り、がさつに引き歩き行き候故の儀、不埒の至りに候」〔達一一一八〕といったように、地車に対する町奉行の評価は散々である。

地車の台数が増えると地車同士の揉め事も増える。文化十一年（一八一四）の達〔補達四三〇〕では、前年の南組での地車の死亡事故を受けて「町年寄、月行司は必ず地車に付き添うこと」「混み合った道で地車が出会った時は、互いに制しあって神妙に曳くこと」「夜間曳行してはいけない」などとされ、惣会所に差し出す誓約の請書《うけしょ》の雛形が提示されている。

何町何屋誰借屋
世話人頭取　何屋何兵衛
家主　印
年寄　印

それでも、争いは絶えなかったようで、「曳違《ひきちがい》」に関する注意喚起が、弘化三年（一八四六）達〔達二一七八〕以降、幕末の慶応元年（一八六五）まで出されている。曳違とは、文化七年（一八一〇）二月三日の達〔達一三一四〕に「氏子同士相互に町々曳通り候節とても、曳違の先後等に至る迄、互に礼譲を以て、神妙に引き通し申すべきはずの処」とあり、辻や道での地車同士の交差を指すと思われる。

最後に、懐徳堂《かいとくどう》の儒学者、中井竹山《ちくざん》が著した『草茅危《そうぼうき》言《げん》』にある「神事地車練物の事」と題された小論を見ておきたい。この書物は、天明八年（一七八八）に大坂に巡視に来た松平定信の諮問に応じて記したもので、寛政元年（一七八九）に一部を脱稿して献上、全巻の完成は寛政三年（一七九一）とされる。現代語訳は以下の通りである。

「大坂の夏祭に氏地から出る地車の担い手は血気盛んな若者（侠少年）で、騒がしい囃子が余計に彼らを駆り立て、例年、死傷者が出て町の大人たちは難儀している。かといって、急に禁止しては土着の祭（土風）のことなので、若者の心が憂鬱になり、他によからぬことを考えつくかもしれない。また、彼らに地車を貸すことによって生計を立てている業者も、急に停止となれば難儀するであろう。神社ごとに地車の宮入り台数を定め、豊作の年に地車が多く出たとしても、定数を超えての宮入りはできないという触達は出ている。台数がぐっと減れば喧嘩沙汰もなくなるであろう。布団太鼓（御輿太鼓）も同じようなものである。あるいは、地車の台数に制限を設けず、騒がしい地車囃子を禁止して、祇園囃子のようなゆっくりとした囃子を用いるように命じれば、喧嘩はなくなるであろう。拍子が緩やかになると暴漢の勢いがなくなるからである。そうなれば地車が面白くなくなって、血気盛んな若者たちは自然といなくなり、触達を出す必要もなくなるであろう」

　地車と若キ者の性格を見事に捉えた記述である。貸地車祭礼貸物屋の経済にも配慮する。それに続く「地車根絶の秘策」がすさまじい。地車囃子を祇園囃子（緩やかな囃子の意）に換えさせることで、知らず知らずのうちに地車の活力を削ぐという。

　清河八郎の『西遊草』の安政二年（一八五五）六月二十六日の項には「近頃の話にも、天神祭礼の時、堂島のだんじりを鴻池に引き入れけるに、砂糖水もいたさず、何の祝儀もなかりしありさまゆへ、若者ども数百人、泥ろ足にて坐敷中におどり込、大あばれいたし、鴻池の坐敷は大あらしとなりしとぞ」と記される。これでは流石に規制の対象となろう。

地車と子供

ここまでで「若キ者たちによる地車の悪弊」を確認したが、これは、あくまでも、規制する立場にある町奉行や、最終的な責任者となる町年寄や老分《ろうぶん》の感覚である。

屏風「天神祭図」（口絵1-21参照）には、母親に付き添われた子供たちが楽しそうに綱を握る。『摂津名所図会』の地車の乗り込んだ子供は楽しそうに笑っている。『浮世の有様』には、天保三年（一八三二）に起きた天満市場の地車が天神橋から転落した事故を述懐する中で、事故の前に、川崎一丁目（天満一丁目）の地車と喧嘩になる直前までは、多くの子供たちが地車につきまとっていたが、双方の町とも子供たちの怪我を恐れて連れ帰ったと記している。地車の周りには常に子供の姿がある。『摂州大坂御霊宮祭礼渡御図』（口絵1-20参照）の表紙には、御迎提灯や俄《にわか》行灯《あんどん》、太鼓台の投頭巾《なげずきん》や采配《さいはい》、地車の玩具などが、笑顔いっぱいの子供たちとともに描かれている。これは実際の場面ではないが、ここから、地車をはじめ神賑行事の祭具・芸能が、子供から遠ざけるべき悪弊ではなかったことがわかる。

また、享和から文政初期（一八〇一～一八一八）頃の成立とされる『天神祭《てんじんまつり》 十二時《じゅうにとき》』（口絵1-19参照）には、地車の責任者と思われる「翁」が大団扇《おおうちわ》を振って「あらぬ歯をくい固め、しわがれたる声の限り引き絞り、綱引けや」などと叫ぶ様子が「いと若やぎて見ゆ」と記される。ここに描写された翁もまた、若キ者の時代から、あるいは、母親のお腹の中にいる頃から、地車に熱狂し続けた一人であろう。子供から大人まで、地車に集う人々の世代を超えた心のつながりをここに見ることができる。

第五節　催太鼓と地車の分別

大坂の祭では地車とともに太鼓台が同時に出ることが多い。太鼓台には、神輿の触太鼓の役割を担う神事的な太鼓台と、地車と互換性のある神賑一般の太鼓台がある。前者の太鼓台の中で最も有名なものは天満宮の催《もよおし》太鼓である。「催」は「お知らせ」の意味であり、その出自を如実に示す名称である。町や仲間など氏子が所有、あるいは借受する地車とは異なって、催太鼓などの枠式太鼓台は神社に所属する。ただし、『地車年代広記』〔C-4〕の寛延二年（一七四九）の項に「太鼓　剣先中　始テ受とる」

とあるように、運営は町や仲間に委託されることが多かった。地車と比べて神事性の高い祭具ではあるが、担い手の特権意識も手伝って、時に、その振る舞いが問題となり、地車同様に規制の対象となることがあった。

　文化六年（一八〇九）の天神祭で催太鼓と地車との間に争論があり、町奉行から問いただされる一件があった（「大阪天満宮の祭礼と戎島行宮」『大阪天満宮史の研究』第二集）。神主家の『日記』（大阪大学滋岡家文書№79）によると、「神輿の舁夫の来歴」「催太鼓の必要性」「催太鼓の濫觴《らんしょう》」「地車のこと」などについて詰問があったようだ。「催太鼓と申すは祭礼につきては必ずこれなく候ては相叶ぬ物か」という「催太鼓の否定」とも取れる内容はなかなか衝撃的である。

　これに対する回答の準備として、神輿に関しては「往古よりの神領である地下町と宮之前町が神役として担当し、他所からも舁きに来るが、神社からの依頼ではなく両町の判断である」、催太鼓に関しては「地車と同じ類の祭具ではない」「神事の時に〈万端手合仕候〉ゆえに催太鼓と呼ばれる」「催太鼓がなくては祭が上手く進まない」と記され、催太鼓の必要性が再確認される。一方、地車に関しては「仲間や町から〈神事賑ひ〉のため出すものであり神社から頼んだものではない」と記して突き放す。

　翌、文化七年（一八一〇）には、異例の二月に、この「神輿　催太鼓　地車」の一件に関する達〔達一三一四〕があった。そこではまず「氏子町々より神事賑わいのため差し出す地車」と「神事人揃えの催太鼓」の両者を分別した上で、祭に関する諸々の遵守事項が述べられている。催太鼓と地車の本質的な違いがわかる一件であった。

第六節　橋と地車

　八百八橋と謳われた大坂で、橋を渡らずに移動することは不可能である。橋は大坂町奉行が管轄する公儀橋と、近隣の町々で管理する町橋とがあった。地車も橋を渡る必要があったが、橋は地車と綱を握る大人数の重さに耐えられない可能性があり、地車のコマ（車輪）は橋板を痛める。

　享保十年（一七二五）六月二十日に「ねり物、地車公儀橋へ引き掛け申すまじき事」という達が出された〔補達四〕。これは「地車」の文字の初見でもある。地車の誕生は享保年間（一七一六〜三六）であり、天神祭で天満宮に正式に宮入りしたのは享保十四年（一七二九）からと考えられるが（第一章第六節参照）、すでに地車という新しい神賑行事の祭具の存在が目立ってきたのであろう。また、地車も広義には練物の範疇であるが、ここでの「ねり物」は、遊里から出る囃子行列や、『難波鶴』に描かれたような移動式芸能舞台を指すものと思われる。

流し俄のように縦横無尽に市中を行き交うことが地車曳行の醍醐味であるから、橋の手前で引き返すわけにはいかない。そこで考え出されたのが、地車を舁き上げて橋を渡るという大胆な方法であった。

天明二年（一七八二）六月十二日の達で、地車は「橋之上引べからず」「（渡橋の時は）乗せ候人数をおろし、鳴物差止、右地車を指荷《さしにない》にて橋を渡し申すべく候」とされた（『大阪編年史』第十二巻）。この達から地車が橋を渡る具体的な方法がわかる。今でも地車の四方に巡らされる舁棒は、この時のために必要な工夫であった。「鳴物差止」とあるが、実際には「橋の太鼓」で呼吸を合わせたと思われる（第三章第一節参照）。難所は、同時に「楽しみ」や「見せ場」にもなる。

渡橋時には曳行時以上の注意が払われていたと思われるが、天保三年（一八三二）六月十九日、天満市場の地

寛政年間（1789-1801）「摂州大坂天満宮御神事之図」（大阪天満宮蔵）

地車の舁き上げ（海老江八坂神社）　かつての渡橋時の名残と思われる。

車が天神橋から落下するという前代未聞の事故が起きた。

　六月十九日、堀江新地の御池《みいけ》通四丁目（口絵地図④参照）に修理に出していた地車を、曳いて天満に戻ることとなった。その道中に、川崎一丁目（天満一丁目）の地車と遭遇し、喧嘩となる。手打ちの後、暮れを過ぎて天神橋に至り、地車を舁き上げて渡り始めたところ体勢が崩れ、地車もろとも大人数が橋の東手に転落した。「日用見聞録」（『大阪編年史』第十七巻に所収）には「欄間《らんかん》へ地車もたる、といなや、そのまま真さかさまに川へざんぶりと落込」と描写される。近隣の人々が松明を持って駆けつけ救助に当たった。死傷者が出なかったのが不幸中の幸いである。

　世間に与えた衝撃は大きく、「天満宮地車宮入り番付史料」や、『天満市場誌』上巻が引く「天満青物市場仲買仲間記録」、『摂陽奇観』巻之五十六、『浮世の有様』などにも記録が残る。

　文政十年（一八二七）以来、天満市場にとっては六年ぶりの地車曳行であったが、その楽しみは、祭当日を迎える前についえたかに思えた。ところが、二十四日の宵宮に、天満宮への宮入りを果たしている。「天満宮地車宮入り番付史料」にも記録が見え、例えば『地車年代広記』〔C－4〕には「十四（番）市場浜改 市場付近 天神橋落ル」とある。所属が「市場浜」から「市場付近」に改められているのは、追付地車として仕切り直すためでもあろう。宮本（当家《とうや》）と世話人頭を新たに定め直して、二十二日には「天満青物市場付近若居者中」として天満宮へ地車曳行願を出し、二十三日暮過ぎには、およそ三千人によって曳き出している。この一件の顛末については「近世後期大坂における市場社会と民衆世界」『近代大阪と都市文化』に詳しい。

　橋の問題は、地車などの祭具に限らない。崩落の危険がある場合など、天神祭の見物人が橋に群集することを禁止する旨の達も出ている〔達一一七六〕。また、天神祭の船渡御を描く絵画史料には橋への立ち入り禁止の様子が描かれている。これは神輿を見下ろすことを防ぐための措置であろう。

第七節　天神祭

天神祭の概要

天神祭は旧暦六月二十五日が本宮で（現在は新暦七月二十五日）、大川下流の御旅所までの船渡御は、大坂の夏祭の中でも群を抜く賑わいであった。地車にとっての本番は、宵宮二十四日夕刻の宮入りである。文久二年（一八六二）刊「摂州大阪天満宮渡御之図」（第一章第四節参照）には「六月中旬から地車を曳き始めて、二十四日に太鼓台（催太鼓）に続いて宮入りし、終夜にわたって鉦太鼓を囃して踊る」とある。『芦の若葉』には「地車は宵宮に宮入りして社殿の後ろに並べ据え、翌日に神輿の乗船場のある難波《なにわ》橋まで曳いた後、帰路に就いた」と記され（曳き出し）、『天神祭十二時』にも「地車は境内で宿直《とのい》する」とある。大坂の夏祭では、宵宮に、子供たちが御迎提灯を掲げて産土神社に参り、聖火を賜る姿が風物詩であった。現在でも、摂河泉の農山村域に、御迎提灯の風俗が残る。

夏祭宵宮参り市中賑之図『郷土研究 上方』第31号

安政6年（1859）「浪速天満祭」『三都涼之図』（国立国会図書館蔵）

天満宮の氏地

「天満宮氏地町之覚」〔G-9〕(『大阪天満宮史の研究』所収)や「天満宮地車宮入り番付史料」を見ると、天満宮の氏地は、おおよそ、「天満」「堂島」「曽根崎新地」「御旅所」「勘助島」に分けて捉えられている。「天満」「堂島」「曽根崎新地」にある各町は、享保十六年(一七三一)から幕末の元治元年(一八六四)までの約百三十年間に、少なくとも一回は地車による宮入りを行なっている。御旅所の氏子町からも地車が出たが、こちらはもっぱら御迎人形と御迎船に力を入れている。勘助島からは地車は出なかったが、神賑行事の祭具として「飾太鼓」(布団太鼓)が出た。文化七年(一八一〇)に初めての宮入りが確認できる(『祭礼地車番数控並諸神事人形飾付』〔C-5〕)。嘉永元年(一八四八)序『浪《なに》華《わ》勝《しょう》概《がい》帖《じょう》』の「天満祭ふとん太鼓」の絵は、勘助島のものであろう。

江戸期の天満宮の氏地は現在とほぼ変わらず、市中を大きくうねって流れる大川の右岸が主体となり、下流の御旅所(元・雑喉場、後に戎島)に誘われるように、川の流れに沿って延びている。

延享五年(一七四八)の天満宮と坐摩社との氏地相論

天満

一丁目　八丁目　大工町　河内町　東樽屋町
臼屋町　市之町　又次郎町　有馬町　西樽屋町
二丁目　九丁目　津国町　越後町　伊勢町
今井町　十丁目　綿屋町　北森町　北富田町
三丁目　菅原町　夫婦町　南森町　南富田町
金屋町　樋之上町　池田町　旅籠町　北小幡町
四丁目　十一町目　空心町　堀川町　南小幡町
信保町　鈴鹿町　典薬町　源蔵町　小島町
五丁目　長柄町　岩井町　魚屋町　老松町
竜田町　友古町　板橋町　天神筋町　下半町
六丁目　源八町　唐崎町　宮之前町　船大工町
七丁目　高島町　壺屋町　地下町
滝川町　椋橋町　農人町　鳴尾町

曽根崎

曽根崎新地一丁目
曽根崎新地二丁目
曽根崎新地三丁目

福島

上福島村
中福島村
下福島村

堂島

船大工町
裏一丁目
裏二丁目
弥左衛門町
永来町
新地一丁目
新地二丁目
新地三丁目
新地四丁目
新地五丁目
中一丁目
中二丁目
中三丁目
新地北町
新地裏町

御旅所付近

安治川上一丁目
安治川上二丁目
富島一丁目
富島二丁目
戎島町
木津川町
九条村町
寺島町
上博労町
江之子島西町
江之子島東町
雑喉場町
石津町
山田町
両国町
江戸堀五丁目

勘助島

臼井町
川本町
船津町

大川には川上から天満橋、天神橋、難波橋と大きな橋が架けられており、天神橋北詰から東にむかって大川右岸には天満市場があった。氏地はここから、米市場が開かれた堂島、遊里で賑わった曽根崎新地、雑喉場の魚市場、対岸の江之子島、河村瑞賢が開削した安治川、安治川と木津川の分流地点にあって大坂船手屋敷と御旅所があった戎島(九条島の北端)、そして、木津川と尻無川に挟まれた寺島と勘助島へと、下流の御旅所(元・雑喉場、後に戎島)に誘われるように、川の流れに沿って延びている。口絵地図④参照の際に記された「天満宮氏地町之覚」には、天満宮氏子八十一町と御旅所氏子十六町、計九七町の町名が記される（「大阪天満宮の氏地の拡大と坐摩神社との相論」『大阪天満宮史の研究』）。加えて、貞享元年（一六八四）に大川の川筋普請のために天満の町域の一部が公収された際、その代替地としてあてがわれた勘助島の天満屋敷（臼井町、川本町、船津町）も氏地となった。往古、神輿の御旅所を定める鉾流《ほこながし》神事の鉾が流れ着くことが多かったといわれる大川右岸の上・中・下福島村は、氏子に準じる扱いで、村内にそれぞれ天満宮とゆかりのある天神社があって、天神祭でも地車も出した。

「天満祭ふとん太鼓」『浪華勝概帖』（大阪歴史博物館蔵）

弘化3年（1846）『天満宮御神事 御迎船人形図会』（大阪天満宮蔵）

第八節　地車の宮入り台数の変化と社会背景

次頁の表は、天満宮に宮入りした鬮取地車の番数を示したものである。享保九年（一七二四）の大火（妙知焼）以前は史料に乏しく、「天満宮地車宮入り番付史料」の記録も享保九年からとなる。ただし、第一章で述べたように、「地車という練物」が正式に宮入りしたのは、享保十四年（一七二九）からであろう。

天満宮地車宮入り番付史料

大阪天満宮には、地車の宮入り番数を記した史料が六冊ある（口絵1－12参照、以下「天満宮地車宮入り番付史料」と呼ぶ。大阪天満宮文化研究所より翻刻の予定）。『大阪天満宮所蔵古文書目録』に記された史料名と分類番号は以下の通りである。『天満宮御祭礼地車〔C－2〕』『（練物定札の写）〔C－3〕』『地車年代広記〔C－4〕』『祭礼地車番数控並諸神事人形飾付〔C－5〕』『天満宮御祭礼地車番付〔C－6〕』『祭礼記録〔C－7〕』。

これらの史料の性格は大きく二つに分けられる。『（練物定札の写）』は、天満宮の古記録から練物（地車も含む）の番数と夏祭（天神祭）と秋祭（流鏑馬《やぶさめ》神事）の警固役人を抜粋したもので、神社の公式記録といえる。一方、その他の五冊は、神社側の史料とは異なる可能性のある地車に特化した宮入り番付であり、宮入り番数と所属名のほか、所々に備考が記される（内容に差異がある）。史料の中には、明治以降に古本屋から天満宮に移ったものもある。

また『天満社祭礼地車番数控』（大阪大学滋岡家文書№.180）も地車番付の記録である。昭和四年（一九二九）頃から昭和四十一年（一九六六）まで大阪天満宮に奉職した藤里好古《ふじさとこうこ》が「天神祭の諸相」『郷土研究　上方』第七号で「家蔵の史料」と記している『天満宮地車出番帳』は現在、所在不明である。筆者は「宮入り番付」の断片（享保十七年から元文二年）と『地車年代広記』〔C－4〕の写本を所蔵しており、写本の一部には原本で欠損している部分が含まれている。

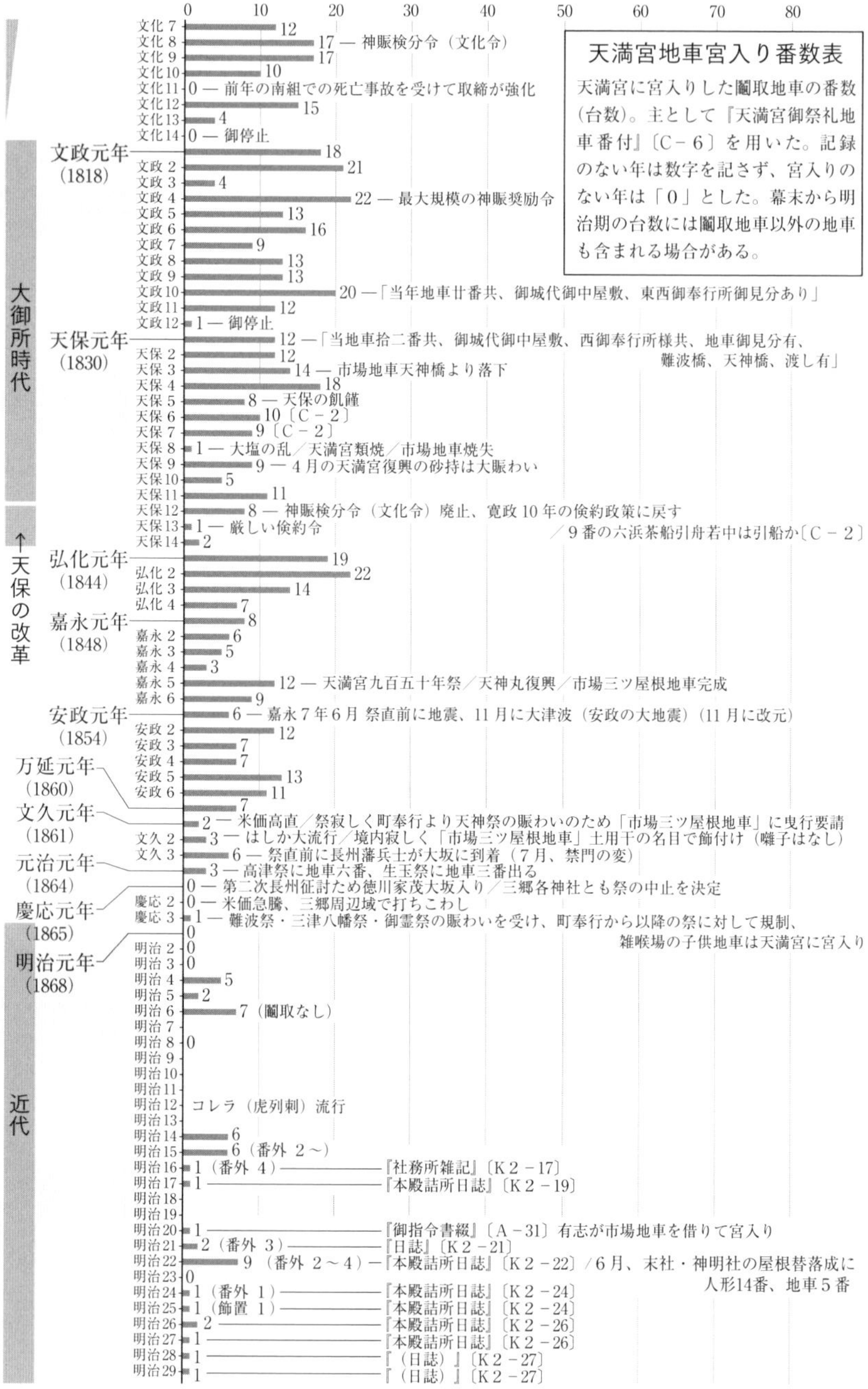

天満宮地車宮入り番数表

天満宮に宮入りした鬮取地車の番数（台数）。主として『天満宮御祭礼地車番付』〔C－6〕を用いた。記録のない年は数字を記さず、宮入りのない年は「0」とした。幕末から明治期の台数には鬮取地車以外の地車も含まれる場合がある。

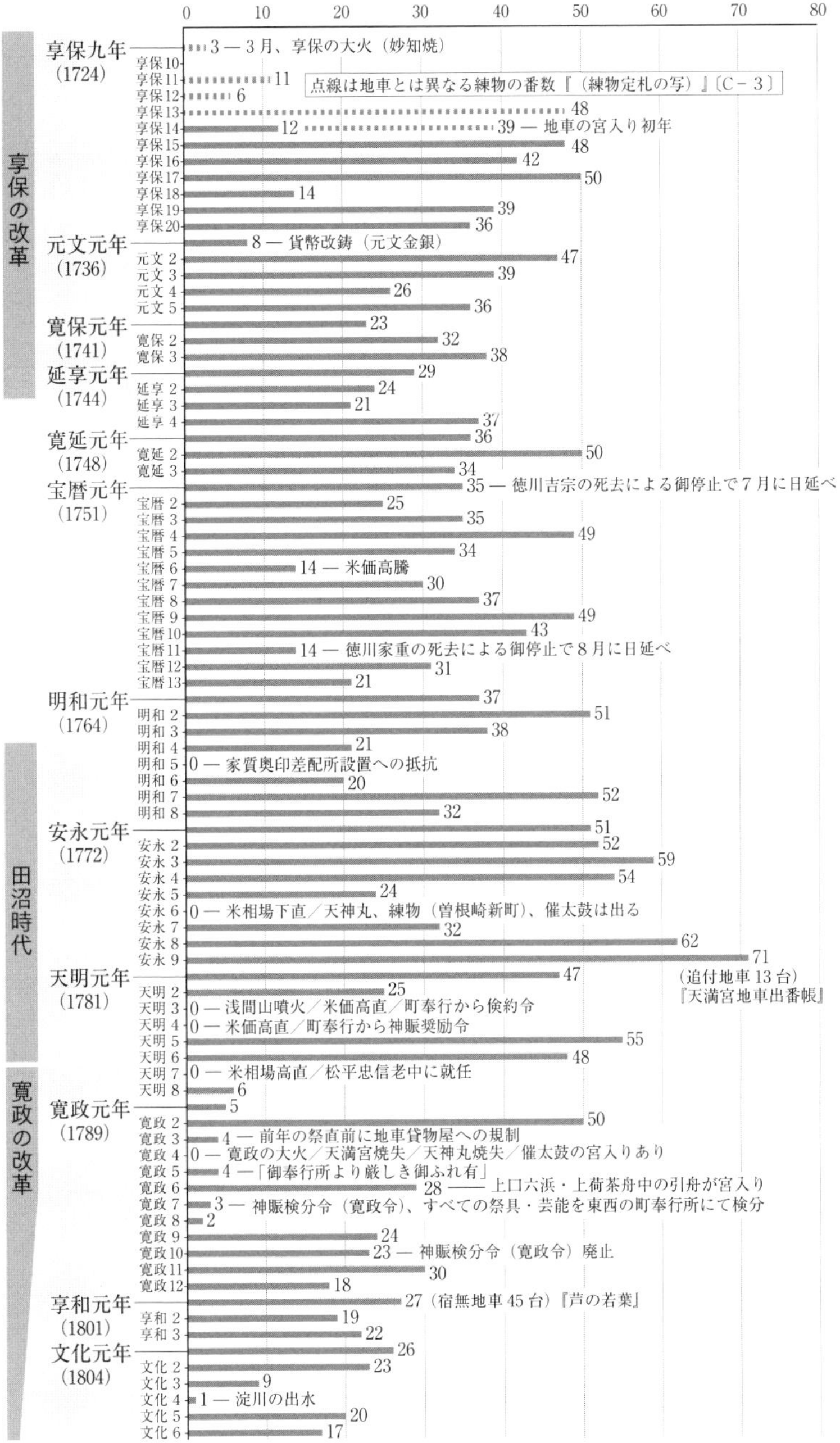

0 10 20 30 40 50 60 70 80
享保の改革
田沼時代
寛政の改革
享保九年 (1724) 3 — 3月、享保の大火（妙知焼）
享保10
享保11 11
点線は地車とは異なる練物の番数『（練物定札の写）』〔C－3〕
享保12 6
享保13 48
享保14 12 39 — 地車の宮入り初年
享保15 48
享保16 42
享保17 50
享保18 14
享保19 39
享保20 36
元文元年 (1736) 8 — 貨幣改鋳（元文金銀）
元文 2 47
元文 3 39
元文 4 26
元文 5 36
寛保元年 (1741) 23
寛保 2 32
寛保 3 38
延享元年 (1744) 29
延享 2 24
延享 3 21
延享 4 37
寛延元年 (1748) 36
寛延 2 50
寛延 3 34
宝暦元年 (1751) 35 — 徳川吉宗の死去による御停止で７月に日延べ
宝暦 2 25
宝暦 3 35
宝暦 4 49
宝暦 5 34
宝暦 6 14 — 米価高騰
宝暦 7 30
宝暦 8 37
宝暦 9 49
宝暦10 43
宝暦11 14 — 徳川家重の死去による御停止で８月に日延べ
宝暦12 31
宝暦13 21
明和元年 (1764) 37
明和 2 51
明和 3 38
明和 4 21
明和 5 0 — 家質奥印差配所設置への抵抗
明和 6 20
明和 7 52
明和 8 32
安永元年 (1772) 51
安永 2 52
安永 3 59
安永 4 54
安永 5 24
安永 6 0 — 米相場下直／天神丸、練物（曽根崎新町）、催太鼓は出る
安永 7 32
安永 8 62
安永 9 71
（追付地車 13 台）
『天満宮地車出番帳』
天明元年 (1781) 47
天明 2 25
天明 3 0 — 浅間山噴火／米価高直／町奉行から倹約令
天明 4 0 — 米価高直／町奉行から神賑奨励令
天明 5 55
天明 6 48
天明 7 0 — 米相場高直／松平忠信老中に就任
天明 8 6
寛政元年 (1789) 5
寛政 2 50
寛政 3 4 — 前年の祭直前に地車貸物屋への規制
寛政 4 0 — 寛政の大火／天満宮焼失／天神丸焼失／催太鼓の宮入りあり
寛政 5 4 —「御奉行所より厳しき御ふれ有」
寛政 6 28 —— 上口六浜・上荷茶舟中の引舟が宮入り
寛政 7 3 — 神賑検分令（寛政令）、すべての祭具・芸能を東西の町奉行所にて検分
寛政 8 2
寛政 9 24
寛政10 23 — 神賑検分令（寛政令）廃止
寛政11 30
寛政12 18
享和元年 (1801) 27（宿無地車 45 台）『芦の若葉』
享和 2 19
享和 3 22
文化元年 (1804) 26
文化 2 23
文化 3 9
文化 4 1 — 淀川の出水
文化 5 20
文化 6 17

享保（享保の改革）から宝暦期

徳川吉宗による享保改革期（一七一六〜四五）は、都市祭礼である天神祭に動揺は感じられず、毎年、一定数以上の地車が宮入りしている。ただし、元文元年（一七三六）の貨幣改鋳（元文金銀）の年や、その後の、宝暦六年（一七五六）の米価高騰の年には、相対的に台数が少なくなっている。米価や諸色高直《こうじき》（物価高）の年は、祭の費用の捻出に困るからであろう、地車の数が減る。貨幣改鋳の年には「神賑奨励令」も出ているので、資金の問題だけではなく、人々の精神的な不安が地車の台数に反映されていると考えられる。

　貴人の死亡による歌舞音曲や華美の御停止《ごちょうじ》が祭に与える影響も大きい。宝暦元年（一七五一）の地車の数は例年通りであるが、この年の祭は、徳川吉宗の死去（六月二十日）による御停止で、一か月後の七月二十五日に延期されている。宝暦十一年（一七六一）は徳川家重の死去（六月十二日）による御停止で、祭が二か月後の八月二十五日に延期となり、地車の数は少なかった。

明和から天明期（田沼時代）

明和から天明にかけて、田沼意次が幕府の実権を握っていた時代には、都市は活気を増し、地車の宮入り台数も飛躍的な伸びを見せる。ただし、年による落差が激しい。明和五年（一七六八）には、突然、地車の宮入りがなくなるが、町奉行から「神賑奨励令」が出ているので、あえて地車を出さなかったことがわかる。これは、前年の明和四年十二月に決定された家質奥印《かじちおくいん》差配所《さはいじょ》（家を質に入れる際の証文を扱う会所）の配置に対する反発であろう。明和五年の一月には、設置反対の打ちこわしが起こっている。次の年からは、地車の数は回復し、安永六年（一七七七）には、銭相場が安値となって地車が出なかったが（遊里からの練物は出た）、安永九年（一七八〇）には、地車の宮入り番付史上最も多い七十一台の地車を数える。藤里好古は前述の「天神祭の諸相」で、『天満宮地車出番帳』（現在所在不明）を根拠として、鬮取地車が七十一台、追付地車が十三台、計八十四台の地車の宮入りがあったと記している。

　地車の数は、このまま高止まりするかに思えたが、天明三年（一七八三）には浅間山が噴火、米相場も高値となって、町奉行から「神賑倹約令」が出された（天明の飢饉）。これは、地車の曳き出しを禁止するものではなかったが、宮入りはなかった。翌、天明四年（一七八四）も米相場は高値であったが、この年には「神賑奨励令」が出ている。しかしながら地車を段取りする経済的余裕がなかったのであろう、宮入りはなかった。翌、天明五年（一七八五）と天明六年は、息を吹き返したかのように、五十台ほどの地車が宮入りしている。天災や社会情勢の変化の中にあっても、人々は常に地車を曳き出したいという欲求を保持し続けていたことがわかる。

寛政期（寛政の改革）

天明七年（一七八七）、松平定信が老中に就任。寛政の改革が推し進められていく中で、地車の宮入り台数は大きく減少する。これには、借受地車に対する規制の強化が大きく影響している。

　寛政元年（一七八九）六月晦日から七月十日まで続いた玉造稲荷社の正遷宮《しょうせんぐう》の砂持《すなもち》は空前の賑わいとなり、八月七日には、砂持以来の風紀の乱れを戒める触が出た〔触三五三六〕。以後、寛政期には祭を規制する触達が断続的に出されていく。

　寛政二年（一七九〇）六月十六日の達で、町年寄の奥印のある書面を持たない者への地車の貸し出しが禁止された〔達九七五〕。この年は、すでに借受の契約を済ませた地車がほとんどであったはずで（天満宮への地車の宮入りは二十四日）、規制の効果は発揮されず、五十台もの地車が宮入りしている。しかしながら、翌年の寛政三年には四台にまで激減、これ以降、幕末に至るまで、鬮取地車の宮入り台数が三十台を超えることはなくなった。

　また、寛政期は火災が多く、寛政四年（一七九二）には天満宮が焼け、地車の宮入りはなかった（催太鼓は宮入りした）。天神丸が焼失したのはこの時である。

寛政元年の玉造稲荷社の砂持『栄々（よいよい）集』（大阪府立中之島図書館蔵）

寛政五年（一七九三）七月には、松平定信が老中を辞任するが、老中の松平信明ら「寛政の遺老《いろう》」による寛政改革の方針は文化年間末まで維持される。寛政五年六月十五日には、地車など神賑行事の祭具に関わる注意事項が出され、町年寄だけではなく「氏神の社務神主」からも「がさつ者」などを教諭すべしとされ〔達一〇三七〕、この年の宮入りは、わずか四台となった。寛政六年（一七九四）の祭は、久々の賑わいを見せ二十八台もの地車が宮入りしたが、祭が終わった直後の六月晦日に達が出た〔達一〇五〇〕。そこでは、幕や飾などの質素倹約が「相ゆるみ候に相聞え」、前々から所持している「持伝《もちつたえ》の品」であっても、それを許せば段々華美な品を用いることになるので「随分粗末之品」を用いるべし、とされた。また、当年は豊作のため米価が安値であるが、いつ天災により凶作となって飢餓に見舞われるかわからない。町内でよく話し合って「囲い米」を充分に備えるようにと申し付けられている。

このように、町奉行と氏子らが祭のあり方をめぐって攻防を繰り広げる中、寛政七年（一七九五）五月に、神賑行事の祭具・芸能のすべてを東西の大坂町奉行所にて検分するという奇策が出された〔達一〇六九〕（後述）。この神賑検分令（寛政令）を受けて、寛政七年は三台、寛政八年は二台のみの宮入りとなった。寛政九年以降は、宮入り台数は増えて安定する。この検分令は、発令後わずか三年の寛政十年に廃された。

文化・文政・天保期（大御所《おおごしょ》時代）

文化年間は、おおむね地車は賑わった。例外的に、文化四年（一八〇七）は淀川の出水《しゅっすい》の影響で宮入りは一台のみ、文化十一年（一八一四）は、前年の南組での死亡事故を受けての取り締まりの強化のために、文化十四年（一八一七）は徳川家斉《いえなり》の母、慈徳院（お富の方）の死去（五月八日）による御停止のために、地車の宮入りがなかった。

文化八年（一八一一）の神賑検分令（文化令）は、神賑検分令（寛政令）とは異なり、地車の宮入り台数を減少させてはいない。天保十二年（一八四一）の廃止まで約三十年にわたって効力を保っており、実は「神賑奨励令」の性格を帯びていた可能性がある（後述）。

文政元年（一八一八）、水野忠成《ただあきら》が老中首座となって、徳川家斉の大御所時代が本格的に始まると、都市の賑わいは最高潮に達して化政文化が花開く。文政四年（一八二一）には、大坂の祭史上、最大規模の神賑奨励令が出て〔達一五二〇〕、官民一体となって祭の賑わいが創出された。文政十二年（一八二九）の元・紀伊藩主、徳川重《しげ》倫《のり》の死去（六月二日）による御停止では、宮入りは一台となるが、天保四年（一八三三）までは文政期と同じ程度の地車が出ている。天保五年（一八三四）からは、天保の飢饉の影響で宮入り台数はやや少なくなる。米不足が続く中、天保八年（一八三七）、元・大坂東町奉行与力で陽明学者である大塩平八郎が救民のために蜂起した（大塩の乱）。この時、天満宮の社殿も焼失、宮入りは催太鼓と市場子供中のみとなった。翌、天保九年（一八三八）六月の天神祭の宮入りは九台であるが、四月に行なわれた天満宮復興のための砂持は、大賑わいとなって、遊里からも練物が繰り出し、堂島浜の地車には一万人を超える人々が紅摺《べにずり》の揃いの浴衣で群集した。大塩の乱などいくつかの混乱はあったものの、概して、文化文政期と天保期の大坂の夏祭は華やかであった。

祭における検分令と奨励令

寛政の神賑検分令

寛政七年（一七九五）五月二十六日、神賑行事の祭具・芸能のすべてを東西の町奉行所にて検分するという達が出された〔達一〇六九〕（「神賑検分令（寛政令）」とする）。地車の中には、地車本体ではなくダンジリ芸の披露だけで許されたものもあったが〔達一三四一〕、面倒を避けて祭具・芸能の準備を取りやめる動きもあって〔補達二九二〕、地車の宮入りも、前年の二十九台から三台にまで激減した。翌、寛政八年も二台を数えるのみとなった。

このまま地車はついえるかに見えたが、検分令が抱える自己矛盾によって、地車は息を吹き返すこととなる。そもそも、氏地以外での地車の曳行は禁止されていたはずである〔達一〇三七〕。ところが、町奉行所へは、当然、氏地外の町々を通らねばならない。道中、そして、町奉行所にも見物人が集まることになる。また、検分にかこつけて、例年よりも早い時期から地車を曳き出すことも可能であろう。検分令が出された直後は躊躇《ちゅうちょ》していた町々も、その「旨味」に気づくことになる。寛政九年（一七九七）の地車の宮入りは二十四台に跳ね上がった。これらの地車は、もちろん検分に合格した「質素な装い」には違いないが、祭の賑わいの規制が目的のはずが、逆に、賑わいを拡大する結果を招くこととなった。

神賑検分令の実態については、中井竹山の『草茅危言』に詳しい（第二章第四節参照）。ただし、この書物の完成が神賑検分令（寛政令）より前の寛政三年（一七九一）であることには注意が必要である。宝暦元年（一七五一）に「地車や練物などの町奉行所への持参は今年は不要」との達が出ており〔補達七四〕、以前から類似の法令があったことがわかる。この神賑検分令（寛政令）は、寛政の改革の方針の下、再施行されたもののようだ。このような背景を理解した上で神賑検分令の実態を『草茅危言』に見てみたい。巻之十の「神事地車練物の事」にある「練物の事」を意訳すると以下の通りである。

練物は「神事の賑ひ一種」に過ぎず、もとは町々から出されたもので、騒がしくはあるが害はなかった。いつしか、このような練物はなくなって、今では、花街から出る娼妓の囃子行列ばかりとなった。これは「神いさめ」のためではなく単に美を競って利益を求めるために過ぎない、と手厳しく述べる（練物の意味が、神賑一般の祭具・芸能から、遊里の行列へと限定されていったことがわかる）。

続けて、町奉行の怠慢を批判する。練物の装束の華美は毎年六月の例触で禁じられているはずであるが、それが破られても咎《とが》めはなく「例年の旧令は文具となるは遺憾なる事也」と記す。芸妓を西町奉行所の書院に上げて夜まで踊らせたという風聞を紹介し、「娼妓非類の輩に天下の決断所を荒らされること」は、まことに不都合であると記している。

一方で、遊里の立場も考える。練物の準備には費用がかかるが、丸一日奉行所で時間を取られることは至って迷惑に違いない。装束に身を固めた女子などは炎天下をはるばる歩いてくるので日射病（中暑《ちゅうしょ》霍乱《かくらん》）にもなると聞く。それゆえ、練物の中止を検討するも、今年出さないのであれば、来年から許可しないと奉行所から脅され、仕方なく出すこともあるようだ、と述べる。

そして、竹山自身、訴訟人が平伏している横で不釣り合いな歌舞音曲が披露されるという愚かな場面に遭遇したことを述懐し「残らず眉を顰《しかむ》る事也」と記している。

以上のように、神賑検分令は、役人の娯楽のために考案されたのかとも思える珍令であった。この神賑検分令（寛政令）は、わずか三年後の寛政十年（一七九八）には廃止となり、以後は、目録を惣会所に提出し、後日、役人が現地に赴いての検分となった。その際に出された達は、これまでの祭に関する禁令をまとめた包括的なものとなった〔達一二三六〕。

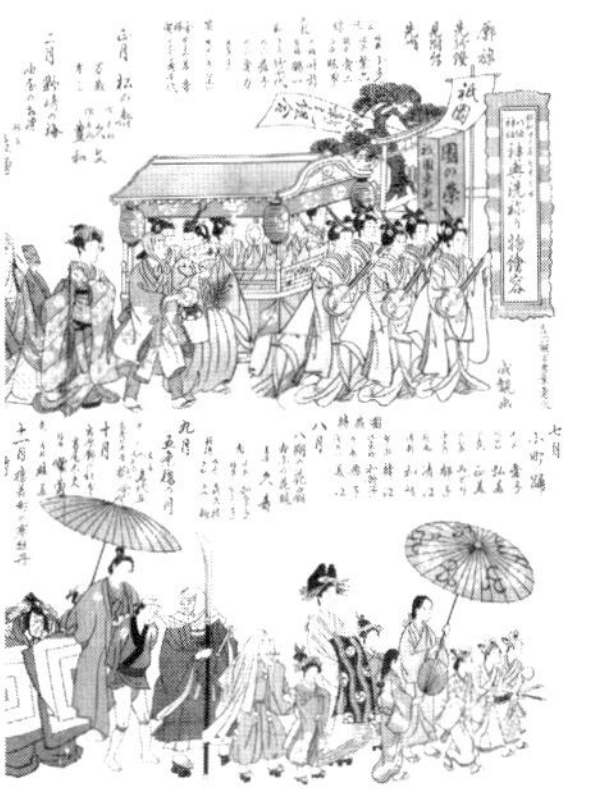

「昭和廿九年七月十日 八坂神社神輿洗ねり物絵容」（筆者蔵） 祇園祭の神輿洗の日に花街（祇園東）から出た練物（参考図版）。

文化の神賑検分令と文政の神賑奨励令

この愚策に思える神賑検分令が、廃止のわずか十二年後の文化八年（一八一一）に、再び出されることになる〔達一三四一〕（「神賑検分令（文化令）」とする）。この神賑検分令（文化令）は、天保十二年（一八四一）の廃止まで三十年間も続くことになるが、文化八年から十年後の文政四年（一八二一）五月十三日に、予想外の神賑奨励令が出る〔達一五二〇〕。そこでは火の元に注意し喧嘩口論などをしない限りは、賑やかに祭をすることは「勝手次第」で、正遷宮など臨時の祭の時よりも「格別相賑い候ても苦しからず」とされた。また、町年寄ら老分の地車への付き添いを必須とした文化十一年（一八一四）の達〔補達四三〇〕が祭の秩序維持に有効であるとしながらも、若キ者や諸職人たちが地車を出したいと申し出た時に、老分の付き添い条件があると、町役人が老年であったり持病があったりした場合に、地車への随行を面倒に感じて「何となく差し留め候様」になって、地車の許可を出さない恐れがある。そのような状況を回避するため、町年寄らの歩行が困難な場合は「別段地車に差し添え候にては及ばず」とした。さらに、地車を出す余裕のない町にとっては、奨励令が負担になることを見越して、祭に神賑行事の祭具・芸能を出すことは必須ではないことを申し添える。実に現場に寄り添った配慮である。

また、祭の衣装や飾物に関しても、これまでの質素倹約の方針を改めて、「持伝《もちつたえ》の品を用いてもよい」「目立つような物でも控える必要はない」とし、町々のお宝自慢を奨励した。翌、文政五年（一八二二）にも、町入用の軽減を申し付けているため、地車や太鼓台も「何となく遠慮いたし候筋」に聞き及んでいるが、「神事は格別の儀」であるから、例年の通り祭で賑わっても差し支えなしとした〔達一五四七〕。

このような「文化の神賑検分令」と「文政の神賑奨励令」の矛盾はどのように理解すればよいのだろうか。これまでの経験で、神賑検分令が「逆効果」をもたらすことは、規制する側もされる側も充分に承知していたはずである。その上での神賑検分令（文化令）の施行は、官民一体となっての祭の賑わいの創出としか考えることができない。つまり、「文化の神賑検分令」は、実は暗黙の了解でなされた「奨励令」だったのではなかろうか。

寛政改革期	寛政 7年(1795)	神賑検分令（寛政令）発布
	寛政 10年(1798)	神賑検分令（寛政令）廃止
大御所時代	文化 8年(1811)	神賑検分令（文化令）発布〈実は奨励令〉
	文政 4年(1821)	大規模の神賑奨励令が発布
天保の改革	天保 12年(1841)	神賑検分令（文化令）廃止

砂持《すなもち》と川浚《かわざらえ》

大坂の人々は、夏祭以外でも「お祭騒ぎ」を期待した。その絶好の機会が神社の正遷宮《しょうせんぐう》や砂持、そして、河川の大浚であった。

正遷宮とは本殿の修理や造営が成って、仮殿から本殿に神霊を遷《うつ》す祭をいう。この時、氏子らが、地ならしの新しい砂を川や海から運んで来て、境内を清浄にする習俗が砂持である。寛政元年（一七八九）の玉造稲荷社の正遷宮の砂持は、空前の盛り上がりを見せた。

川浚は、洪水防止や航路確保のための土木作業であるが、大規模な大浚ともなると祭の様相を呈した。天保二年（一八三一）から三年にかけての、淀川流域の「御救《おすくい》大浚《おおざらえ》」が有名である。「浪花大砂運《おおすなもち》衣裳付」には、堂島浜が約三千人、雑喉場浜が約四千人、道修町が約三百五十人などと記され、揃いの法被《はっぴ》と趣向を凝らした纏《まとい》が描かれる。ここでは、川や海から土砂を運ぶという行為を砂持の姿と重ねて、大浚を砂持にたとえている。

寛政六年（一七九四）六月晦日に、「地車、太鼓、囃子もの」などは「祭礼神事之賑」に限ったものであり、寺社の正遷宮、砂持、開帳などで、これらの祭具を出して寄進物を運んではならないとの達があった〔達一〇五〇〕。弘化二年（一八四五）四月十二日には、生玉社の正遷宮に先立って同様の達が出されたが〔達二一五七〕、『浮世の有様』には、人々は甚《はなは》だ浮かれた様子で、達が出てもお構いなしであったと記される。

　天保九年（一八三八）四月、前年の大塩の乱で焼失した天満宮の復興のための砂持が盛大に行なわれた。『地車年代広記』〔C-4〕には、北新地より鳥居奉納の石引があり、三月二十四日から三十七日間にわたって砂持があったと記される。閏《うるう》四月五日、六日、七日には、堂島浜の地車が曳き出され、呉服屋の衣装の売上数を根拠に、一万人余りが集まったとする。『日本唐土二千年袖鑑拾遺』には、天保九年の砂持には一万人余りが群集したと記され、その人数の根拠として衣装の注文数を挙げている。そこには「紅摺揃　四千五百反余　大丸（下村）」「同並浴衣　三千五百反余　三井」「紅摺揃　二千五百反余　岩城」とある。驚異的な人数であるが、全員が綱を握ったわけではなく、地車の後に付いて走る人々も多かったと思われる。『繁花風土記』には「堂島の地車は人数幾万ともしらず、宮入につづく人は凡十丁計りもあらんか、大道を埋み尚ときの声すきしは奇なるかな妙なるかな」とあり、『西遊草』では、紅摺の浴衣が絶え間なく連なるさまを「まるで虹霓《こうげい》（虹）を見ているようだ」と描写される。

　衣装に関しては『守貞謾稿』に詳しく、「衣服は木綿単《ひと》衣《え》木綿襦袢《じゅばん》で、町名、地名、有因の文字および模様を染め抜き多くは紅摺染」「中老の世話人は藍染の単衣を着る」「羅紗、縮緬などの美服を着る者もいる」「草履ではなく白足袋を履く」などとあり「意匠その他とも皆必ず、その度々新調にて古きは用ひず」と記される。『地車年代広記』〔C-4〕には、堂島浜の浴衣の意匠についての書き込みがあり、年によって「揃輪違《わちがい》」「揃へ浜トいふ字石畳《いしだたみ》」「揃へ石畳ニ光琳の梅なり」などと記される。

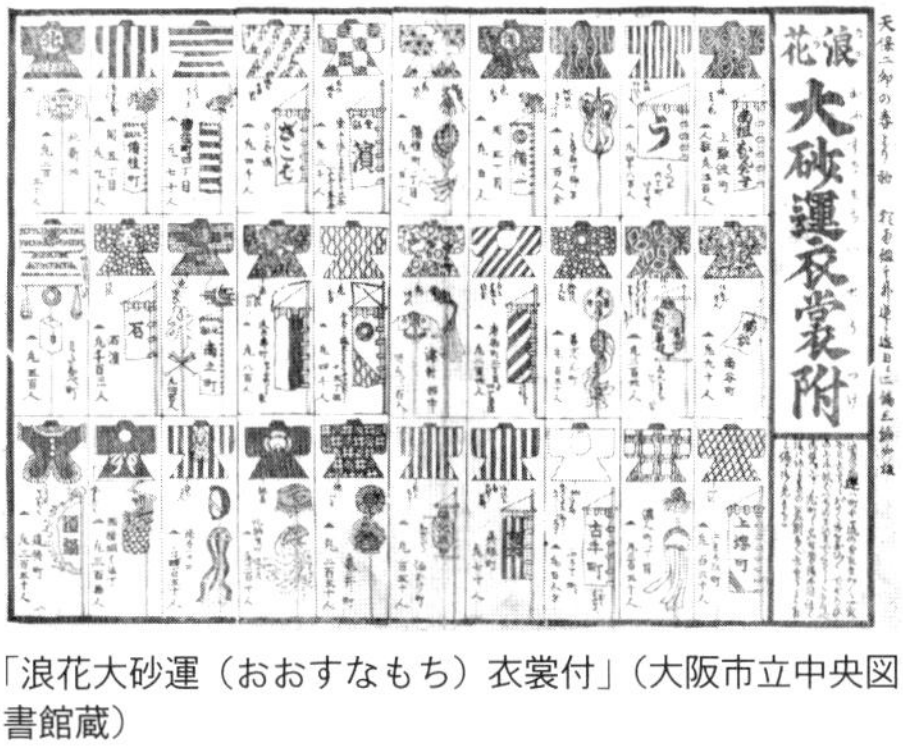

「浪花大砂運（おおすなもち）衣裳付」（大阪市立中央図書館蔵）

天保改革期

天保末期の天保十二年（一八四一）、老中首座、水野忠邦による天保の改革が始まると、文化、文政、天保と続いたお祭気分が一掃される。天保十二年六月朔日には神賑奨励令が出ているが、六月八日の達〔達一九九七〕では「道中の人々の仕事の手が止まり喧嘩も起こる」という今さらながらの理由で、神賑検分令（文化令）を撤廃し、「諸事寛政午年の通り」、すなわち、約四十年前の寛政十年（一七九八）の倹約政策〔達一二三六〕に立ち返るとされた。

天保十三年（一八四二）には、文政四年（一八二一）から続く神賑奨励令〔達一五二〇〕は完全に打ち切られ、これまでとは真反対の方針で「地車、太鼓台、練物の衣裳は木綿と晒《さらし》に限る」という倹約令が出る〔達二〇三五〕。『近来年代記』には、この年の祭では、町辻の大提灯や幕を麻や晒に取り換え、布団太鼓の緋色の布団部分には木綿の汚衣《おい》を縫い付けて粗末に見せたとある。この倹約令は、慶応三年（一八六七）まで毎年出されることになる。

天保の改革期の抑圧に対する反動であろうか、天保十五年（一八四四）（十二月二日から弘化元年）には、久々に十九台もの地車が出た。『近来年代記』にも各社の地車や太鼓の番数を紹介しつつ「近年めつらしき事なり」と記される。『浮世の有様』には「か様に多く地車を出せし事三十年来これなき事也」と述べつつ、町奉行の政策を批判する。意訳すると以下の通りである。

昨年（天保十四年）は、氏地以外での地車曳行は禁止とされ、地車がほとんど出なかったが、今年は、祭を賑やかにせよとの方針で、氏地以外での曳行許可も昼間は勝手次第とされ、地車が多く出た。地車は、二、三日ほど曳行して宵宮に宮入りする。本宮には各町に曳き帰って酒宴を開いて「めでたし、めでたし」などと唱えて終わる。ところが、今年は「地車は本宮にこそ出すべきである」とされ、本宮に、地車を鍋島浜（佐賀藩蔵屋敷前）に並べるよう申し渡された。わずか一日のことであるが、地車の借賃も余分に必要となり、また、仕事もできない。これは倹約令と矛盾する。あちこちで喧嘩沙汰も起きている。一年で方針が変わるようでは、御触とはいえ信用できるものではない。道理をわきまえない愚人が法を犯すようなことを町奉行が自ら行なっていると、町奉行を痛烈に批判する。公開を前提とした文書ではないので表現に遠慮がない。

弘化・嘉永・安政期（開国）

弘化二年（一八四五）は二十二台の地車が宮入りして賑わいを見せるが、嘉永期にかけて地車の数は減っていく。嘉永五年（一八五二）は天満宮九百五十年祭（二月十九日から二十五日まで）の年で、この年、寛政四年（一七九二）に焼失した堀川の上荷船茶船仲間の天神丸が復興、天保八年（一八三七）の大塩の乱で焼失した天満市場の地車も新調され、両者とも六月の天神祭で宮入りした。

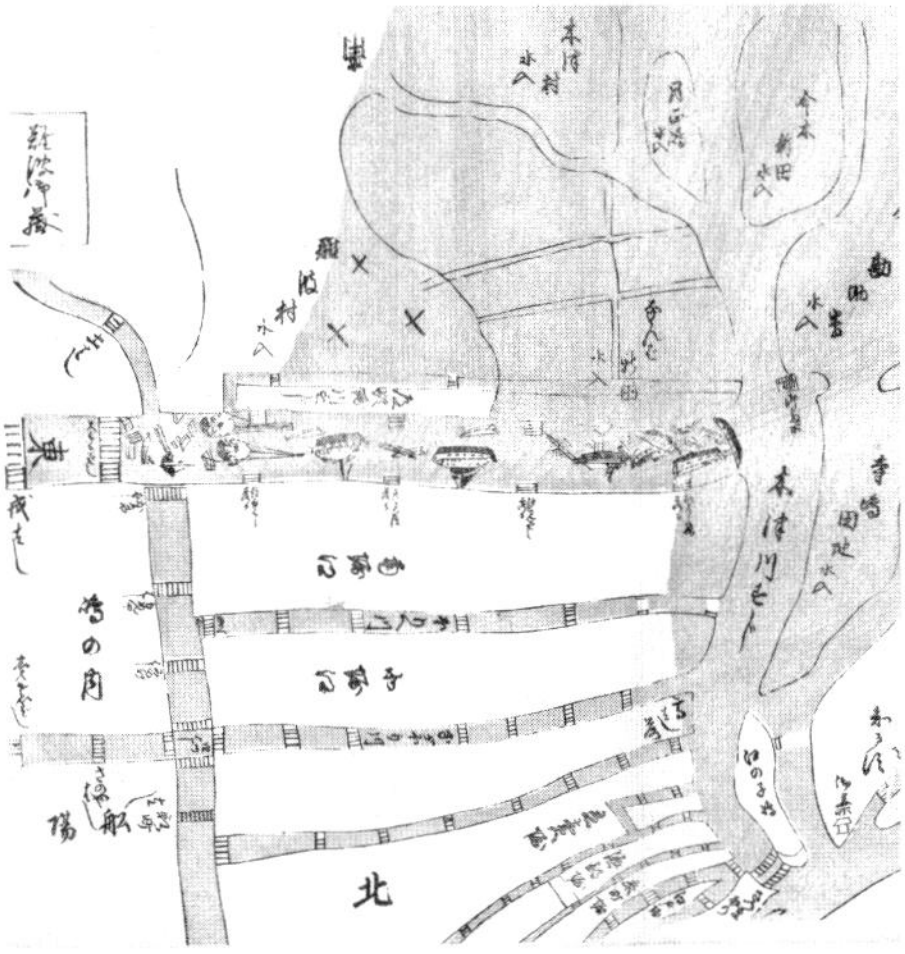

大坂大津浪図（東京大学総合図書館蔵）　嘉永7年11月5日に大坂に押し寄せた津波の浸水部が色で塗られている。難波村や木津村も水没。

嘉永六年（一八五三）六月、軍艦四隻を率いてアメリカのペリーが浦賀に来航。嘉永七年（一八五四）三月には、幕府は日米和親条約に調印する。この年は、祭直前の六月十五日に地震、十一月四日から五日にかけて安政の大地震が起こった。『近来年代記』には「当年は地震うわさ取り取りにして一向祭りも人気悪く甚さひしかりけり」と記される。九月にはロシア艦隊司令長官プチャーチンが軍艦ディアナ号で大坂の天保山沖に来航し人々を驚かせた（十一月二十七日に安政に改元）。

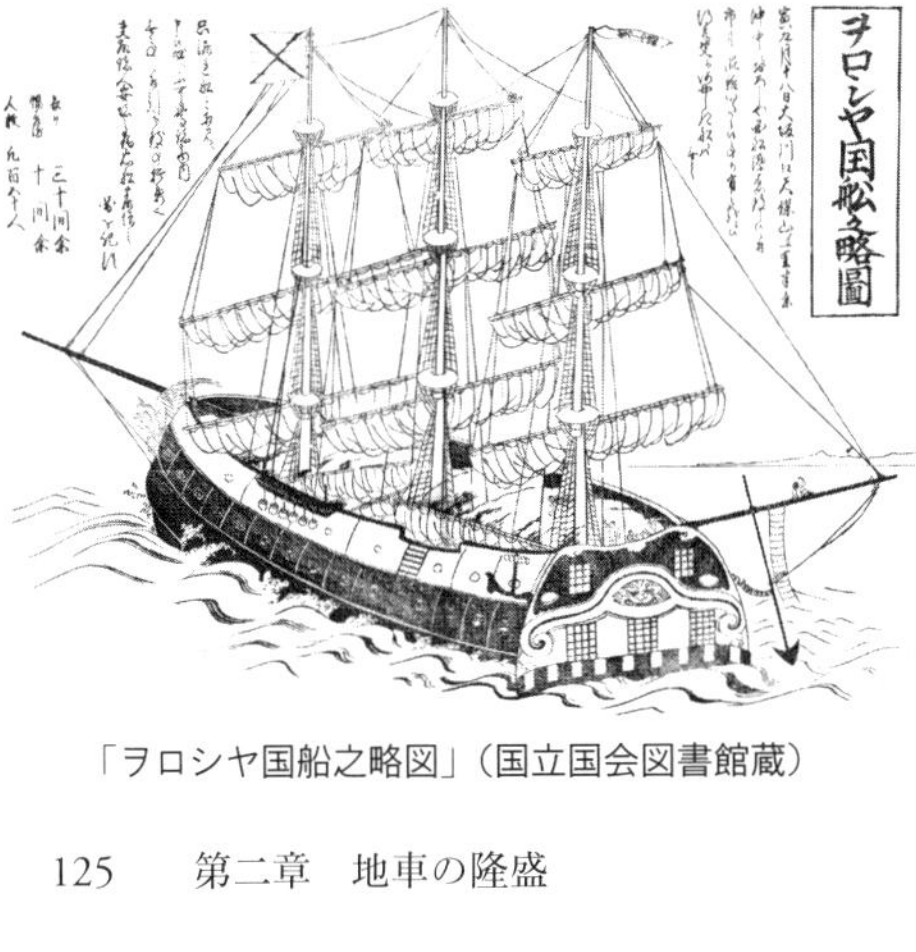

「ヲロシヤ国船之略図」（国立国会図書館蔵）

天満市場の三ツ屋根地車

天満市場の地車の図面が二種類三点伝わる。一つは、寛政七年（一七九五）原図の天保三年（一八三二）の写し（正面・後方図、側面図の二点）で、先代の地車の存在を示唆する「市場古大だんぢりハ」との書き込みがある。もう一つは、弘化三年（一八四六）の側面図一点である（第一章第三節参照）。その姿は現行の地車と瓜二つであり、天満市場の地車は代々三棟造の形態を踏襲したものと思われる。『天満祭地車宮入の図』（第一章第三節参照）に描かれる三棟造の地車も天満市場のものであろう。

現在の地車について、昭和四年（一九二九）刊『天満市場誌』上巻には「古老の伝ふる処によれば天保八年の大塩の乱に焼失し、現今天満宮御祭礼毎に社前側に飾られ異彩を放つ地車は天満市場よりの奉納地車にして明治初年に於ける大工甚五郎の作である」と記される。しかしながら、『天満宮御祭礼地車番付』〔C-6〕の明治十五年（一八八二）の項には「三ツ屋根地車廿二年目」と記され、これは文久元年（一八六一）の製作とも解釈できる。ところが、同史料の文久元年には、町奉行所から、当年は米価が高値で世の中は、おしなべて寂しいので、天神祭を賑やかにし、三ツ屋根地車を出すようにとの仰せがあったとあり、この年は二台の地車が宮入りしている。また、文久二年には、麻疹《はしか》が流行し地車の宮入りは二台にとどまり境内が寂しいので、土用干《どようぼし》の名目で天満市場の地車も宮入りしたと記される（囃子はなし）。これらの記録から、天満市場の三ツ屋根地車は文久元年以前に製作されていたことがわかる。そうであるならば、天満市場の地車は嘉永五年（一八五二）の製作となる。『天満宮御祭礼地車』〔C-2〕の嘉永五年（一八五二）の項に「右市場地車当年、出来見事〳〵」と記されており（この年は天満宮九百五十年祭の年に当たる）、この「見事な地車」が現行の地車と考えられる。

ただし、この地車は、一時、天満市場の手を離れた可能性がある。『天満宮御祭礼地車』〔C-2〕の安政二年（一八五五）の項には、滝川町（町内の一部は天満市場）が天満市場の地車を購入したとある（当年瀧川町地車、市場所持之地車、金四拾三両弐歩ニて買請）。天保三年（一八三二）の項には「此地車、天保八酉年大塩乱法ニ焼ル、此後嘉永五子年地車新調出来、二十壹年目ニ出る、大当り〳〵」と記されており、大塩の乱から嘉永五年まで天満市場は地車を所有していないことがわかる。つまり、滝川町に売却した地車は、わずか三年前に製作した新調地車ということになる。理由は明らかではないが、嘉永七年（一八五四）十一月五日（十一月二十七日に安政に改元）の大津波による甚大な被害が関係しているかもしれない（安政の大地震）。「大坂大津浪図」（前々頁上図）によると、天満市場への野菜の供給地であった大坂三郷南方の村々が完全に浸水している。天満市場の地車の売買は、その翌年のことであり、天災の影響で地車を手放さざるを得なくなった可能性も考えられる。

その後、文久元年までの間に、滝川町の地車は何度か宮入りをしている。一方で、「市之側」「市場近所」「市場子供中」など天満市場に関係する地車の宮入りも確認される。この間、天満市場の人々は、地車貸物屋から、あるいは、滝川町から地車を借受けて宮入りを行ない、文久元年までに地車を買い戻していたのかもしれない。『天満宮御祭礼地車番付』〔C-6〕に記された「三ツ屋根地車廿二年目」の年数は、天満市場が滝川町から買い戻した地車で天満宮に宮入りした年を基点に数えたものと解釈すれば、諸々の辻褄が合ってくる。現行の三ツ屋根地車は、嘉永五年の製作と考えてよさそうである（口絵2−1参照）。

寛政七年	（一七九五）	地車図面（「市場古大だんぢり八」の記述）
天保三年	（一八三二）	天神橋から転落
天保八年	（一八三七）	大塩焼（大塩の乱）で焼失〔C-2〕
弘化三年	（一八四六）	地車図面（嘉永五年製作地車の案か）
嘉永五年	（一八五二）	市場地車完成〔C-2〕天満宮九百五十年祭
嘉永七年	（一八五四）	大坂に大津波の被害（安政の大地震）
安政二年	（一八五五）	天満市場の地車を滝川町へ売却〔C-2〕
文久元年	（一八六一）	天神祭に市場三ツ屋根地車出る〔C-6〕
明治十五年	（一八八二）	「三ツ屋根地車二十二年目」〔C-6〕
明治二十九年	（一八九六）	天満市場の地車が天満宮に奉納
平成元年	（一九八九）	地車曳行復活

21年目（天保三年→嘉永五年）
22年目（文久元年→明治十五年）
→現在の三ツ屋根地車

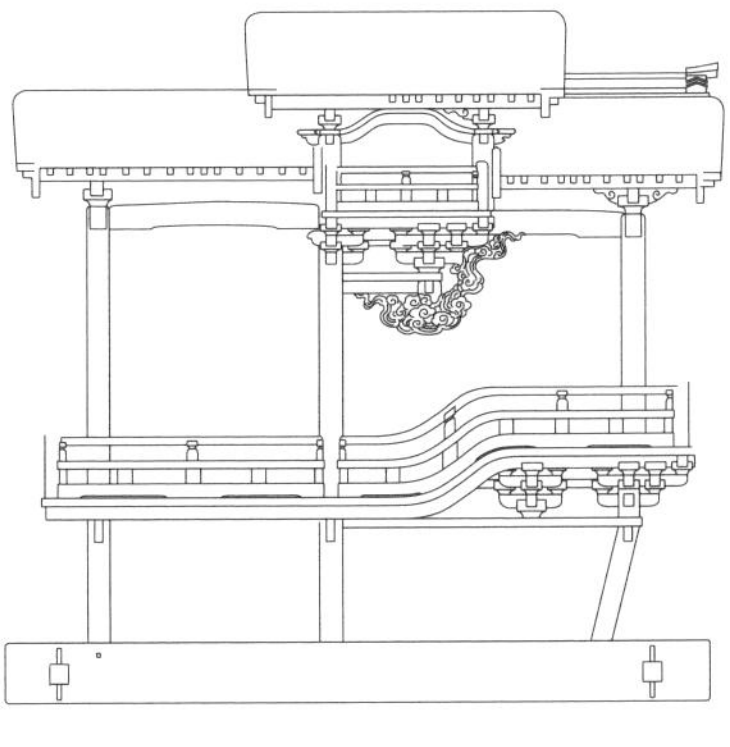
天満市場の地車図面（寛政七年）
大阪歴史博物館ウェブサイト掲載画像をトレース

大坂の夏祭と地車の神髄

出羽国（山形県）に生まれた勤皇の志士、清河八郎による母との旅の日記『西遊草《さいゆうそう》』には、地車の神髄、そして、京都と江戸をしのぐ日本一の祭として天神祭が活写されている。大坂に到着したのは、天神祭の宵宮、安政二年（一八五五）六月二十四日の四ツ前（午前十時頃）であった。その日の記述を以下に要約する。

天神祭礼は「一種の奇会」である。三都では大坂が江戸に次ぐ。祇園祭のような山鉾の美しさはなく、行列も格別ではないが、川一面に浮かぶ船の灯火が一時の奇観をなす。「だんじり」という祇園祭の山に類するものが、おおよそ十二本ばかり出る。台の上では鐘や太鼓を鳴らし、揃いの衣装で勢いよくこれを曳く。皆が赤い兵児帯《へこおび》で赤い手拭いを被って、踊躍《ようやく》しながら往来する者が絶えない。どの地車も二、三百人の曳き手がいる。今年は堂島米市場の地車が最も賑わって、赤の浴衣で地車に付く者が一万二、三千人ばかりという。それゆえ、堂島の地車が往来する時には、三、四町も赤い浴衣の者が絶え間なく続き、まるで虹霓《こうげい》（虹）を見ているようだ。また、大坂の町人は多くの相撲の力士を抱えているので、祭に参加する力士の人数はおびただしく、堂島だけでも八十人もいるという。今夜は地車の宮入りといって、どの地車も夕暮れ頃から天満宮の社前に曳き入れる。夕食を終え、天神橋を渡って、ゆっくりと天満宮の方に歩いていくと次第に賑わいが増してきて、殊に大坂は道も狭く往来するのに甚《はなは》だ難儀である。大坂の天満宮は京都北野の天満宮には及ばないが立派な社殿で、先年来朝した琉球使節の額なども奉納されている。到着した時には、地車が三、四本来ており、間もなくして堂島の地車が到着したのを見ると、なるほど仰山な人数で、誰もが手足を動かし「よいよい」と声を一斉に発する。鐘や太鼓の音が高まってきて人の気持ちを高揚させる。その勢いは祇園祭などの及ぶところではない。いかにも祭礼らしい雰囲気で、格別に見事なものはないけれども、京都の祭とは異なる楽しみがあって、三都の祭にふさわしい趣を備える。境内は一面群集している。地車は社殿の前に順番に並べ置かれ、何十何百という無数の灯籠で照らされており、明朝まで鐘鼓の囃子が絶えることはない。

そして、最後に「京師《けいし》（京都）は人気柔弱にして、ただ外美を好み、さらに勢ひきそふ事もあらざれば、祭礼とて祭礼の風あらず。江戸は尤《もっと》も人気手あらく、祭礼のきそひ黄金を土泥にいたし、あまり鋭過ぎたるほどの事なり。大阪は随分剛強の気もあり、また自然上方の風まぬかれざれば、剛柔相かなひ、人情に於ひて中道といふべき也。すべて祭礼などは尤も人気のあらわるるものなれば、よく心をどどめ見るべき也」と締めくくる。

文久から慶応期（幕藩体制の崩壊）

尊皇攘夷、公武合体、倒幕をめぐる政治的激変の中で、地車の宮入り台数は激減する。文久二年（一八六二）は三台のみの宮入りとなったが、これは疫病流行によるもので、『天満宮御祭礼地車番付』〔C－6〕に「六月大坂表はしか大はやりニて地車ハとんと無之候」と記される。

文久三年（一八六三）、尊皇攘夷派の公卿、三条実美《さねとみ》らの参内が禁止され、長州藩に対しても京都からの追放命令が出た（八月十八日の政変）。長州藩は京都での勢力の挽回を目指し、元治元年（一八六四）、夏祭の真っただ中の六月二十日、兵の一部が大坂の長州藩邸に到着、七月十九日には御所の蛤御門《はまぐりごもん》付近で大規模な戦闘が起こった（禁門の変）。幕府は朝廷からの勅命を得て長州征伐を開始、大坂町奉行は、大坂三郷に対して大坂市中に潜伏していた長州藩士を探索、大坂町奉行の下に派遣されていた新撰組に市中の巡視を命じ、さらに三郷の火消人足に長州藩の蔵屋敷を取り壊させた（『新修　大阪市史』第四巻、第五章第二節）。文久三年（一八六三）には六台、元治元年（一八六四）には三台の地車が天満宮に宮入りしているが、以降は、祭どころではなくなってくる。

翌、慶応元年（一八六五）閏五月、第二次長州征討のため、徳川家茂《いえもち》が大坂城に入った。この年、大坂三郷の各神社では、社会情勢を鑑みて夏祭の渡御や神賑行事の中止を決定していた。そのような状況下で、大坂に駐屯していた新撰組から、稲荷・坐摩・御霊・天満・生玉の五社に対して呼び出しの廻章が送られてきた。その意図は「将軍在城のこともあって例年以上に祭を賑やかにしてはどうか」「その警備を引き受ける用意がある」という旨を伝えることであった。これに対して、坐摩社は京都の執奏家にすでに中止の許可を得ている、天満宮は、神輿・神器の修理中であると弁明し、当初の予定通り居祭《いまつり》とした（「幕末維新期における大坂の世相と天神祭」『大阪天満宮史の研究』）。『近来年代記』には「当年は御霊、いなり、天神祭りさへ御渡り相休に相成候故、一向さひしき也」と記されている。

慶応二年（一八六六）には、第二次長州征討のための幕府軍の駐留によって大坂三郷と周辺域の物価、特に米価の急騰によって、五月には大坂三郷の周辺域で打ちこわしが頻発した（『新修 大阪市史』第四巻、第五章第四節）。この年も祭どころではなく、『近来年代記』には「当年は御上様御取込、御時節柄にて御渡り相休み、天神祭りも橋上もちやうちんなし。堂嶋浜もちやうちんなし」と記される。第二次長州征討が難航する中、七月には家茂が没し、これを機に、幕府は長州藩と休戦協定を結んだ。十二月には徳川慶喜が第十五代将軍に就任、同月、孝明天皇が崩御する。

慶応三年も祭どころではない、と思われたが、予想に反して盛り上がりを見せる。『近来年代記』には、「諸祭り大はつみ事」として、難波祭（六月十三日・十四日）では太鼓台が二台と台舁《だいがく》が六台、八幡祭（六月十六日・十七日）では宗右衛門町と炭屋町の太鼓台、御霊祭では地車が三台出て神輿の渡御も行なわれたと記される。ところが時節柄、このお祭騒ぎが問題視されることになる。「あまりはつむゆえ公儀御沙汰有」のため、十八日以降の祭では渡御は取りやめとなって、太鼓台や地車も出なかった。この御沙汰がなければ、天神祭でも陸渡御・船渡御が斎行され、神賑の地車も多く出たであろう。とはいえ、祭気分を急に押し込めることは不可能である。散発的な神賑は行なわれたようで、『近来年代記』には「ざこば子供地車之事」と題して、およそ二千人ばかりが衣装を揃えて五尺（一メートル半）ほどの地車を曳いて天満宮に宮入りし、その夜のうちに町に帰ったと記される。「子供地車」とは曳行許可を得るための名目であろう。実際には、大勢の大人が子供と一緒に綱を握ったはずである。雑喉場は、元、御旅所の町で、御迎人形を出すことがほとんどであった。この年の例外的な地車曳行には「神輿の渡御がなくなったのであれば、こちらから天満宮に参る」という意気込みを感じる。慶応元年（一八六五）、慶応二年と陸渡御・船渡御がなく、久々の祭が直前に禁止された無念は察するに余りある。

慶応三年十月、徳川慶喜が朝廷に大政奉還を行なった。十月下旬、大阪市中で「ええじゃないか」が流行。十二月、新政府の樹立を告げる王政復古の大号令が発せられ、二百六十余年に及んだ徳川幕府の歴史に幕が下りた。慶応三年が、幕藩体制下での最後の大坂の夏祭となった。

第九節　明治時代の大坂の地車

明治期の天神祭

　慶応元年（一八六五）から明治三年（一八七〇）まで、天神祭の陸渡御・船渡御は行なわれていない。明治四年には七年ぶりの船渡御が斎行された。この年、御旅所は、戎島から松島遊廓内の仮殿に変更となった。これは、御旅所のすぐ北にあった大坂船手奉行の屋敷周辺は、明治元年（一八六八）に外国人居留地となっており、神幸の目的地としてふさわしくないとの判断であろう。明治五年には、正式に松島に御旅所が定められた。明治四年には五台の地車が、明治五年には二台の地車が天満宮に宮入りしている。

　明治五年は改暦の年で、明治五年十二月三日が明治六年一月一日となった。太陰太陽暦から太陽暦への変更によって、祭をはじめ伝統的な習俗の日取りは混乱を極める。季節感を保つためには、例えば、旧暦六月二十五日を新暦七月二十五日とする「月遅れ（月送り）」が有効であるが、一日単位で変化する潮汐や月明かりなど、月の朔望《さくぼう》と行事内容が連動する祭では、月単位で変化する季節性とは別の問題が生じる（『日本の祭と神賑』第八章）。

　天神祭の船渡御への影響も大きかった。旧暦では毎月十日と二十五日が干満差の最も少ない長潮《ながしお》にあたるが、新暦では年によって潮の加減が変わってくる。天神祭は、おおよそ明治十一年（一八七八）以降、新暦七月二十五日を例祭日と定めたが、これは、後に、大川下流への船渡御が困難となる遠因となる。市域の地盤沈下、毎年異

長谷川小信「浪花川口電信機局之図」（大阪府立中之島図書館蔵）　御座船型の蒸気船は当地にあった御船蔵にちなむか。

明治12年（1879）「白米稲荷社奉納絵馬」の赤外線処理画像（大阪天満宮蔵）　末社・白米稲荷社にちなむ狐の地車。

なる干満時間などの諸要因が重なって、渡御船が橋をくぐることが難しくなり、昭和二十八年（一九五三）に船渡御の方向を大川の下流から上流に変更して現在に至る。

明治六年（一八七三）には、鬮取なしの七台の地車の宮入りがあった。以降、地車の宮入りのない年が続くが、明治十四年（一八八一）と明治十五年には、六台の地車が宮入りした。明治十五年六月には、末社の十二社の砂持で、数日にわたって数台の地車が宮入りしている（『本殿詰所日誌』）。

明治十八年（一八八五）には、維持が困難となった富島町の地車が天満宮に献納された（現在所在不明）。明治二十年（一八八七）七月の天神祭では、地車蔵（天神橋筋四丁目七番地）に保管されていた天満青物市場の三ツ屋根地車を有志で借り受け、天満宮に宮入りしている（『御指令書綴』〔A－31〕）。

慶応元年から明治二十年までの天神祭に関する記録は『大阪天満宮　夏大祭天神祭と秋大祭流鏑馬式史料』に詳しい。

明治二十二年（一八八九）には、九台の鬮取地車ほか、数台の地車と、子供による太鼓台の宮入りがあったが、以後、天神祭から地車の姿が消えていく。明治二十九年（一八九六）には、天満青物市場の地車が天満宮に献納され、次年からは、祭ごとに境内に飾り置いて地車囃子と地車踊り（龍踊り）を奉納する形態となる。明治三十六年（一九〇三）には、安治川上通二丁目中から「地車及付属品」の寄付（現在所在不明）があった（『本殿詰所日誌』）。

明治三十四年（一九〇一）刊『風俗画報』第二三五号には「ダンジリと称して屋台に車の付しものを、大勢の子供達にて牽き廻り、鐘《ママ》太鼓にて囃し立るあり」と天神祭を描写する。宮入りはせずとも氏地で曳く地車は出たのであろう。

明治以降は、産土神社の祭以外の国家的な慶事に、神賑行事の祭具が出される機会が増える。『本殿詰所日誌』には、明治二十四年（一八九一）五月十二日にロシアの

大坂天神祭実況『風俗画報』第235号
船渡御の様子。明治9年（1876）につくられた御鳳輦も見える。

皇太子の大阪来訪に合わせて源蔵町の地車を第四師団の司令部に飾る予定であったが、大津事件のため中止、明治二十八年（一八九五）六月七日には、日清戦争の凱旋祝賀祭として六台の地車が宮入り、大正四年（一九一五）十一月十日には、大正天皇即位当日祭が斎行され、二十七日まで奉祝行事として、地車と家台の宮入りがあった、との記録が残る。昭和十年（一九三五）に大阪城で行なわれた郷土神祇展覧会では、海老江《えびえ》八坂神社（大阪市福島区）氏子の西之町の地車や、止止呂支比売命《とどろきひめみこと》神社（大阪市住之江区）氏子の安立《あんりゅう》七丁目の御座船型曳車などが披露された。

文明開化と地車の衰退

明治に入ると、地車は急速にその数を減らしていく。その原因は何か。文明開化の風潮が従来の価値観を大きく変え、祭のあり方も変更を余儀なくされたことは間違いない。明治十年（一八七七）施行の大阪府の違式詿違《いしきかいい》条例（違式は故意、詿違は過失の意味で、軽微な犯罪を取り締まる法令）では「神仏祭事に托し人に妨害《さまたげ》なすもの」が処罰の対象となり、明治九年（一八七六）刊『京都府違式詿違条例図解』には、同様の条項の解説図として、ジュウニン（十二灯）と呼ばれる御迎提灯が家の軒に迫って見物人が逃げる様子が描かれる。また、明治十四年（一八八一）九月二十一日付「大阪朝日新聞」の岸和田祭に関する記事には「野蛮の二字を新聞に書くことは早く断絶《たち》たいものなれど時々此二時《ママ》を書かねばならぬ事のありて誠に開明社会に対して恥入り升慈《ますここ》に又野蛮咄しあれど委《くわ》しく書くは何となく忌々しく思へば疎《ざっ》とあら書きに書きたてんとすれば……」という散々な前置きがつく。死亡者まで出ているので反論の余地はないが、すべての地車が事件や事故を起こすわけではない。

江戸時代には、地車や太鼓台、神輿などによる乱暴は、当局（大坂町奉行）による規制の対象ではあったが、新しい価値観の下で社会秩序が再構築されていく中、祭の醍醐味である荒々しい振る舞いの神賑的な局面が、世間の人々にとっても看過できない前時代的な悪習と感じられていったのであろう。

「贅六百話　大阪の夏祭」『郷土研究　上方』第七号には、明治三十五年（一九〇二）頃、水道普請のために重量のある地車の曳行が「遂にさし止められたこともあった」と記される。この時期には、すでに天満宮への地車の宮入りは行なわれていないから、氏地を曳行した散発的な地車に対する何らかの規制があったのかもしれない。江戸の山王《さんのう》祭や神田《かんだ》祭に出た高層の山車《だし》の衰退の一因が電線の架設にあったように（『東京風俗志』）、近代的な都市計画により、祭の形態の変更を余儀なくされる事例は多くあったと思われる。

このような時代背景は大坂の地車に限らず、どの地域の祭にも共通するが、大坂の地車の場合は、加えて、地車を支える組織のあり方が、その衰退の大きな要因となったのではなかろうか。地車は、町方地車や仲間地車といった小規模の地縁的、職業縁的な組織や、寄合地車といった名目的な所属名を用いる随時的な組織によって曳き出され、担い手の中心は、若キ者と呼ばれる匿名性の高い集団であった。また、借受地車でも蔵持地車でも、二年三年と連続で地車を曳き出すことはまれであった（「天満宮地車宮入り番付史料」）。

ゆったりとした泰平の世であれば、数年の間隔が空いても問題はなかった。しかしながら、明治に入り、社会や個人の人生の営みが加速していく中で「次に地車を出すのが数年後」「担い手の確保はその時に考える」といった体制では、組織の力を保つことができなくなってくる。

拙著『日本の祭と神賑』では、明治期の地車衰退の原因として「単に流行が去った可能性もある」と述べたが、正確を期すと地車そのものの魅力が失われたわけではない。その証拠に、地縁的な単位で若者が存在する大坂三郷域外の村や町では、地車文化は命脈を保っている。現在の大坂三郷域の祭では、地車の隆盛は記憶の彼方であるが、人々の祭に懸ける情熱が失われたわけではない。

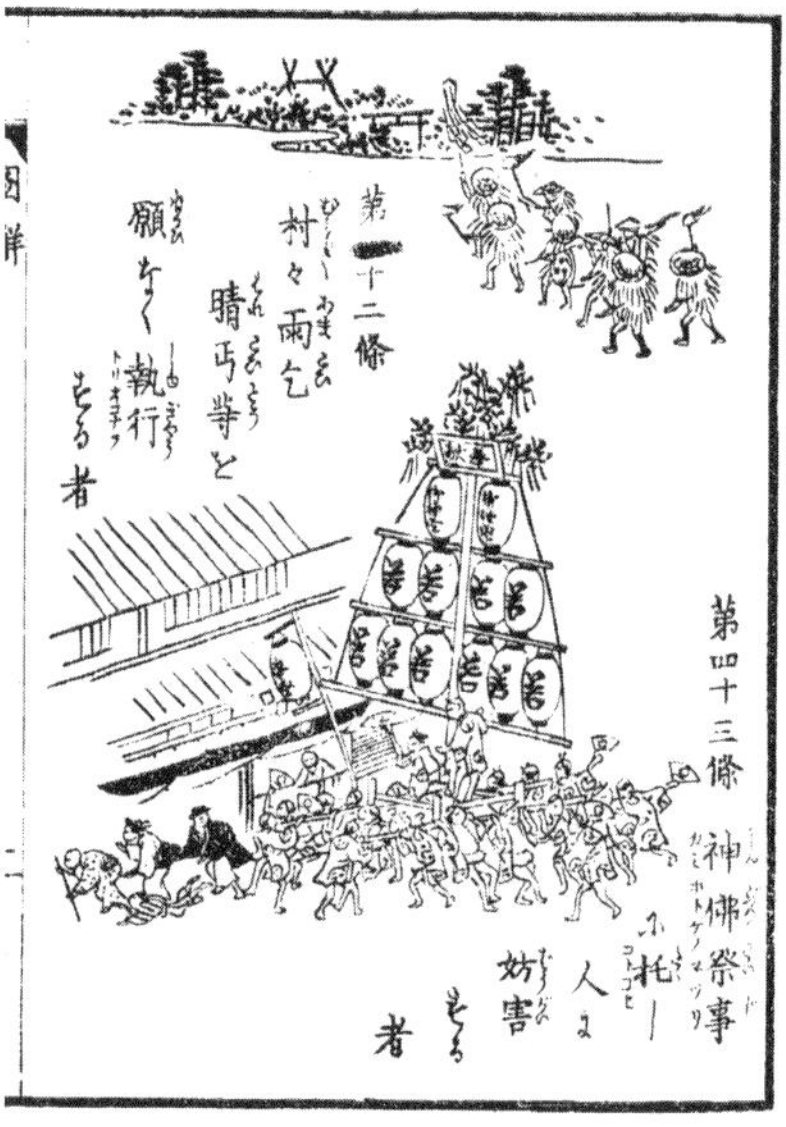

第四十三條　神仏祭事に托し人に妨害する者『京都府違式註違条例図解』（国立国会図書館蔵）

第三章

地車の展開

第一節　地車の基本仕様

「前一段高く後ろ一段低い檜皮葺《ひわだぶき》の屋根を持つ」「四方に欄干《らんかん》があって舞子が居る」「太鼓の音がかしがましい」「長い綱を大勢の若者で曳く」。これは、大田南畝《おおたなんぽ》が見聞した享和元年（一八〇一）の地車の姿である（『芦の若葉』）。

　地車は、おおよそ「棟数」「屋根の形式」「部屋割（舞台・楽屋・囃子座）」「組物」「装飾（幕・彫刻・金具）」「大きさ」「車輪」「舵取《かじとり》棒」「筒守《つつまもり》」「提灯」といった有形の要素と、「曳行方法」「囃子」「芸能」といった無形の要素で成り立っている。本章では、一般的な二棟造の地車を基準として、地車の基本仕様を確認する。「芸能」に関しては第一章第四節を参照されたい。

屋形式地車

　地車が描かれた絵画史料の中で最古のものは、享保十六年（一七三一）の作と思われる「古来天神祭船渡御之図」である（第一章第四節、口絵1-9参照）。天満宮に初めて地車が宮入りしたのは、享保十四年（一七二九）と考えられるので（第一章第六節参照）、この絵の製作年代が正しければ、最初期の地車の姿となる。次に古いものは、寛政八年（一七九六）刊『摂津名所図会』巻之九の「有馬温泉 明神祭」（この挿絵は寛政十年以降の後刷）と、寛政十年（一七九八）刊『摂津名所図会』巻之四の「夏祭車楽《だんじり》囃子」「堂嶋河面《かわづら》 神輿乗船」である。これらの地車は、住宅建築と同じ構造で、土台に柱を立てて梁《はり》と桁《けた》を渡し、梁に束《つか》を立てて棟木《むなぎ》を支え、垂木《たるき》をかけて屋根とする。地車の原型である川御座船《かわござぶね》も書院造の住宅建築である。このような構造を持つ初期の大坂の地車を「屋形式地車」と呼ぶことにする。

有馬温泉　明神祭『摂津名所図会』　地車の後部に筒守が掛けられる。

地車の部屋割

地車の内部は三つの空間に分けて捉えることができる。敷板によって上下二段に区分されており、大屋根の二階は芸能舞台となる。小屋根の二階は、着替えや道具を置く控えの間となり、これら二つの空間は幕などで仕切られる。一階は二棟で一間となっており、道中囃子の太鼓が置かれる。以上の三部屋を「舞台」「楽屋」「囃子座」と呼ぶことにする。

「天満祭地車宮入の図」『保古帖』（大阪府立中之島図書館蔵）

楽屋入口の観音扉（豊浦／枚岡神社）

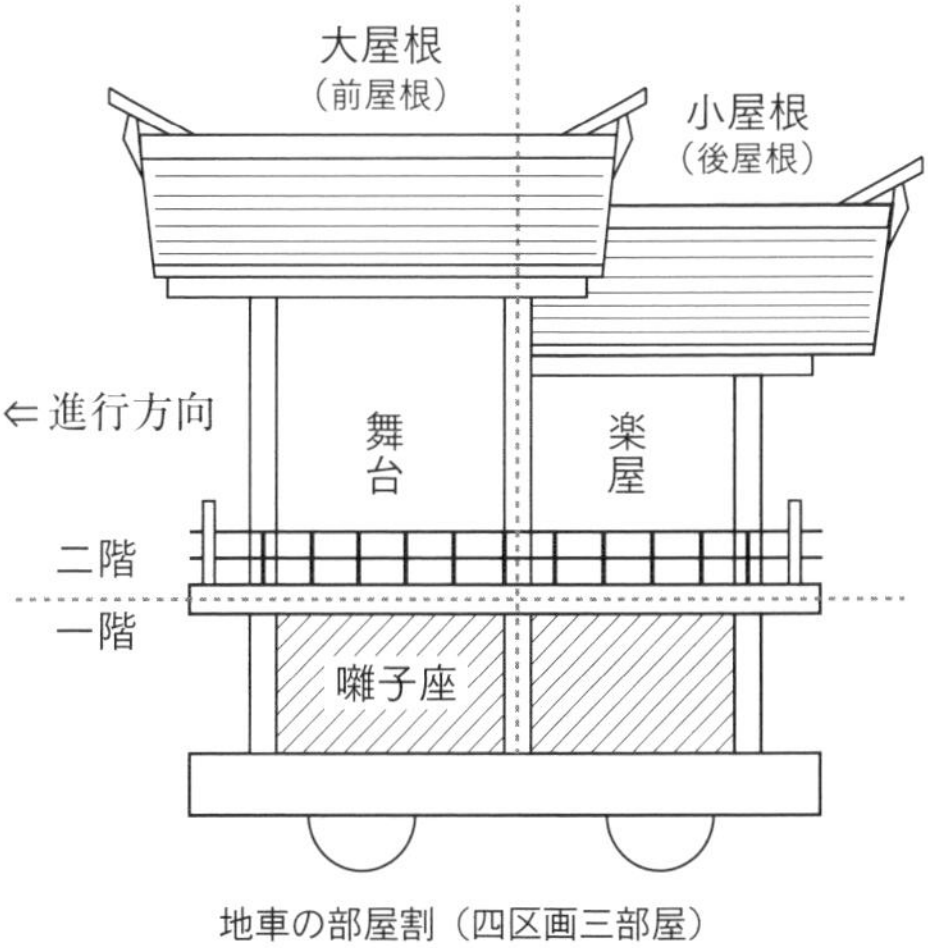

地車の部屋割（四区画三部屋）

天保八年（一八三七）起稿『守貞謾稿《もりさだまんこう》』には「大太鼓は床下にてこれを拍ち、床上に十人ばかり乗り、摺鉦など鳴らす」とあり、挿絵（第一章第五節参照）には、囃子座に太鼓が二つあると記される。安政六年（一八五九）刊「浪速天満祭」（口絵1-15参照）には、曳行中の地車の舞台で鉦を打つ囃子方が描かれ、「ダンジリ御輿（この中にハ金太鼓をうちドンチ、ときこゆ」と記される（ダンジリ御輿は地車の意）。このように舞台に囃子方が乗ることもあったようだが、この段階では、舞台上に楽器が固定されたわけではなく、地車は移動式芸能舞台としての機能を失ってはいない。

ところが、現在の大坂三郷《さんごう》周辺の地車では、舞台や楽屋に大太鼓・小太鼓・鉦が常に置かれており、舞台での芸能の披露は期待されていない。江戸時代後期刊『浪花百景』の「天満天神地車宮入」（口絵1-13参照）や、明治十二年（一八七九）七月に奉納された天満宮の末社、白米稲荷社にちなんだ狐が曳く地車が描かれた絵馬（第二章第九節参照）、明治初期の地車の姿が描かれた引札「傘提灯販売商　小松伊助」（口絵1-27参照）には、楽屋に横置きされた大太鼓を舞台で打つ囃子方が描かれている。

舞台での地車囃子は囃子座での奏楽とは異なり、人の目を惹く芸能的な役割も担うようになる。多様な「カヤク」（定型旋律）を組み合わせた現行の「魅せる大坂囃子」の成立には、囃子座の一階から二階への鞍替えが不可欠であったと思われる。

楽器配置（今福北之町／今福皇大神宮）

組物式地車

初期の地車は住宅建築の屋形式地車であったが、現在の多くの地車からは「神社の社殿」が連想される。その理由の一つは、地車の屋根が、社寺建築でよく見られる唐《から》破《は》風《ふ》の形態を採るからであろう（ただし、地車の唐破風は川御座船に由来）。とはいえ、屋根が唐破風という理由だけで、地車と神社の姿が重なるわけではない。地車の構造に社寺建築の工法が採り入れられて初めて、地車が神社らしく見えてくる。その中でも「組物」（斗栱《ときょう》、枡《ます》組《ぐみ》）の有無が、住宅建築である屋形式地車と現在の多くの地車との決定的な印象の違いをもたらしている。このような組物を備えた地車を「組物式地車」と呼ぶことにする。

天満市場三ツ屋根地車の組物（大阪天満宮）

川面（かわづら）の地車の組物（美具久留御魂神社／富田林市）

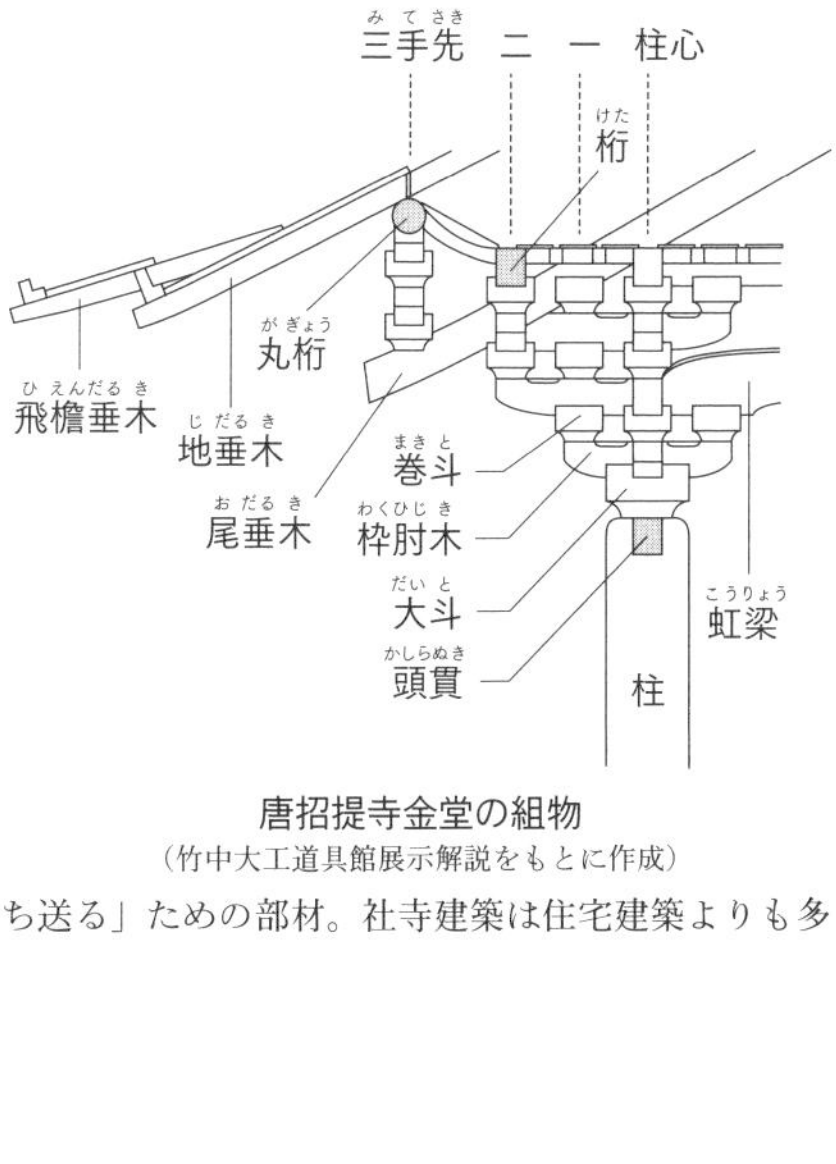

唐招提寺金堂の組物

（竹中大工道具館展示解説をもとに作成）

組物は梁・桁を上方に「持ち上げる」、外側に「持ち送る」ための部材。社寺建築は住宅建築よりも多様な構造への展開が可能で装飾部位も増える。

組物は社寺建築では基本の部材であり、地車登場以前の元禄三年（一六九〇）に製作された御座船型曳車《ひきぐるま》、天神丸でも用いられている。初期の地車は、あえて粗末な装いを好んだ（第一章第五節参照）。そのため、地車に社寺建築の工法を採り入れるためには、「俄づくり」をよしとする価値観との決別が必要となる。

組物式地車の最古の記録は、寛政七年（一七九五）の天満市場の三ツ屋根地車の図面であり、ここに一段の組物が確認できる（第二章第八節参照）。先代の地車の存在を示唆する「市場古大だんぢりハ」との書き込みもあるが、一代前の地車に組物があったかどうかはわからない。弘化三年（一八四六）の図面では組物の段数が増える（第一章第三節参照）。寛政期には組物式地車は珍しかったと思われる。寛政十年（一七九八）刊『摂津名所図会』巻之四に見える豪華な飾幕で有名であった東横堀川十二浜の地車（坐摩社氏子）は、屋形式地車として描かれている（第一章第三節参照）。

天満市場の人々は、古くから地車を社殿に見立てていたようで、『滋岡家春秋』（大阪大学滋岡家文書№55）の安永四年（一七七五）三月十七日の項には、天満市場の「青物中」から神社で使われなくなった古い御簾《みす》と神鏡を譲り受けたいとの申し出があったが、許可しなかったとの記述がある。神社の祭具によって地車の威儀を高めようとしたものであろう。

二ツ屋根が主流の中で、三ツ屋根という「規格外」の地車を誕生させたこと、古くから地車を社殿に見立てていたこと、経済力があり保管場所の確保も可能であったことなどを総合的に判断すると、天満市場の地車が組物式地車の始まりかもしれない。

天保期（一八三〇～四四）刊「浪華名所独案内」に「アヅチマチ　神社仏カク彫モノ細工御コシ仏ダンヤ多シ」と記されるように、安土町（大阪市中央区）には社寺建築に関わる職人が集住していた。弘化三年（一八四六）刊『大阪商工銘家集』には、西御堂《にしみどう》の近くの安土町に「御彫物師　前田安兵衛義次」の名前が見え「神社　仏閣　霊像宮殿　地車　欄間」と記される。ここに、社寺の造営に関わる職人と地車との接点が確認できる。明治十八年（一八八五）刊『浪華商工技芸名所智掾《ちえん》　商用手引』には、本町四丁目（安土町の一筋南）に「神社仏閣　彫物師　小松源助」の名前が見え「彫物師並ニ御輿地車太皷製造所」と記される。地車の製作は大工が請けたはずであるが、彫刻の重要性が増してくると、彫刻師の相対的な地位が向上し、彫刻師が地車の製作を請け負うようにもなっていく。彫刻は、単なる「装飾」ではなく、地車が地車であるために必要不可欠な「部材」となっていく。

暁鐘成「浪華名所独案内」(筆者蔵)

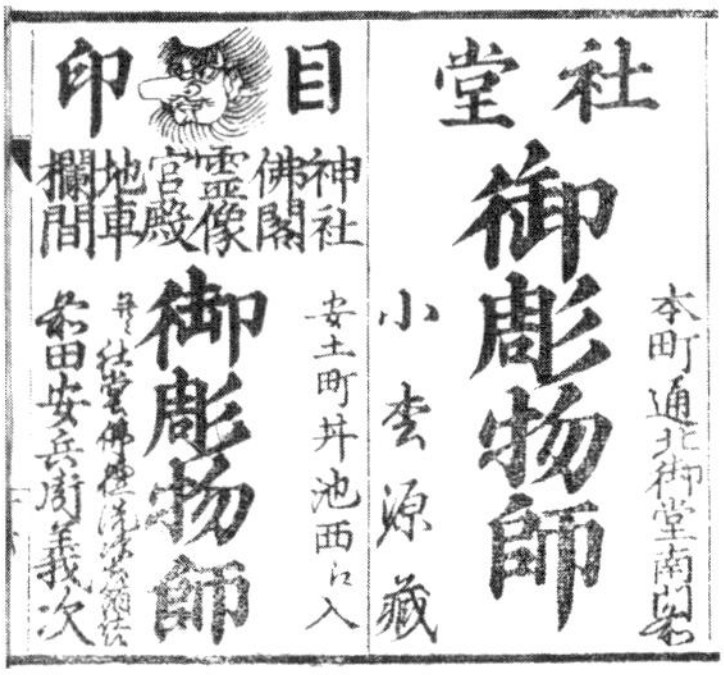

『大阪商工銘家集』(味の素食の文化センター蔵)

彫物師並ニ御輿地車太鞁製造所　小松源助『浪華商工技芸名所智掾　商用手引』(大阪府立中之島図書館蔵)「大阪府下本町四丁目西御堂南門前」「地車　太皷台　細工所」と記される。唐破風の飾屋根が見える。

地車の姿が社殿に近づくと、実際に地車が社殿に転用されることもある。組物の有無はわからないが、古くは寛政三年（一七九一）に、江之子島の地車が天満宮の末社の社殿として用いられていた記録がある（第二章第三節参照）。地車は寄進物（神饌《しんせん》）の運搬にも適した形態であった。寛政三年の天神祭では、六月二十四日に、市之町、紺屋中、古銅中などが、地車に寄進物を乗せて宮入りしている（『日記』〈大阪大学滋岡家文書No.60〉）。今に見られる地車の社殿への転用の事例としては、八雲神社（和泉市）にある戎神社（元・春木川の地車）、泉殿宮《いずどのぐう》（吹田市）にある戎神社（天保期の製作と伝わる元・西之庄の地車、昭和三十五年の寄進）（口絵2-33、2-34参照）、有馬温泉（兵庫県神戸市北区）の辻にある小祠（昭和三年の墨書、元・上之町の地車か）などがある。

高田（天神社）の地車（奈良県大和高田市）　酒樽に海老のつくり物を添えた鏡餅が見える。

飾幕と彫刻

地車は組まれただけでは骨組み状態であるが、大屋根の水引幕《みずひきまく》や小屋根の幔幕《まんまく》、彫刻板などによって相応の姿となる。地車の飾幕は川御座船に巡らされた幔幕に相当する。大屋根二階の舞台は三方に開かれるが、小屋根二階は楽屋の目隠しとして幕が張られる。一階の幕は囃子座の目隠しであるとともに、波模様の装飾によって地車を船に見立てる。地車の幕は「実用」と「装飾」を兼ね備えている。

地車を転用した小祠（有馬温泉）

寛政十年（一七九八）刊『摂津名所図会』巻之四に描かれた坐摩社の東横堀川十二浜の地車は「錦繍《きんしゅう》を引はへ美麗を尽くして産土の町々を囃しつれて惹きめぐるなり」「これ大坂名物の其一品なるべし」と評された。このような初期の地車には飾幕が多くみられるが、彫刻は主たる装飾ではなく、町奉行からの触達《ふれたっし》にも直接的に「祭具の彫刻」に言及したものは見られない。ところが、現在では、随所に彫刻を施す形態の地車が一般的である。この幕から彫刻への興味の変化は何によるものであろうか。

　社寺建築の導入が地車の彫刻化を促したことには違いないが、それだけで飾幕がなくなることはないであろう。そこで、祭の衣装や飾物に対する禁制に対する抵抗として、彫刻が導入された可能性について考察したい。

　文化、文政、天保期は、祭の賑わいが奨励された時代で、文政四年（一八二一）には、地車史上、最大規模の神賑奨励令が出された。ところが、天保の改革期の天保十三年（一八四二）には、正反対の方針で「地車、太鼓台、練物の衣裳は木綿と晒《さらし》に限る」とされ、布団太鼓に汚布《おい》を縫い付けて粗末に見せることまでなされた。この倹約令は幕末まで出されることになる（第二章第八節参照）。

　このように、天保十三年以降の大坂の祭では、豪華な飾幕を出すことが難しくなる。しかしながら「俄《にわか》づくりの地車」から社寺建築の工法も採り入れた豪華な地車へと時代が移る過渡期にあって、粗末な地車では納得できない人々がいたはずである。そこで、編み出された代替案が、「装飾の彫刻化」ではなかろうか。現在の感覚では彫刻も贅沢品に感じられるが、彩色や金箔を施さない素《しら》木《き》の彫刻であれば、「羅紗《らしゃ》や天鵞絨《ビロード》に金糸銀糸の刺繍の飾幕」と比べると視覚的には充分に「粗末な品」であり、規制を逃れる方便として有効であろう。

　幕から彫刻への移り変わりは、天満市場の三ツ屋根地車に見ることができる。この地車の小屋根二階の左右二面には緋色の幕が張られるが、後部正面には、幕に重ねて透かし彫の要領で唐獅子の彫刻が施される。この工夫を「金糸の唐獅子を彫刻に置き換えたもの」と解釈したい（口絵1-28参照）。現在の天満市場の地車は、嘉永五年（一八五二）の製作と考えられる（第二章第八節参照）。これは、飾物に関する規制が強まった天保十三年から十年後にあたる。

　江戸時代の人々は、この手の方便が得意であり、人形浄瑠璃や歌舞伎、錦絵の世界で、過去の時代や人物に仮託して禁令を逃れた事例は枚挙に暇がない（当時、徳川幕府成立事情に関わる題材は禁止されていた）。「仮名手本忠臣蔵」の「大星由良之助」（大石内蔵助）などは、その最たる例である。

　地車と素木の彫刻との相性を目の当たりにした時、代替案であったはずの彫刻が、刺繍よりも人々の心を捉えていく。時代が下がるにつれて、小屋根二階の三面には彫刻板がはめ込まれることが一般的になるが（三枚板）、その彫刻の隙間からは緋色の布が見えている。彫刻板を重ねて奥行きを出す現在の岸和田型の地車でも、奥板の裏側に赤い布を貼ることを慣例とする。これは、幕を装飾とした往古の地車の遺風といえよう（口絵1-29参照）。

　このように、飾幕から彫刻へと大きく舵《かじ》を切ることによって、地車の「神賑《かみにぎわい》化」（第三章第三節参照）の勢いは保たれ、さらに、彫刻を主体とする新たな形態の地車の誕生にもつながったのである。倹約令がなければ、播磨や淡路、讃岐など瀬戸内の布団太鼓に見られる「浮きもの刺繍」のような華美で立体的な飾幕が、大坂の地車でも発達したかもしれない（口絵1-24参照）。

　以上のような、大坂における飾幕から彫刻への装飾変化の流れは、おおよそ間違いないと思われるが、天保十三年（一八四二）の大坂三郷での倹約令の前から、大坂以外では、大坂の職人による地車装飾の彫刻化が進んでいる。例えば、石川の水運を通して大坂とつながりの深かった南河内の山田（太子町）に鎮座する科長《しなが》神社氏子の大道の地車は、文化四年（一八〇七）の製作で、組物と彩色のある立派な地車であり、銘札に大坂の職人の名前が見える（口絵2-6、第三章第七節参照）。また、淀川水系の交通の拠点の一つであった吹田（吹田市）に鎮座する泉殿宮と高浜神社の祭では、天保六年（一八三五）製作の都呂須《とろす》（高浜神社氏子）の地車（口絵2-7参照）をはじめ、天保期と嘉永期の古い地車が現役で曳行されており、三枚板をはじめ各部に見応えのある彫刻が施されている。岸城《きしき》神社（岸和田市）の、天保十一年（一八四〇）製作の中町の地車（「浪華住 彫工 花岡源助」の墨書）や、天保十二年製作の紙屋町の地車（「摂州浪花住 華岡龍造義信彫刻」などの墨書『岸和田の地車戸籍綴』第一号）には、随所に凝った彫刻が施されている。

　このように、次第に地車装飾の彫刻化が進んだが、飾幕の文化がついえたわけではない。武庫川（兵庫県）中流に位置する宝塚市域の地車は、小屋根の中に竹を組んで飾幕を大きく膨らませて、その存在を強調する。科長神社氏子にも豪華な飾幕が伝わる（口絵1-22、1-23参照）。野里《のざと》住吉神社（大阪市西淀川区）氏子の西之町の地車も、小屋根の周囲に幕を巡らせる、いわゆる幕式地車である（口絵2-11参照）。

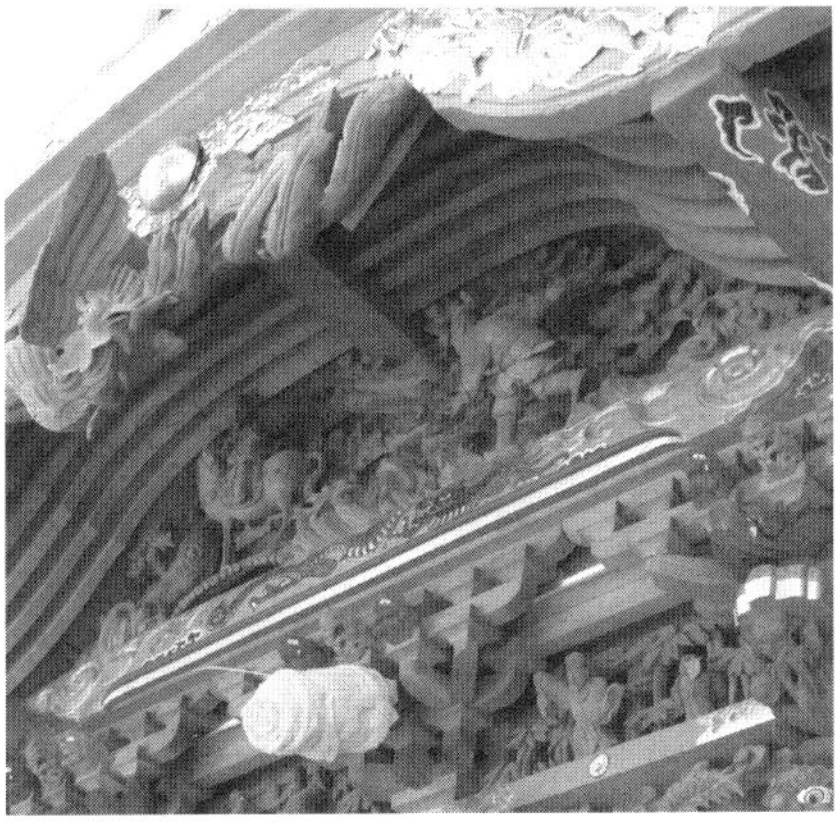

大道（科長神社）の地車の組物

宝塚市域の地車（写真：中山圭介） 内部に籠を組んで飾幕を大きく膨らませる。

棟飾《むねかざり》

江戸後期の大坂の地車には、屋根の棟飾として「獅噛《しがみ》」「飾目《しかめ》」などと呼ばれる唐獅子の彫刻が配されることが多い。屋根の大きさと比較して極端に大きい唐獅子が、顔をしかめて憤怒の形相で牙をむき出してにらみつける（次頁写真参照）。寛政十年（一七九八）刊『摂津名所図会』巻之四や「天満祭地車宮入の図」の地車では、箱棟の棟飾は一般的な装飾のない鬼板である。地車に社寺建築の工法が採り入れられて後、鬼面の鬼板《おにいた》と鳥衾《とりぶすま》（鬼板の上に付く突起物）が棟飾として用いられるようになったと思われる。それが局所的に肥大化したものが獅噛であろう。すべての地車の棟飾が獅噛になったわけでなく、霊獣や武者の彫刻を鬼板とするものもある。岸和田では三本の円筒形の経巻《きょうのまき》を乗せた獅子口《ししぐち》が棟飾となる。

扁額《へんがく》

地車の棟飾の上には、神社名を記した扁額が掲げられ、その上に三ツ叉の御幣《ごへい》が付く。これは、寛政十年（一七九八）刊『摂津名所図会』の地車にも見える古い習慣である。所属を示す扁額は、各地の祭でもよく見られる。神賑行事の祭具の神事性を強めるための工夫であろう。三ッ叉の意味は不明であるが、同種の御幣付きの扁額は祇園祭でも見られ、宝暦七年（一七五七）刊『祇園御霊会細記』の神輿洗の挿絵や、天明七年（一七八七）刊『拾遺都名所図会』の伏見稲荷大社の祭に描かれる御迎《おむかえ》提灯《ちょうちん》にも見られる。街道に設けられた愛宕《あたご》講の常夜灯に立てられる御幣も三つ叉である。

野田恵美須神社の地車（大阪市福島区）

流町（杭全神社）の地車（大阪市平野区）

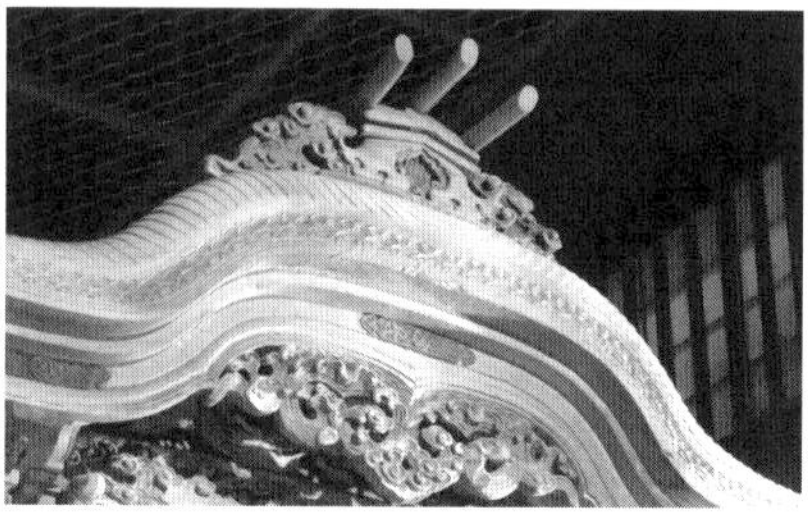

旧・五軒屋町（岸城神社）の地車（岸和田だんじり会館蔵）

飾金具

垂木《たるき》や隅木《すみぎ》の木口《こぐち》、破風《はふ》板などには補強を兼ねた飾金具が打たれ、欄干には金属製の擬宝珠《ぎぼし》が被せられる。飾金具は、素木の地車の姿を引き締める補助的な装飾であったと思われるが、飾金具を前面に押し出して主張する地車もあった。

『芦の若葉』の享和元年（一八〇一）六月二十二日の項には「道修町《どしょうまち》より出せるだんじりは、前の柱に銅の竜まきつきたり」とある。約五十年後の『近来年代記』の嘉永六年（一八五三）の項にも、道修町一丁目の地車は「柱唐金登り竜にて惣竜門彫物なり」と記される。例えば、天保四年（一八三三）と五年に製作された星田神社（交《かた》野《の》市）の二台の地車に見られるような、豪華な飾金具の地車が想像されよう（口絵1-26、2-9参照）。

車輪（コマ）

大坂の地車は、車軸を通した四つのコマ（車輪）によって曳き動かされる。「地車」という漢字があてられるゆえんである。現在では金属製の車軸が一般的であるが、もともとは木製であった。海老江《えびえ》八坂神社（大阪市福島区）や、北條《ほうじょう》神社（大東市）の地車は、今でも木軸であり、車輪と木軸との摩擦を低減するためにトリモチやすりつぶした草などを軸部に擦り込む。地車の安定性を考えると、コマは台木の外側に配したほうがよいが、内側に隠れるように配されることが多い。これは、巻き込み防止のため、あるいは、舁棒《かきぼう》の操作を容易にするための措置かもしれないが、「船らしさ」を表現するためとも考えられる。天神丸をはじめ瀬戸内域の御座船型曳車の多くが「内ゴマ」である。ただし「外ゴマ」の地車がないわけではない。『守貞謾稿』の地車の挿絵（第一章第五節参照）や、堀川戎神社（大阪市北区）の地車の玩具と絵馬、急勾配の坂が多い灘《なだ》地域（兵庫県南東部）の地車などは「外コマ」である（口絵2-17参照）。

木製のコマと車軸　上：生駒山麓の大型地車のもの、下：車軸に草が擦り込まれている（海老江八坂神社）。

「大阪堀川地車稲荷」『絵馬百種』（筆者蔵）　堀川戎神社の末社・榎木神社の奉納模型を描いたもの。祈願が成就すると地車吉兵衛（タヌキ）の地車囃子が聞こえてくる。

舵取棒《かじとりぼう》（舁棒《かきぼう》と差当棒《さしあてぼう》）

地車の動きは、地車の四方に丸太で組まれた「舁棒」と、前部のコマ（車輪）を抑制する棍棒「差当棒」（筆者の造語）の二つの舵取棒によって制御される。地車の向きは、舁棒を力押しして変えられる。舁棒の前方左右の隅には操舵を補助するための細綱がある。この綱は、享保十六年（一七三一）作と伝わる「古来天神祭船渡御之図」の地車にも描かれている。舁棒は地車の方向転換や前後進の際にも用いられるが、もともとは地車を舁き上げるために組まれたものである。

大坂で橋を避けて移動することは不可能である。橋板を損傷する恐れのある地車は、橋を曳いて渡ることが禁止されおり、舁き上げられて橋を渡った（第二章第六節参照）。『守貞謾稿』の布団太鼓と地車の挿絵には、双方に同じ舁棒が描かれており「御輿太鼓、楽車ともに、周り八本の杉丸材は縄結びにて、後にこれを加ふるなり」「壮年の雇夫ら、揃ひ染め襦袢にてこれを担ひ、これを肩にす」と記される（第一章第五節参照）。舁く布団太鼓とまったく同じ工夫が、曳く地車に採用されていることから、この丸太の役割を推し量ることができよう。

舁棒は、地域によって、担棒《にないぼう》、肩背《かたせ》、張菜棒《ちょうさいぼう》などと呼ばれる。張菜棒の名称は、重量物を持ち上げる際の掛け声「チョウサ」に由来する。現在、橋を渡る際に地車を舁き上げることはないが、かつて、渡橋時に打たれたと思われる太鼓の旋律や掛け声が、各地の地車や太鼓台に残っている（第三章第一〜二節参照）。海老江八坂神社（大阪市福島区）の地車の舁き上げは、かつての渡橋の名残であろう。

地車の前方左右には、差当棒を持った力夫が配される（第一章第三節参照）。差当棒は、地車を止める際にコマに差し当てられたと考えられる。『守貞謾稿』には「二力士てこ前と云ひて手棍をもつて進み過ぐる時これを止む。太鼓ともに雇夫なり」と記される。欄干下部の左右に、舵取用の短い角棒を組み込む地車もある。前後進をよくする平野郷《ひらのごう》の地車は、後方にも差当棒役を配する。

差当棒は、地車の方向を変える時にも補助的に用いられた。『河内名所図会』の誉田《こんだ》八幡宮の車楽《だんじり》（第一章第七節参照）や、『味地草《みちくさ》』の洲本八幡神社氏子の地車（口絵1-17参照）には、車輪に棍棒を当てる姿が見える。類似の方法は、現在の魚吹《うすき》八幡神社（兵庫県姫路市網干区）の地車でも見られる。岸和田の地車も、かつては、細い路地では長い後梃子を外して、細い梶棒を台木の凹部に当てて地車の方向を変えたと伝わる。現在は、この操作は行なわれないが、凹部の加工は新調する地車にも残され「梃子掛《てこかけ》」の名称を残す。この梶棒（梃子）は喧嘩の道具にもなった。明治三十六年（一九〇三）の「地車輓出シ就テノ規定（岸和田警察署）」（筆者蔵）には「梃木ノ数ハ拾五本以内タルヘキ事」と記される。

現在では、岸和田をはじめ地車の差当棒は「マエテコ」と呼ばれ「前梃子」と解されている。地車に対して斜めに差し当てる梶棒は、確かに梃子のように見えるが、この前梃子はコマの動きを止める役割であり、「梃子の原理」を用いた働きをしていない。それではなぜ、このような差当棒を前梃子と呼ぶようになったのであろうか。『守貞謾稿』には、差当棒を持つ力士は「てこ前」と呼ばれたと記される。重量物を運ぶ際に梃子を持って運搬を円滑にする役を「梃子前」といったようであるが、金棒を持って祭の行列を先導した警護役を「手古舞《てこまい》」「梃子前」と呼ぶ事例もある。「前梃子」は、この「梃子前」が変化したものであろう。ただし、後梃子を備える岸和田の地車の場合は、後部の梃子に対応させた名称として前梃子と呼んだ可能性もある。

多数の梃子による方向転換（魚吹八幡神社）

岸和田型地車の梃子掛（中町）

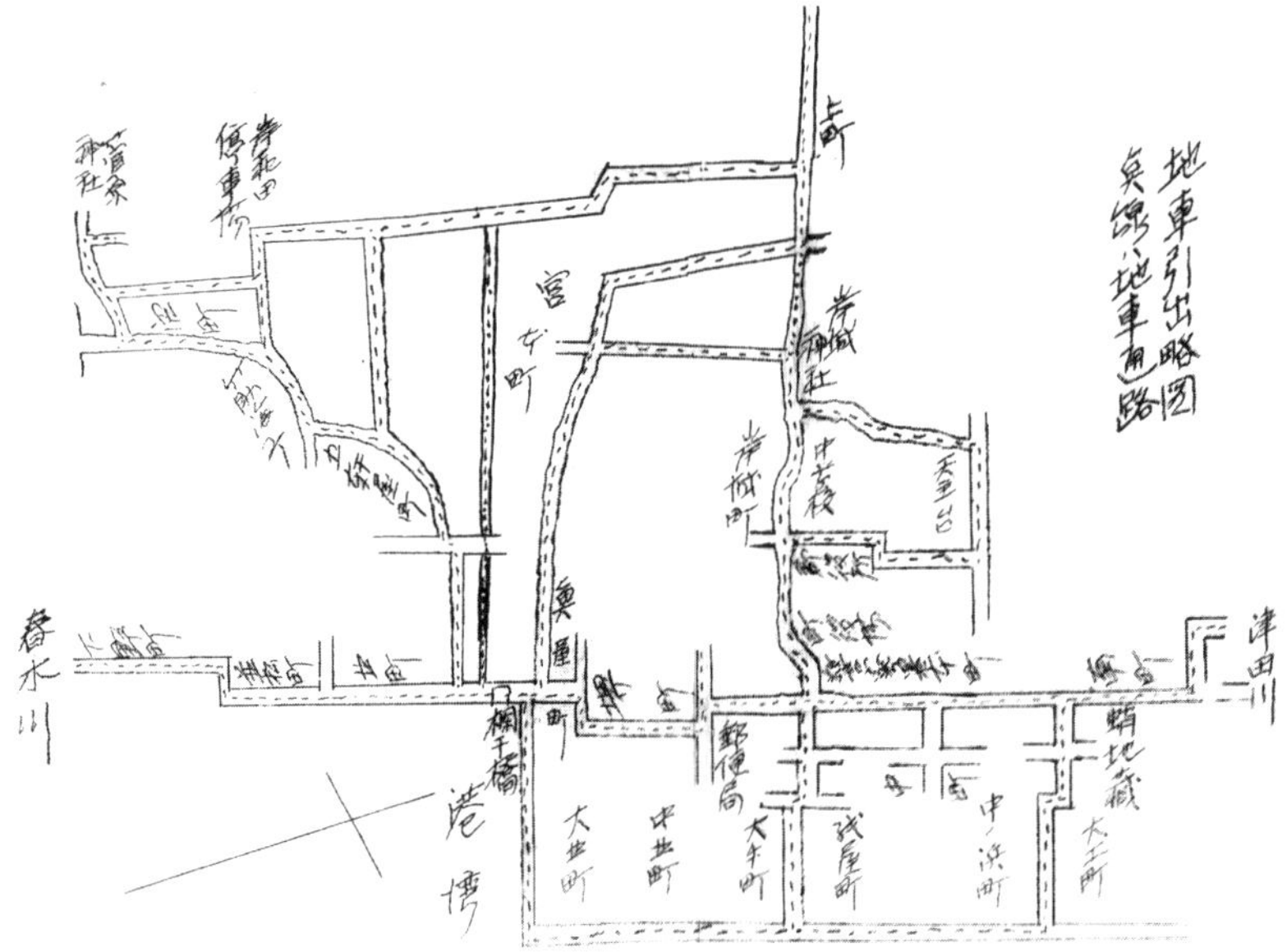

「地車引出略図」（『地車曳出シ願』付図）（筆者蔵）　大正８年（1919）上町が岸和田警察に提出したもの。当時の主曳行路である紀州街道に至るまでの細道で梃子掛が用いられた。「点線ハ地車通路」とある。

筒守《つつまもり》（宝）

地車の後部には「守」、あるいは「宝」と呼ばれる錦と金具で装飾された筒守が掛けられる。筒守とは、神札などを入れて持ち歩くもので、貞享元年（一六八四）成立、黒川道祐《どうゆう》の山城国地誌『雍州府志《ようしゅうふし》』には、竹を一尺ほどに切って「霊符」を入れ、唐織の絹で巻いて両端に金飾の環を付けて紅緒で吊す、とあり、女児が外出する時には、「邪祟《じゃすい》」を避けるために必ず乗輿の前に掛ける、と記される。祇園祭の曳鉾に乗る稚児も「祇園守」と呼んで筒守を首から掛けた。

『摂津名所図会』巻之九の「有馬温泉 明神祭」（第三章第一節参照）に描かれる地車の後部にも筒守が掛けられており、古くからの慣例であることがわかる。「天満祭地車宮入の図」（第一章第三節参照）には、三つの筒守を連ねる地車も見える。

筒守は、地車以外の神賑行事の祭具でも用いられた。『近来年代記』の弘化四年（一八四七）の項には、渡辺村（坐摩社氏子）の豪華な布団太鼓の描写があり「太鼓の内には銀作りの羅紗《らしゃ》の守吊りてあり」と記される。今でも、八坂神社（池田市）の起破風《むくりはふ》の屋根付太鼓台の天井には筒守が吊されており、昭和三十六年（一九六一）まで穂《ほ》蓼《たで》八幡神社（兵庫県明石市）の祭に出た布団太鼓にも筒守が見える（『鼓動をつなぐ』）。また、折口信夫《おりくちしのぶ》の昭和四年（一九二九）刊『古代研究』第一部に描かれた木津村の台舁《だいがく》（御迎提灯）の挿絵にも、扁額の下を指して「まむり 守り袋の大きな物を鐘楼の撞木《しゅもく》の様に吊る」「赤地錦襴《きんらん》である」と記される。

地車の筒守は、現在では装飾的な位置づけであるが、古くは、神札、経文、魔除の護符などを入れていたと考えられる。近年は、筒守を地車の部材に組み込む細工がなされることもある。

太鼓台の天井から吊される筒守（八坂神社／池田市）

右上：今福北之町（今福皇大神宮）の地車の筒守（大阪市城東区）
右下：生野神社の地車の筒守（大阪市生野区）
上：城崎のダンジリ（四所神社）の筒守（兵庫県豊岡市）

提灯

江戸期の地車の提灯に関する史料は少ない。天満宮への宮入りは暮に始まるが、「天満祭地車宮入の図」（第一章第三節参照）の宮入りを待つたくさんの地車には提灯が一つもない。宮入り後の地車が描かれる「浪華天神祭礼図」の地車にも提灯が見えない（口絵1-14参照）。これは、夜間曳行が禁止されていた地車の提灯を描くことがはばかられたからであろう。実際には、地車は提灯で彩られた。『西遊草』の安政二年（一八五五）六月二十四日の項には「だんぢりは社の前に次第次第に並らべをき、灯籠をてらす事幾拾百といふかぎりあらで、明天迄たやさず、鐘鼓のはやしあり」と記される。

明治初期の地車の姿が描かれた引札「傘提灯販売商 小松伊助」には、提灯で飾り付けられた地車が描かれる（口絵1-27参照）。そこには、布団太鼓の「太鼓釣箱提灯類」、地車の「地車（だんじり）釣駒提灯類」「地車付ぼんぼり類」の文字が見え、また、「幟吹だし類」「フラフだし類（フラフ＝旗〈オランダ語〉）」「青貝棒うるし巻竹類」なども宣伝される。江戸期の提灯もこれに準じると思われる。また、嘉永元年（一八四八）序『浪華《なにわ》勝概帖《しょうがいじょう》』の「夏祭車楽」（口絵1-10参照）には、地車前部左右の柱に箱形の行灯《あんどん》が、大屋根の下には町名や神社名などが記されたと思われる横向きの行灯が描かれる。そして、地車の後部には堂島浜の「堂」の文字を記した高張《たかはり》提灯が吊される。これらと同類の提灯は現在でも見られる。

地車の夜間曳行の禁止はなかなか守られなかったようで、『浮世の有様』の天保九年（一八三八）の項に記された「砂持風流連句集」の第一句には「檀尻《だんじり》やさてもよなかの人の音」とある。夜中に騒ぎ声が聞こえたら地車が連想されもした。

天満宮に宮入りした地車は、地車囃子を打ち鳴らして境内で一晩過ごすことが慣例であったが、台数には限りがあるから、夜間に神社から曳き出す地車もあった。このような場合の夜間曳行は許されていたのであろう。

安永四年（一七七五）刊『古今俄選』に記された、俄の出没地点を記した曽根崎新地の地図には、蜆川《しじみがわ》に架かる堂島橋付近の曽根崎新地一丁目の裏通りに「此道廿四日ハ宮入モドリノ地車悪チャリニテニワカヲアヘ（ハ）ル」と記される。曽根崎新地から出た地車であろうか、毎年、地車が俄と一体となって悪ふざけ（悪茶利）して盛り上がる地点があったようだ。

現在、昼間であっても提灯を付けて、それを地車の正式な姿とする地域が少なくない。また「昼提灯《ひるちょうちん》」と称して刺繍を施した飾提灯もある。提灯は単なる明かり取りではなく、重要な装飾の一つとなっている。

昼提灯（住之江區／本住吉神社）

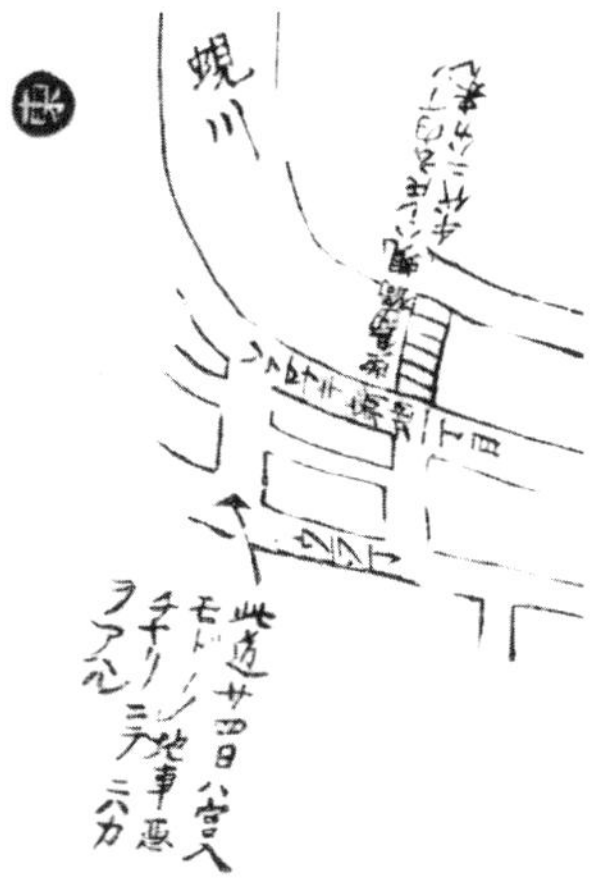

俄の出没地を記す地図『古今俄選』

曳行方法

地車は多くの場合、二条の長い綱が張られて大人数で曳かれる。一条ではなく二条であるのは、人数確保のためかもしれないし、地車の原型である川御座船の綱引を模したものかもしれない。

　地車は舁棒を押せば動く重さであるが、それでは、地車を楽しむことができる人数が限られる。綱を用いることで、より多くの人数が地車に関わることができる。地車の曳綱は、物理的に力を伝達するための工夫であるとともに、東大寺の大仏開眼会《かいげんえ》で用いられた開眼縷《かいげんる》のごとく、地車と人、人と人とをつなげる精神的な役割も担っている。

　柔軟な綱は辻でも曲げることができるため、どこまでも伸ばすことができる。そのため、神輿や太鼓台など舁棒で移動する祭具と比べると、格段に多くの人数が地車に携わることができる。さらに、舁く祭具と異なって身長差も問題にならないので、子供から大人まで世代を超えて一体となることができる。

　地車は練物の一種であり、その名の通り「練る」ことから始まった。しかしながら、人々は「走る」という衝動を抑えることができなかった。文化十一年（一八一四）序『繁花風土記』には「地車のはしる事、矢を射るよりも早し」と記される。先行する地車を見つけたら、追いつきたくもなる。各地の地車に見られる「オータ、オータ」の掛け声は「追うた、追うた」の意味であろう。現在も見られるように、先行する地車が停止している場合や宮入り後の境内で、綱を外し、地車の前進後進を繰り返して盛り上がることもあったであろう。大坂に近接する野里住吉神社（大阪市西淀川区）の地車は「オータ、オータ」の掛け声で、二台の地車を正面させた状態でオイアイ（追い合い）を行なう。辻を曲がる時や渡橋時の動きについては、「舵取棒」の項で述べた通りである。

　現在、地車同士が出会った時や、寄付をいただいた家、神社の前などで、地車の後部を持ち上げ、お辞儀のようにして敬意を示すことがある。このような行為は江戸時代にもあったと思われる。

囃子

江戸時代の地車囃子の音の記録はなく、その実態はわからない。そこで、本書では、現行の天神祭における地《じ》車講《ぐるまこう》（天満市場）の地車囃子を、各地の地車囃子を分析するための「物差し」として用いることにする。天満宮の『本殿詰所日誌』に見えるように、天満青物市場の人々

白木（建水分神社）の地車（河南町）　地車を傾けて敬意を示す。

は、明治二十九年（一八九六）に天満宮に地車を献納した後も、天神祭では、境内に地車を飾り付けて地車囃子と地車踊りを奉納してきた。現在の囃子も、途中で担い手の交替や囃子の変化があったかもしれないが、江戸期の大坂地車囃子の特徴を充分に残していると考えてよいであろう。以下の内容は、蒲生《がもう》・今福（大阪市城東区）を拠点とし、地元の祭のほか、天神祭の地車講にも奉仕する人々の囃子に準じる。長柄《ながら》八幡宮（大阪市北区）を拠点に天神祭に奉仕した人々もいたという。古い大坂の地車囃子の断片が、地車の伝播先で継承されていることもあるだろう。

　囃子には、鉦、小太鼓、大太鼓が用いられ、現在は鉦が二丁の場合が多い。曳行時に用いられる「道中囃子」と、地車が停止してから披露される「舞台囃子」に分けられる。橋を渡る際には「橋の太鼓」に切り替えられた。

道中囃子

　道中囃子は、地車の曳行中に囃される音曲で、曳き手の動きを統御する役割を持つ。「ヂキヂン・ヂキヂン・ヂキヂン・コンコン」という地打《じうち》拍子を繰り返しつつ、地車の速度と連動して緩急自在に打ち鳴らされるこの旋律は、太鼓台の旋律と共通し、その源流は古く神輿の触《ふれ》太鼓にまで遡る可能性がある（第三章第二節参照）。地車一階の囃子座で太鼓が打たれていた時代にも、この拍子が用いられていたと考えられる。安政六年（一八五九）刊「浪速天満祭」には「この中にハ金太鼓をうちドンチ、ときこゆ」と地車囃子の音を記す。

天満市場（大阪天満宮）の三ツ屋根地車の楽器配置

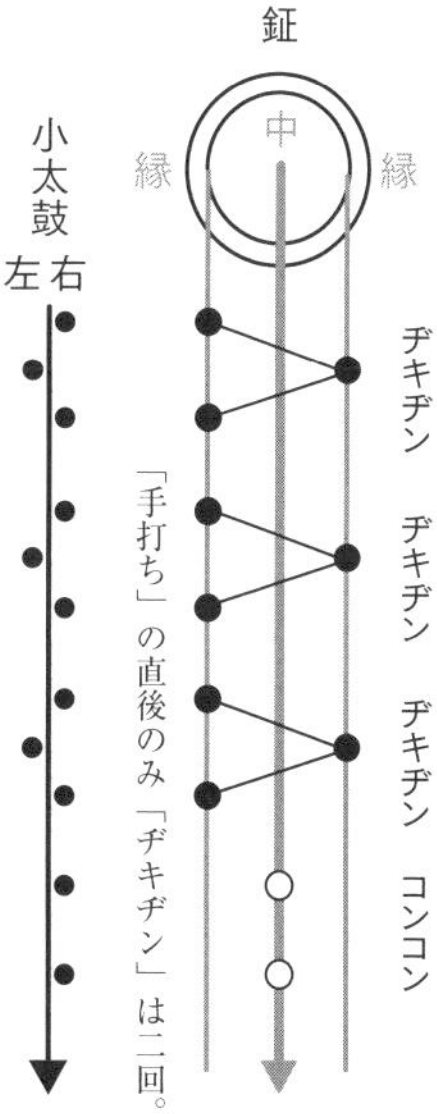

道中囃子の地打

舞台囃子

地車が停止すると、囃子は、道中囃子から舞台囃子へと連続的に移行する。それは、疾風の桴《ばち》さばきで、見る者、聴く者を圧倒する。鉦と小太鼓、大太鼓のすべてが連動して奏される複雑な定型句は「カヤク」と呼ばれ、高度な個人技に裏打ちされた囃子方全員の一糸乱れぬ意気の投合は圧巻である。「カヤク」に続いて「ヂキヂン・ヂキヂン・ヂキヂン・ヂキヂン」と鉦の縁《ふち》打ちが続き、大太鼓が即興的に打たれる部分はシャンギリと呼ばれる（シャギリは、さまざまな芸能の中で音曲に関わる言葉として頻出する）。舞台囃子は、定型部分と即興部分とが巧みに組み合わされ一曲としてのまとまりを持ち、演奏時間の伸縮は自在であるが、おおよそ十五分から二十分を一区切りとする。

現行の「魅せる大坂囃子」は、囃子座が一階から二階へと移り、見物人に「見られる」ことによって大成されたものであろう。

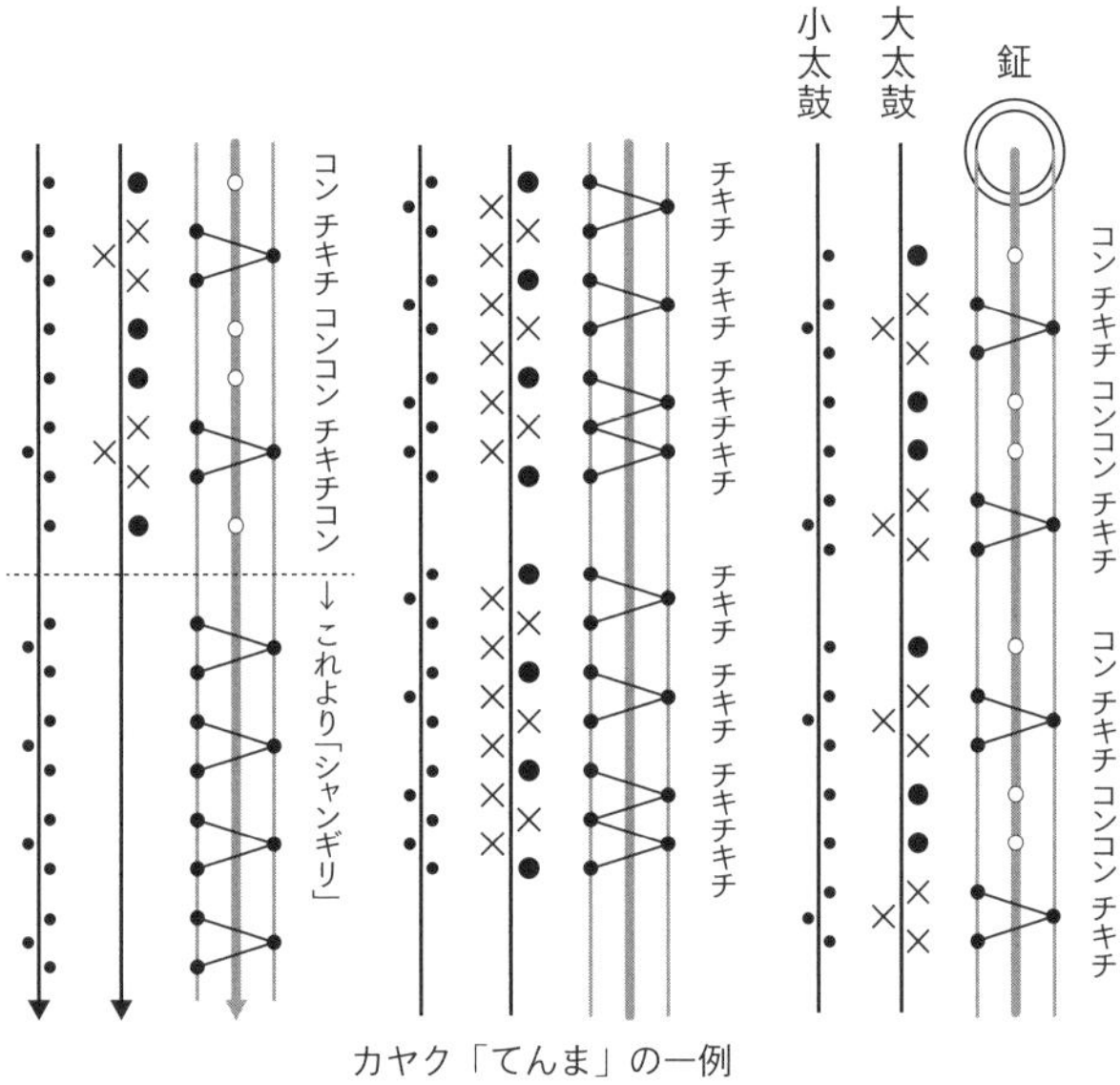

カヤク「てんま」の一例

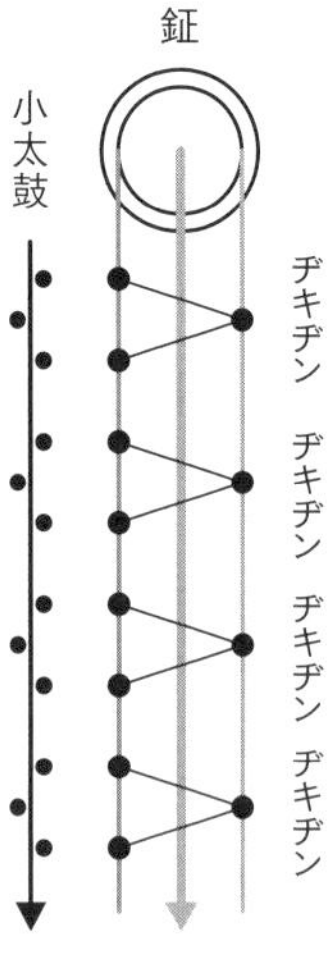

シャンギリ

地車講（天神祭）のカヤク札	伸栄龍神會で頻出のカヤク
いたち　みかさ　じきじん　てんま かめかめ　さくら 蒲生うめ　蒲生竹　蒲生かめ　蒲生あぶら 長柄かめのぼり　長柄うらてんま 長柄おいてんま 長柄やはたおろし 綱敷ひがし 今福こま　今福かめ　今福さくら	てんま　いたち　三笠　今福の亀 桜　蒲生の亀　ぢきぢん 竹　梅　おい天満　裏天満　今福の桜 亀亀　亀のぼり　東　駒　やはたおろし

カヤクの名称の一例

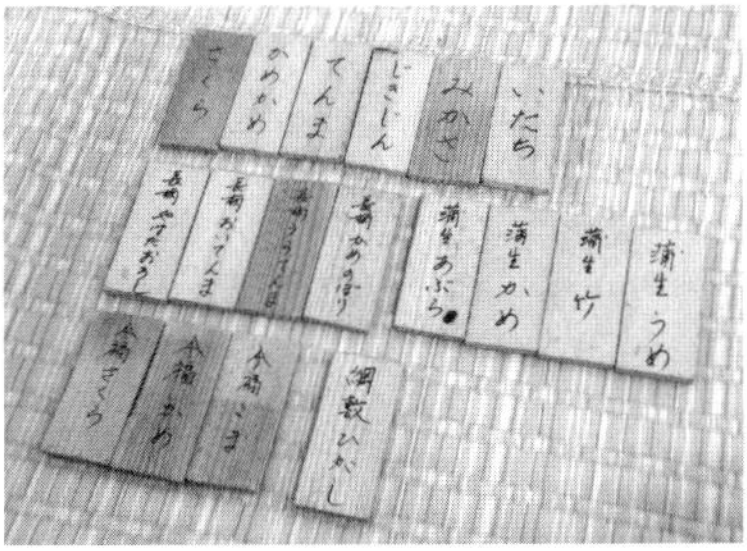

地車講（天満市場）のカヤク札

大坂地車囃子（今福北之町／今福皇大神宮）

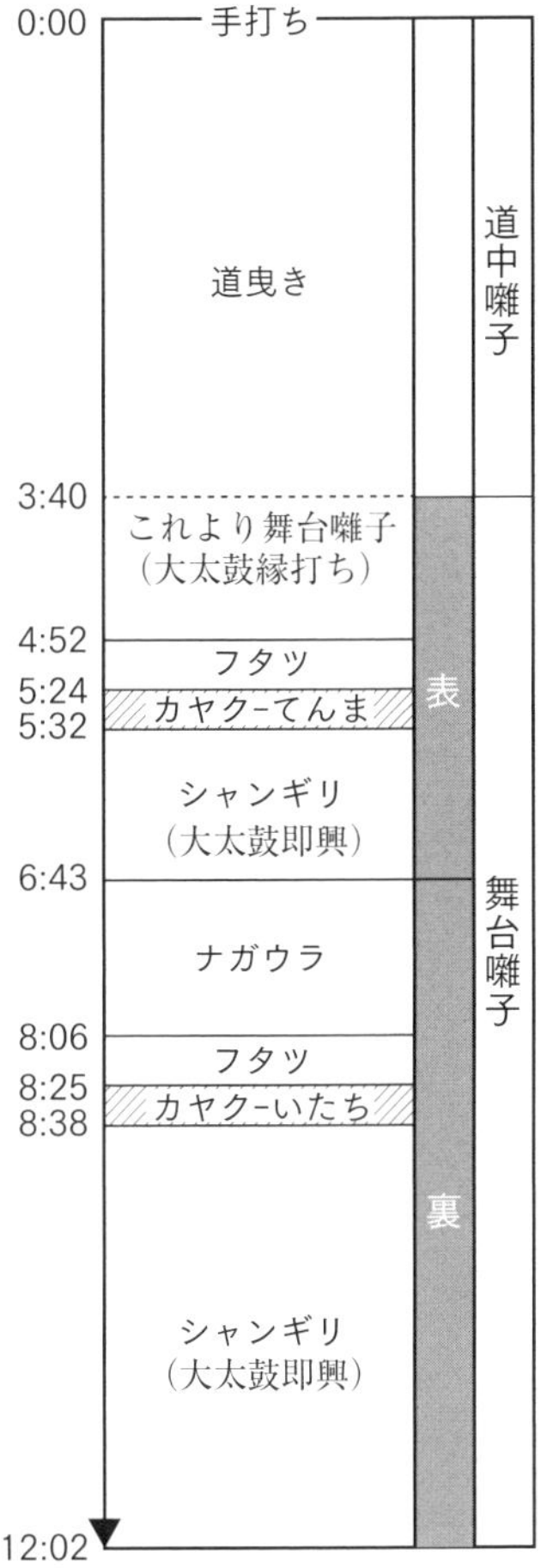

さらに続ける場合は「ナガウラ」や「アブラ」を挟んで「フタツ」「カヤク」に入る。

囃子の構成
蒲生・今福（大阪市城東区）を拠点として天神祭の地車講にも奉仕する神栄龍神會のYouTube動画「大坂だんじり囃子／龍踊り」より。

橋の太鼓

「橋と地車」（第二章第六節参照）で述べたように、江戸期は地車を舁き上げて橋を渡った。渡橋の際に囃子を禁止する達《たっし》も出されたが、音なくして、曳き手、舁き手の呼吸を合わせることはできない。今では渡橋時に地車を舁き上げることはないが、「橋の太鼓」の名称を持つ旋律が伝わる。「ドンドンドン・ドンドコドンドンドン」という特有の旋律が打ち鳴らされ、地車が橋を渡り始める。地車が頂上部に達すると旋律が切り替わるが、かつては、これによって注意を喚起し、舁き手は重心の移動に備えた。往時は、囃子に合わせて「ヨイヨイヨイ、ヨイトマカセ」の掛け声が発せられたと考えられる（第三章第二節参照）。

橋の太鼓

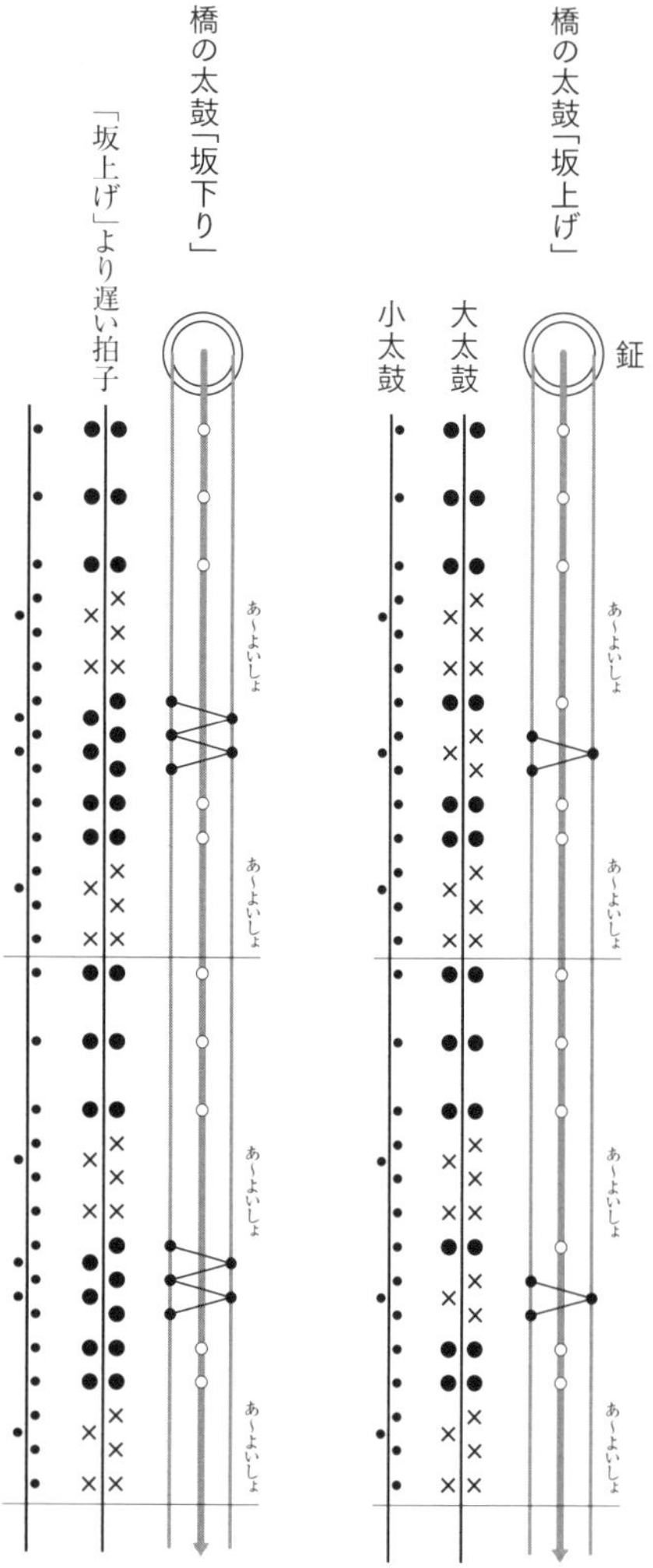

手打ち

戸前で御花《おはな》（祝儀）を受け取った時や、他の祭具・芸能と出会った時には、「打ちまーしょ、もひとつせ、祝《い》おうて三度」の掛け声で手打ち（大坂締め）が交わされる。この手打ちは、大阪では、祭以外でも多くの場面で用いられて馴染みがある。地車囃子は、必ず、手打ちから始まる。

　手打ちには、一般に「契約・和解・祝儀」といった意味がある。大阪の祭の手打ちの起源は明らかではないが、井原西鶴の元禄元年（一六八八）刊『日本永代蔵』には、米市場の描写の中で「両人が手打ちをした後は少しも相違がない」とある。これは北浜米市の話であるが、地車をよく出した堂島米市場でも、同じような習慣があったと思われる。『日記』（大阪大学滋岡家文書No.79）の文化六年（一八〇九）七月三十日の項には、天神祭の太鼓台は、神事の時に「万端手合」するゆえに催《もよおし》太鼓と呼ばれると記される（第二章第五節参照）。

大坂締め（大阪天満宮）

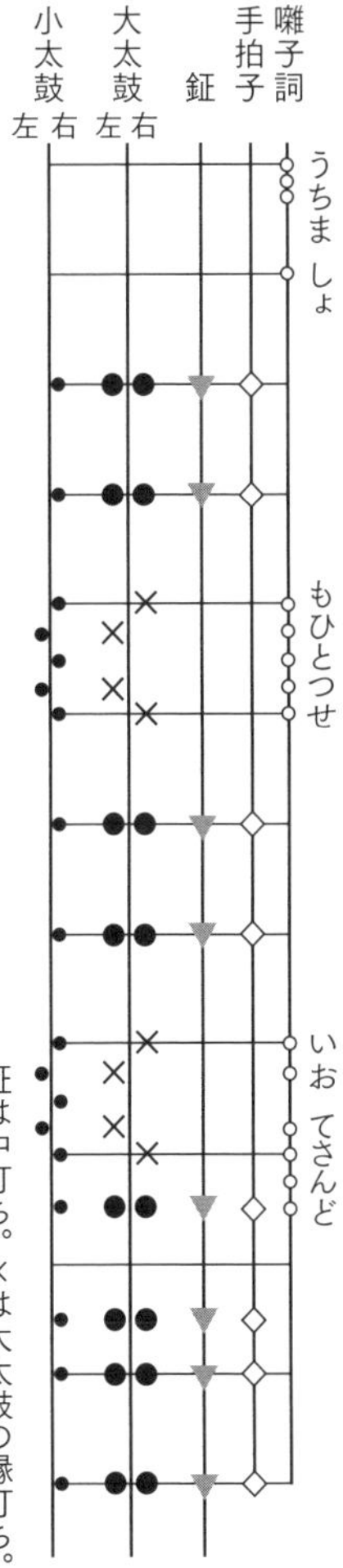

手打ちの一例

第二節　地車の伝播

地車本体の伝播

地車は、摂河泉《せっかせん》、瀬戸内を中心に各地に伝播した。その一つ一つの経路を確定することは難しいが、おおよそ、大坂三郷に隣接する農村域や、平野、尼崎、堺、岸和田などの大坂に近い都市の祭に採り入れられ、そこで育まれた地車文化が、さらに周辺の農山漁村域に広がっていったと思われる。また、海路で大坂から直接、淡路島や瀬戸内にも広がって、遠くは、九州の中津（大分県）、さらには日本海に面する城崎《きのさき》（兵庫県）にまで地車が伝わっている。

地車は伝播した先で、地域独自の工夫が加えられて変化することがある。特に城下町の祭や地域の中心的な神社の祭など、近郷近在からの見物人で賑わう祭では、独自の形態の地車が生み出され育まれることが多く、そこを新たな基点として地車文化が広がっていく。柱の構造が独特の岸和田の地車や、俄《にわか》を演じるための芸能舞台を広く設けた河内の石川流域の地車などは、その典型である。大坂から採り入れられた地車が、屋形式か組物式か、主たる装飾が飾幕か彫刻かによっても、伝播先での地車の展開が変わってくる。このように、地車は要所でクラスターを形成しながら、水切りの石が波紋を広げるように伝播していく。地車を新調するにあたって古い地車を他所に売却することも多く、その際に、地車のなかった地域に地車が伝わったり、異なる形態の地車が伝わったりする。また、大坂の泉屋（住友家）が経営した別子銅山（愛媛県新居浜市）（口絵1-16参照）や、日本統治時代の台湾や朝鮮のように、地車体験者の移住によって地車が伝播したと思われる事例もある。

台湾で曳行された地車（筆者蔵）
「大稲埕公會ノダンジリ」と記される（台湾神社付近）。裏面に「郵便はがき」「台湾写真製版所印行」とある。台湾では、今でも当時を偲んで和風神輿が出る（「和風神輿」『日本宗教史のキーワード』）。朝鮮に渡った地車もあった（『住吉大佐「地車請取帳」と彫刻』）。

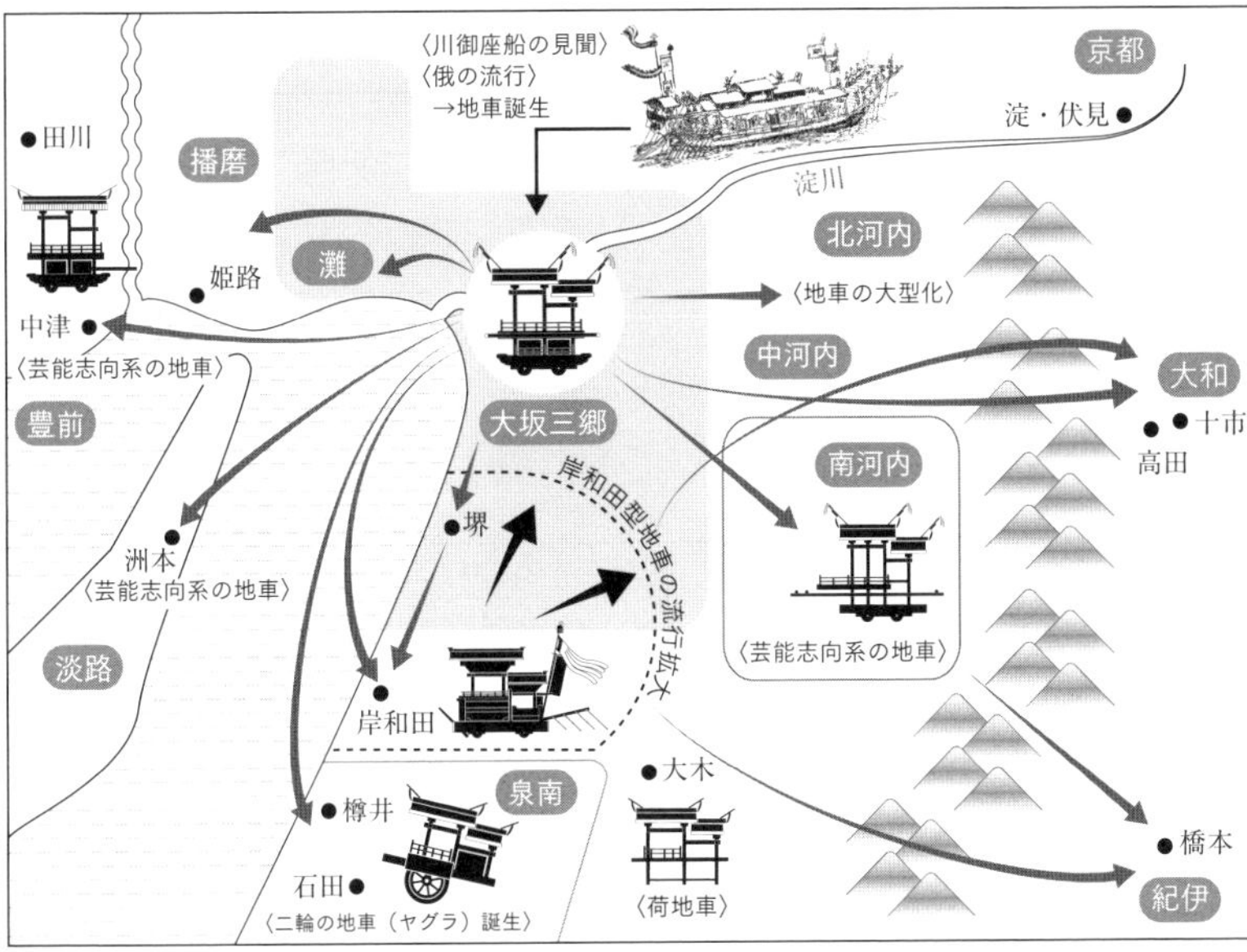

地車伝播概念図　実際の伝播経路を厳密に表したものではない。

囃子は、地車とともに伝播することが多いが、囃子や掛け声といった無形の要素は、時に、地車本体とは独立した動きをする。例えば、名張《なばり》（三重県名張市）の宇流《うる》冨志禰《ふしね》神社の祭に出る地車の囃子は、大坂地車囃子とはまったく異なる。これは、当地に既存の祭具（伊賀の上野天神祭の系統）の代替として地車を採り入れ、囃子は元のままという事例と考えられる（口絵2-25参照）。

　また、曳行方法は地車の形態と不可分である。例えば、岸和田型の地車に特有の高速で辻を曲がるヤリマワシを実現するために、元の地車が改造されたり、岸和田型の地車を新調したりすることが少なくない。

　このように、地車の伝播の実態は複雑であるから、ある祭具が地車であるかどうかについては、構造、装飾、囃子、曳行方法、文献などからの総合的な判断が必要となる。伝播した地車が必ずしもダンジリと呼ばれているとも限らない。また、地車本体を伴わずに、囃子や曳行方法のみが伝わるような、無形の地車文化の伝播についても意識しておく必要があろう。

地車と太鼓台とでは姿が異なり、曳くと舁くとでは楽しみ方もまったく異なるが、その親和性は高く、特に神輿の触太鼓の役割から自由となった神賑一般の布団太鼓は、地車との互換性が高い。地車の分布は太鼓台の分布と重なることが多いので、地車の同定の助けになる。

　地車は西に向かって勢力を拡大したが、東に向かって広がることはなかった。その理由は、概して、川御座船の見聞の有無や俄の流行の度合いなども含めた文化圏の違いによるといえようが、祇園祭の存在も大きい。祇園祭では、すでに室町時代の応仁文明の乱（一四六七〜七七）以前に、現在と変わらない形態の鉾や山が出ており、「月次《つきなみ》祭礼図（模本）」（東京国立博物館蔵）に、その華やかな姿が描かれる。京都に近い亀岡や大津の祭には、祇園祭の山鉾に類する祭具が出る。そして、東海道の宿場町であった水口や四日市、桑名、中山道を東に進んで琵琶湖の東岸にある長浜、尾張の名古屋、犬山、津島などでは、地車とは異なる地域色豊かな祭具が発達している。

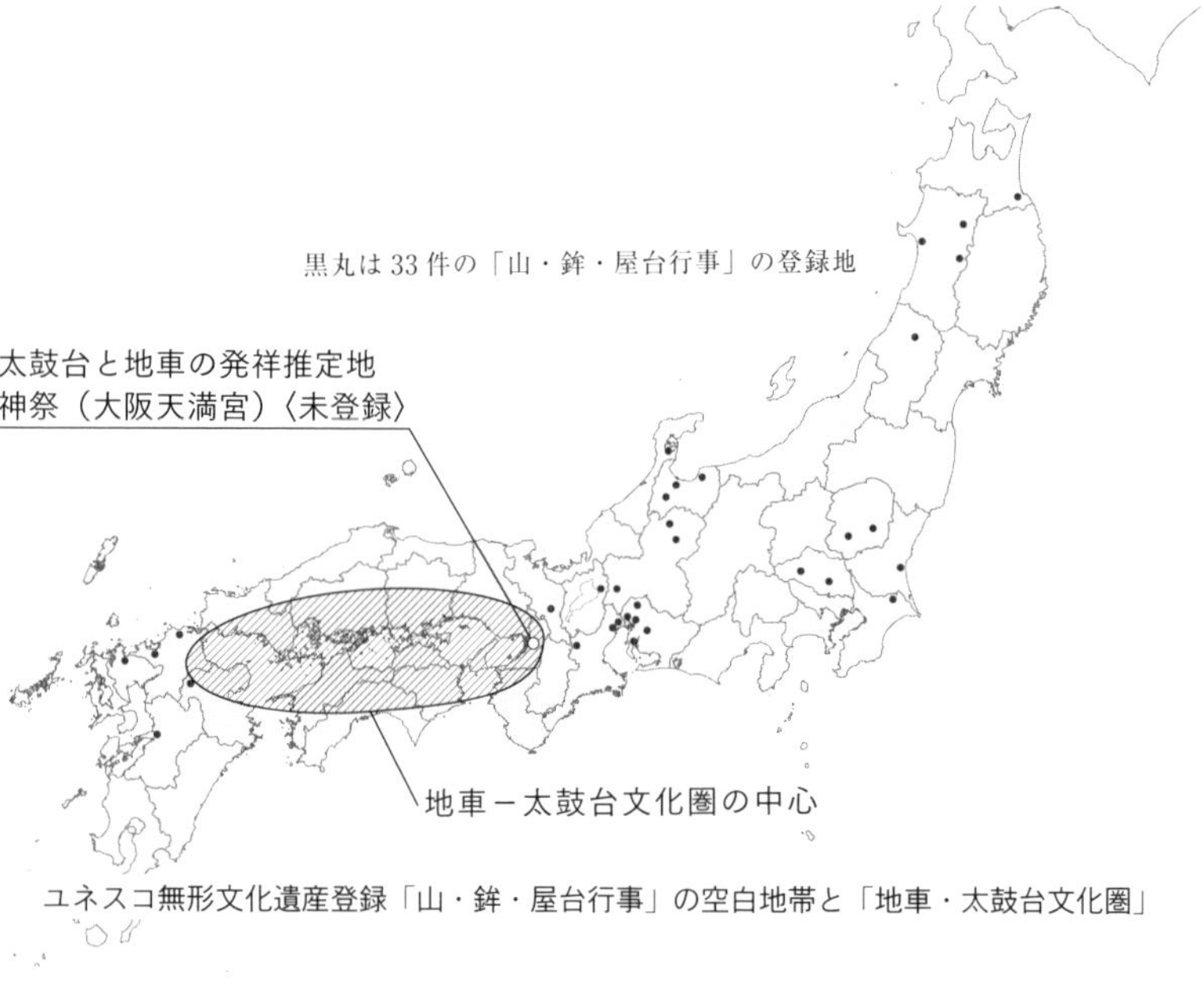

ユネスコ無形文化遺産登録「山・鉾・屋台行事」の空白地帯と「地車・太鼓台文化圏」

囃子と掛け声の伝播

囃子や掛け声、曳行方法といった無形の地車文化は、有形の地車本体とは異なる経路でも広がっていく。それは、異なる形態の地車への伝播にとどまらず、神輿や太鼓台といった祭具の境界を越え、時に、無形の掛け声が有形の祭具の名称に変換されることもある。これより、「音」でつながる祭具の世界を見ていきたい。

道行《みちゆき》太鼓

地車囃子の基本の拍子と、多くの太鼓台の太鼓の旋律は共通する。太鼓台は、遠音がさすように一音一音が丁寧に打ち込まれ、地車は鉦と太鼓でけたたましく囃し立てられるため、同じ旋律ではあるが両者の印象は大きく異なる。太鼓台の出自が神輿の触太鼓であることを考えると、この旋律は、古くは触太鼓でよく打たれた旋律である可能性が高い。

目的も形態もまったく異なる祭具で、共通の旋律が用いられるのはなぜか。それは、この旋律そのものが「モノが移動する時に打たれるもの」という意味を持っていたからかもしれない（道行太鼓と呼ぶことにする）。太鼓台の拍子が速くならなかったのは（囃子化しなかったのは）、触太鼓としての役割を残す太鼓台が多かったこと、また、重量物を舁き上げて練るにあたって、太鼓の拍子と呼吸とを一対一に対応させる必要があったことによると思われる。

旋律の伝播は、おおよそ「神輿の触太鼓→太鼓台→地車」の順番と考えられるが、道行太鼓の旋律が、神輿の触太鼓に限らない一般的な習俗であったならば、地車の道中囃子は、太鼓台を経由せず、直接、道行太鼓を採用した可能性もある。

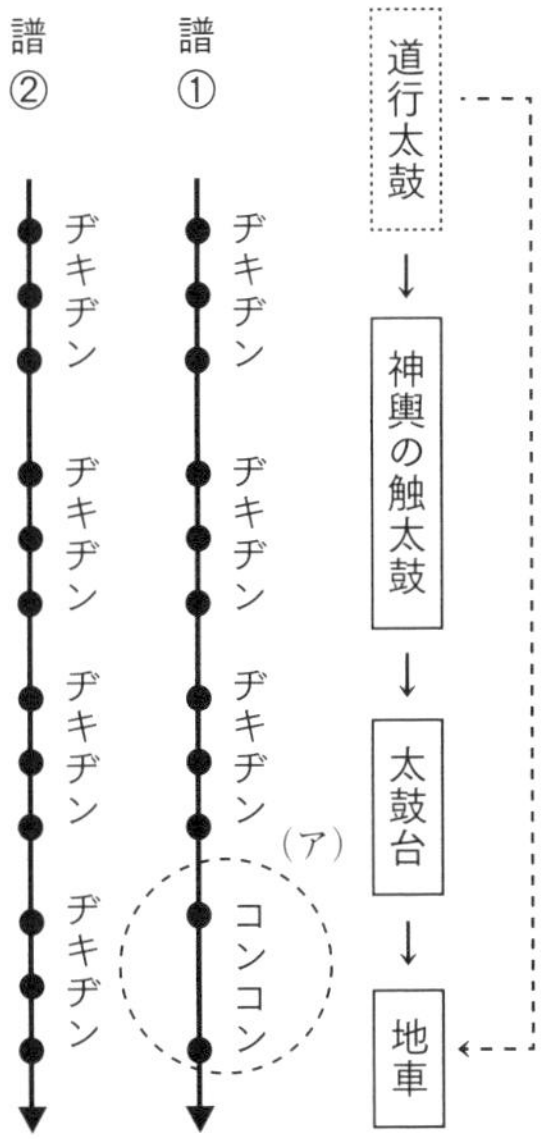

元の旋律（譜①）の速度が上がると、鉦の中打ち（ア）を抜いた旋律（譜②）が生まれる。

大坂囃子から岸和田囃子へ

現在の岸和田型の地車の囃子は、楽器の配置、地打拍子の速度変化の方法、大太鼓の奏法など、大坂の地車囃子とは多くの点で異なっており、また、大坂では用いられない横笛が入る。そのため、大坂と岸和田の囃子を比べると、まったく異なる印象を受ける。しかしながら、岸和田の地車囃子の源流は、大坂の地車囃子である。岸和田地車囃子に残る大坂地車囃子の痕跡をいくつか挙げると以下の通りである。⑴江戸期の大坂と同じ楽器配置で一階に大太鼓を横置きしていた（縁打ちをした可能性もある）。⑵大坂と同じように拍子を連続的に変化させていた（この奏法を残す町がある）。⑶大坂と同じように鉦の中打ちを行なっていた（この奏法を残す町がある）。⑷地車の納庫時に「終《しま》い太鼓」と称して大坂の「橋の太鼓」を打つ町がある。詳細は拙著『岸和田祭音百景 平成地車見聞録』を参照されたい。

岸和田地車囃子の地打拍子は、大坂地車囃子と異なる間の取り方もする（並足《なみあし》打ち）。また、岸和田では欄干の左右に座る笛方二名が掛け合うようにして笛を奏でる。この笛（七本調子相当六孔篠笛）の旋律の出自は不明であるが、笛に飾房《かざりふさ》を吊すことが習慣となっており、明治期に流行った明清楽《みんしんがく》の明笛との関連も考えられる。岸和田地車囃子は、大坂地車囃子から分化した新たな地車囃子の型の一つといえよう。

岸和田地車囃子の笛方　前方左右の欄干の角に一名ずつ左右対称に構えて腰掛ける。飾房が風になびく。

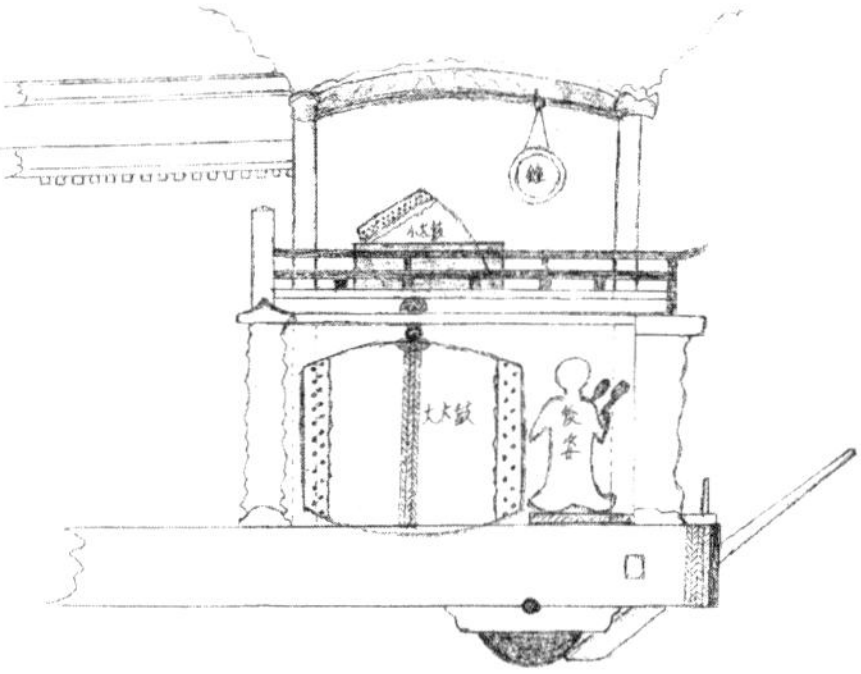

上町の古老による地車内部の図

ヨイトマケ

江戸時代の大坂では、地車を舁いて橋を渡った。この時に打たれたのが「橋の太鼓」である（第三章第一節参照）。太鼓台も橋では特別な太鼓を打ったであろう。この旋律は舁くことが前提の太鼓台から伝わったのかもしれない。

大坂三郷に近接する海老江八坂神社（大阪市福島区）の地車は、宮入りの後、境内にて「ヨイヨイ、ソラガシタ」の掛け声で地車を地面から舁き上げる（「担《かた》ぐ」の意か）。この地車の舁き上げは、渡橋の名残と思われる。

この太鼓の旋律は、時に「ヨイトマカセ」の掛け声を伴って、各地の太鼓台や地車、台舁などの祭具が、通常とは異なる動きをする際に用いられる。「ヨイヨイ」という言葉と呼吸を揃えて力を合わせるという目的とを合わせて考えると、土搗《どつき》の用具、ヨイトマケ（滑車をよく巻けの意か）の操作の掛け声を太鼓台や地車で用いたものかもしれない。

大坂三郷	地車の渡橋時の囃子
海老江	地車の舁き上げ時の囃子
平野郷	布団太鼓と台舁が要所で使用
百舌鳥	布団太鼓が要所で使用
岸和田	地車の納庫時の終い太鼓
貝塚	布団太鼓が要所で使用
樽井	ヤグラが蛇行する際に使用
松尾大社（京都）	神輿を台に乗せて曳く際に使用

ヨイトマケの用例

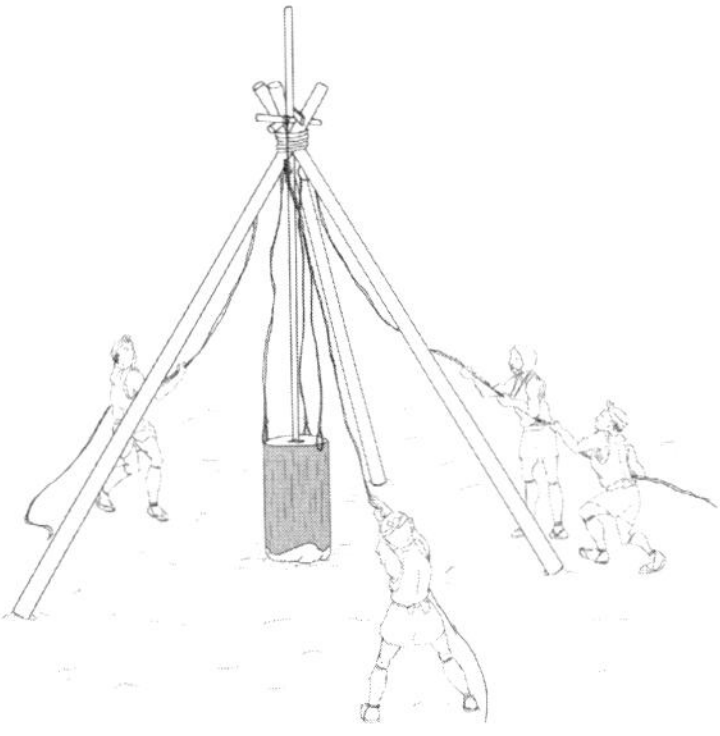

ヨイトマケの想像図

チョウサ

チョウサ、ヨウサは、重量物を運ぶ時の掛け声として古くから用いられた言葉で、祭では、神輿を舁く際によく使われる。人形浄瑠璃や歌舞伎の「夏祭浪花鑑」の神輿の掛け声もチョウサ系である。

チョウサという言葉に意味があるのか、それとも、力を入れた時の呼吸が自然に音となったのかはわからない。各地の人々は、その謎の言葉にさまざまな漢字を当てて意味づけした。広く知られる説はヨウサを栄西《ようさい》に求めるもので、『花洛細見図』『都林泉名勝図会』『皇都午睡《みやこのひるね》』などには、建仁寺開山の臨済宗の僧、栄西禅師が、重量物（寺院の建材あるいは陀羅尼《だらに》の鐘）を運ぶ際に、自らの名前を掛け声とさせたとある。現在、京都の神輿の掛け声はホイットが主流であるが、神輿を据える際にはヨウサとなる。

チョウサは神輿だけではなく、御迎提灯や太鼓台、地車にも用いられる。岸和田の地車でも昭和五十年（一九七五）頃までは「チョイトサー、ヨイトサー」の掛け声が聞かれ、岸和田祭の神賑行事の初見となる延享二年（一七四五）の祭では、「チョウサヤ」の掛け声で子供の枠式太鼓台が舁き出された（第三章第五節参照）。

チョウサは、掛け声として伝播するだけではなく、コトからモノへと言葉の次元をも越境する強い言霊力を持っている。灘地域の地車では、舁棒を張菜棒《ちょうさいぼう》と呼ぶ。これは、チョウサする（舁き上げる）ための棒の意であろう。讃岐の布団太鼓はチョウサの掛け声で舁くことから、本体そのものがチョウサと呼ばれる。木津（大阪市浪速区）の台舁では、本体を保持するための細綱がチョウサと呼ばれた。十市御縣坐《とおいちのみあがたにいます》神社（奈良県橿原市）の祭の地車では、チョウサと呼ばれる大型の采配《さいはい》を振って地車の前進を促す。

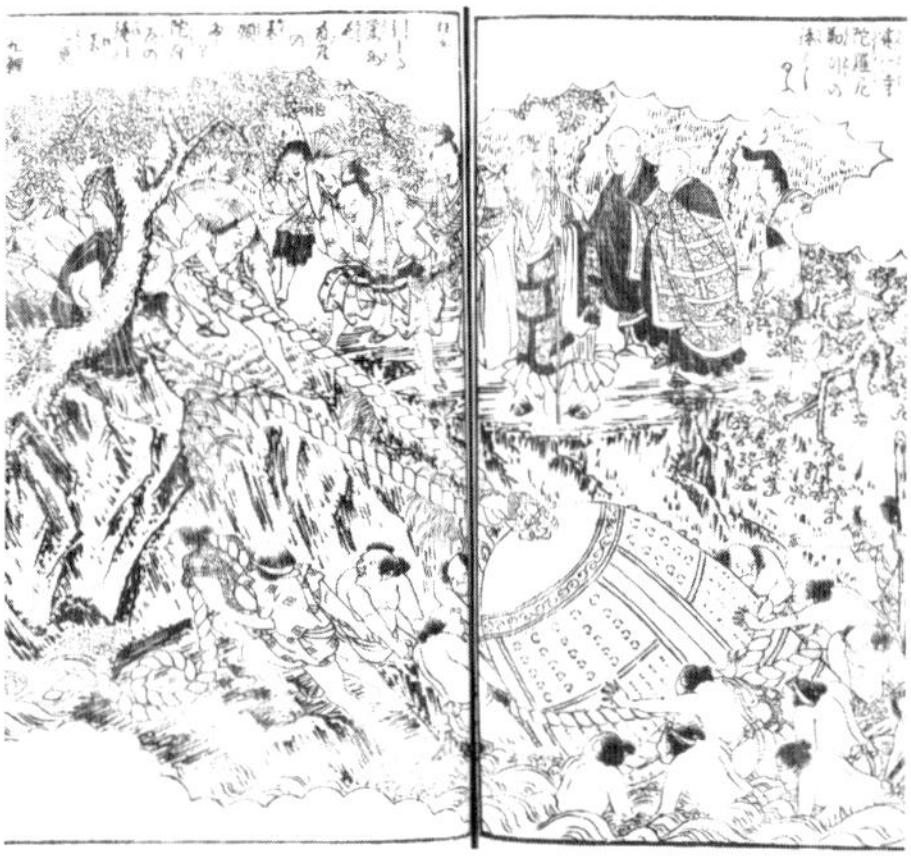

建仁寺『都林泉名勝図会』（国立国会図書館蔵）

チョウサと呼ばれる大きな采配　十市御縣坐神社氏子の地車に見られる（奈良県橿原市）。

豊浜ちょうさ会館の太鼓台（香川県観音寺市）

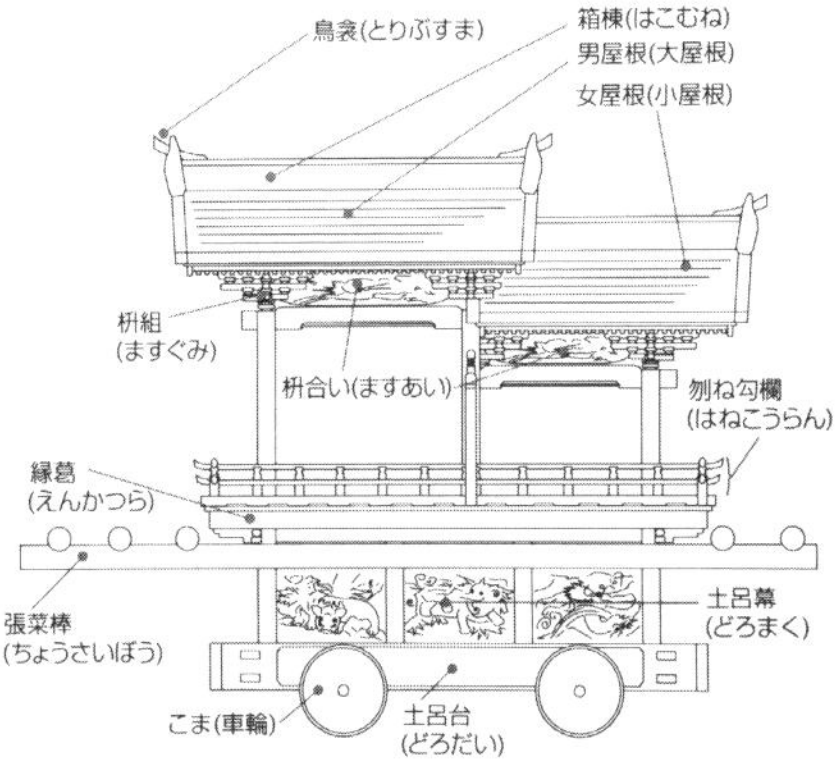

灘地域の地車の部位名（住吉だんじり資料館展示解説）

掛け声

チョウサ（ジャ）・ヨウサ（ジャ）
神輿・台舁・太鼓台・地車の掛け声

物の名称

張菜棒（ちょうさいぼう）
灘地域の地車の担棒の名称

チョウサ
瀬戸内域の布団太鼓本体の名称

チョウサ
台舁に掛けられた細綱の名称

チョウサ
十市の地車の采配の名称

チョウサの用例

第三節　地車の展開

地車の形態変化のメカニズム

地車の修理や新調の機会に、その地域の地勢や嗜好など風土に合わせて、新たな「型」が生み出されることがある。これら多様な地車を、その構造や装飾の差異に注目し、その地車の発祥地や分布地域の名称を冠して「大坂型」「神戸型」「堺型」「住吉型」「北河内型」「交野型」「石川型」「岸和田型」などと分類されることがあり、時に便利である。しかしながら、「折衷型」という型もあるようで、その扱いが難しい。

また、柱の構造に注目して、岸和田型の地車が「下《しも》地車《だんじり》」、それ以外の地車が「上地車《かみだんじり》」と呼ばれることが多いが、この分類は、岸和田以外の地車が一つのまとまった文化圏を形成しているような錯覚を起こす恐れがあり、適切とはいえない。

今後もさまざまな「折衷型」や「新型」の地車が生まれることは確実である。そこで、本章では、「今ある地車をどのように分類するのか」を考えるのではなく、「どのようにして新しい形態の地車が生まれるのか」という原因と過程に注目して、それぞれの地車の「志向性」を捉えることに重点を置くことにする。

本章の第一節で述べたように、地車は、おおよそ「棟数」「屋根の形式」「部屋割（舞台・楽屋・囃子座）」「組物」「装飾（幕・彫刻・金具）」「大きさ」「車輪」「舵取棒」「筒守」「提灯」といった有形の要素と、「曳行方法」「囃子」「芸能」といった無形の要素で成り立っている。

地車の「構造形態」が変化するということは、これら有形の要素の一つないし複数が変化したことを意味する。この変化を促すのは人々の「変化させたい」と願う「意識のベクトル（方向と大きさ）」である。

地車も含め、祭具・芸能の有形無形の要素を「改良したい」と思う人々の意識を「神賑志向」と呼ぶことにする（「神賑」については終章参照）。それは、内部から自然と沸き起こるものもあるが、多くの場合、競合他者（町・村・仲間）や見物人に「見られる」ことによって引き起こされる。祭具・芸能の変化は、このような神賑志向によってもたらされる。以上のような、積極的な祭具・芸能の発展的展開を「神賑化」と呼ぶことにする。

地車において、神賑志向は、短期的には地車の運用方法（芸能・囃子・曳行方法）を変化させ、中長期的には新しい形態の地車を生み出す可能性を備えている。「芸能」「囃子」「曳行方法」といった無形の要素は、毎年の祭の中で工夫される。一方で、地車の構造・装飾といった有形の要素は、地車の修理や新調の際に反映される。大坂の地車における屋形式地車から組物式地車への変化も「神賑化」といえる。

　ただし、第二章で述べたように、倹約令などによって受動的な「改変」を余儀なくされることもある。倹約令をきっかけとした「豪華な飾幕から質素な彫刻への装飾の変化」は、短期的には「反・神賑化」といえるが、その結果、地車の彫刻文化が発達したことを考えれば、中長期的には「方向性を変えて神賑化した」と解釈できる。

　このようにして、ある時代、ある地域の、地車に関わる人々の「神賑志向のベクトル」の違いが、地車文化の多様性を生み出していくのである。

地車の形態分化のモデル

　以上に述べた「神賑化の志向性」の議論をもとに、地車がさまざまな構造形態に分化していく過程のモデルを、一つの仮説として提示してみる。

地車の基本型と志向系

　まず、初期の屋形式の地車を「屋形式・大坂型地車」とする。そして、ここから組物を導入して神賑化したものを「組物式・大坂型地車」とする。「組物式・大坂型地車」は、「芸能」「曳行」「造形」の諸要素を備えるもので「汎用《はんよう》型地車」といってもよい。この汎用性の高い「組物式・大坂型地車」の、どの要素が神賑化したのかによって、「芸能志向系地車」「曳行志向系地車」「造形志向系地車」といった領域に地車が分化していく。

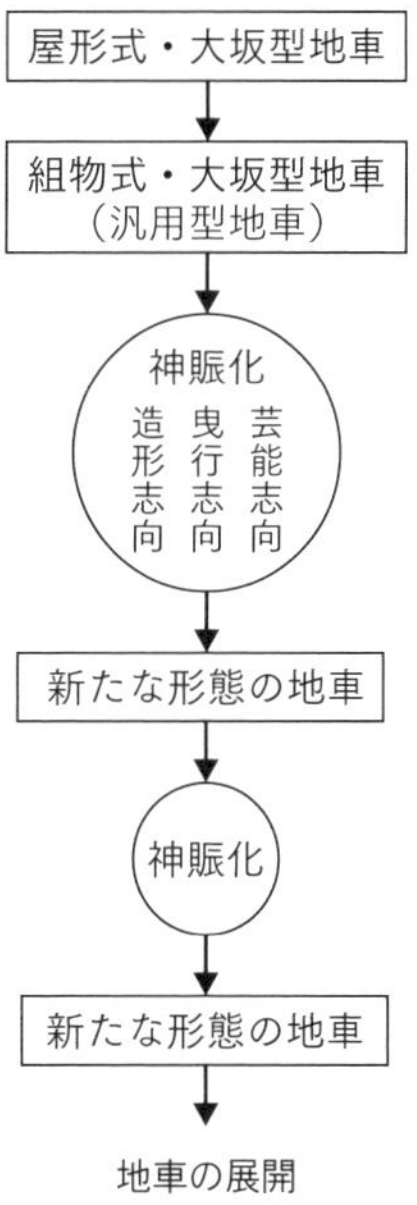

神賑志向のトレードオフ（二律背反）

ただし、地車を神賑化するためのエネルギー（資金・時間・精神など）には限りがある。そのため、「芸能志向」「曳行志向」「造形志向」のすべての神賑志向を同時に実現させることはできない。ある領域を神賑化させようとする時、他の領域に対する神賑志向が抑制されることになる。

例えば、多くの場合「芸能志向」と「曳行志向」の追究は同時には成立せず、両者はトレードオフ（二律背反）の関係にある。これは、舞台で芸能を披露する（あるいは専門家を雇って披露する）ことによって見物人を楽しませる際に得られる喜びと、体を駆使して集団で地車を統御した時に得られる喜びとが、異質の感覚だからであろう。ただし、汎用性の高い「組物式・大坂型地車」がそうであったように、程度によっては「芸能志向」と「曳行志向」の両立が可能である。

「造形志向」も、程度によっては「芸能志向」「曳行志向」との共存が可能である。初期の「屋形式・大坂型地車」から「組物式・大坂型地車」への変化は「造形志向」によるものであった。しかしながら、各地の「芸能志向系地車」には、装飾が控えめで簡素なつくりのものが多い。これは、芸能の披露に重点が置かれる地車では、人々の目は、地車本体にではなくダンジリ芸に集中するからであろう。一方、「曳行志向系地車」の中には彫刻による造形化を伴うものが少なくない。これは、「曳行志向系地車」では、「地車がどのように動くか」だけではなく、「どのような地車がどのように動くか」といったように、地車の出来栄えにも関心が集まるからと考えられる。

以上のような造形化とは別次元で、「造形志向」を極端にし、「芸能志向」はもとより「曳行志向」さえも抑え込んで、過度な装飾や大きさを追究する地車がある。このような地車を「造形志向系地車」と呼ぶことにする。

以上が、筆者の考える地車の形態分化のモデルである。

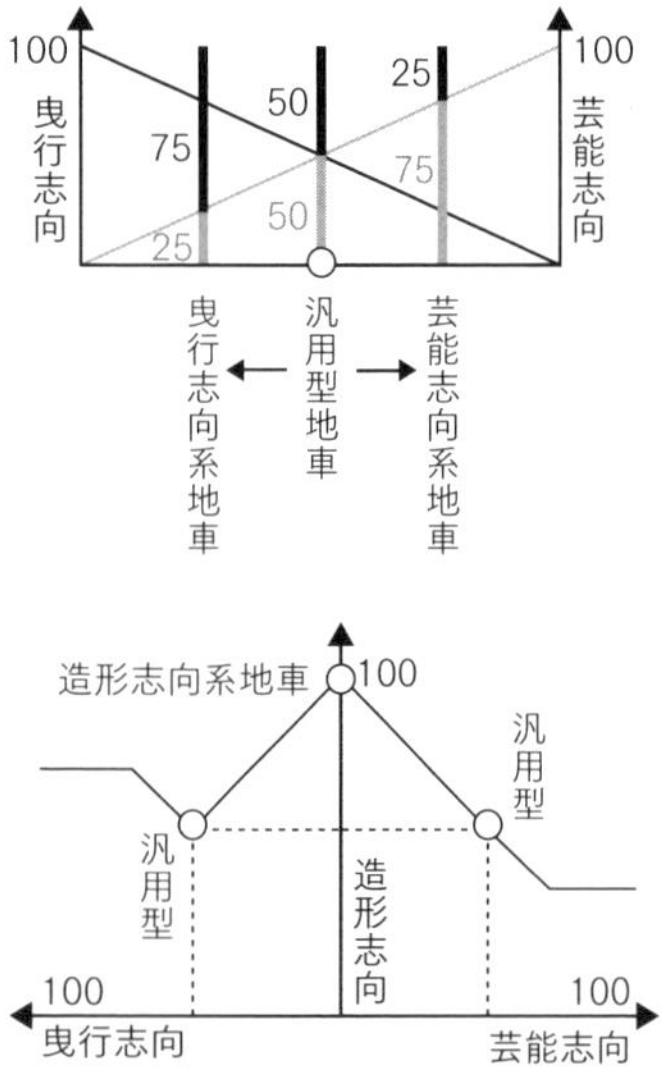

神賑志向のトレードオフ

第四節　芸能志向系の地車

現在、大坂三郷周辺域の地車ではダンジリ芸は行なわれておらず、舞台では地車囃子が披露され、地車の周囲で龍踊りが踊られる。大坂三郷に隣接する海老江八坂神社（大阪市福島区）の安政二年（一八五五）製作の西之町の地車には、改修前までは引き出し式の舞台が備わっていた。これは芸能舞台としての地車の名残である。同様の工夫は、灘の地車にもよく見られた。

各地に伝播した地車の中には、芸能舞台としての役割を継承発展させたものがある。

引き出し式の舞台（住吉だんじり資料館展示解説）

舞台の継承と展開

南河内の地車は、芸能舞台を広くした独特の構造を持ち、ダンジリ芸の始まりである俄が今に伝わる（第一章第四節参照）。中津（大分県中津市）の祇園車と呼ばれる地車では、大衆演劇の舞踊が披露される。淡路島では洲本のダンジリ芸が有名であった。これら三地域については後に詳しく述べる。小豆島の亀山八幡宮（香川県小豆島郡小豆町池田）に奉納された文化九年（一八一二）の絵額「奉懸当社御祭礼之図」には、舞台を大きく張り出した地車と思しき曳車が描かれ、芸能が演じられている。

播磨の魚吹八幡神社（兵庫県姫路市）の秋祭「ちょうちん祭」には、御迎提灯、地車（壇尻などと記される）、屋台（やったい・やっさ）などと呼ばれる鳳輦《ほうれん》型神輿の屋蓋《おくがい》を模した屋根付太鼓台、獅子舞など、多様な神賑行事の祭具・芸能が出る。地車は、大屋根の二本の柱を取り外し、周囲に板を巡らせて一時的に舞台を拡張させる。そこでは、着物姿の女性による舞踊や創作和太鼓などが披露される（口絵2-4参照）。

地車の舞台の展開（魚吹八幡神社）

南河内の地車

南河内の地車では俄が披露される。当地では、芸能に対する情熱が地車の構造をも変化させ、舞台を前方と左右に大きく広げる独特の形態が生み出された。この地車は、南河内の交通と用水の主要をなした石川流域に広く分布するため、石川型地車と通称される（口絵2-5参照）。大屋根の柱は六本で、屋根を支える組物は社寺建築の工法と同様に丁寧に組まれる。山がちな地形での地車の操作を容易にするためか、部材の多くは軽いヒノキである。初期の石川型の地車の多くは、富《とん》田林《だばやし》御坊（富田林市）に隣接する新堂《しんどう》村を拠点とした新堂組（大工仲間）によってつくられた。美具久留《みぐくる》御魂《みたま》神社（富田林市）氏子の宮町の地車は、古く、文久三年（一八六三）に新堂組の大工によってつくられたものであるが、その構造は現在の地車と変わらない。

千早赤阪《ちはやあかさか》村、河南町、富田林市にまたがる広大な氏地を有する建水分《たけみくまり》神社（千早赤阪村）の秋祭では、御旅所に二十台ほどの地車が集まって俄を披露する。地車の曳き入れ順は、おおよそ水利慣行の序列が基本となっている。道中は、地車を左右に揺らしながら（シャクリと呼ばれる)、「ヨッサイコーリャ」の合いの手を入れて、伊勢音頭や流行歌の替え歌などが軽快に歌われる。時に、お洒落に着飾った女性たちが団扇《うちわ》を手にして飛び跳ねる姿も見られる。

俄の披露に先立って、欄干に片脚を掛けて拍子木を打ち「とざーい(東西)とざい、とざいとざいとはー鳴物をばー打ち鎮めーおきまして」といった口上が独特の調子で歌い上げられる。ぼて鬘《かづら》を被り迫真の演技と独特の言い回しで見物人を惹き込むが、終局は「はてな、はてな、はてわかった!」といった文言を合図に、突然のサゲ(オチ)で締めくくられる(口絵2-3参照)。

南河内の地車の道行

建水分神社氏子による俄の演題

平成21年の演題。この年に俄の披露がなかった地車については、平成21年までの直近の情報を示した。

水分「政権交代」
森屋「ごくせん」
川野辺「バスストップ」
二河原辺「帰ってきたエロ息子」
桐山「みかん狩り家族の絆」
芹生谷「金山古墳の頂上」
中「辰五郎外伝 寛永寺騒動」
神山「ツインタワー」
寛弘寺「サイコロ仁義」
白木「浪花の光」
長坂「神田祭 吉五郎 義侠伝」
今堂「シャイボーイ」
南別井「学生編」
北別井「鳴り物」
寺田「おさん寒太郎」
南加納「河内のがしんたれ」
北加納「酒」
東板持「兄弟」
下河内「虫騒動」

口上と俄(白木/建水分神社)

淡路の地車

江戸時代の淡路の年中行事については、天保二年（一八三一）序『堅磐草《かきわぐさ》』に詳しく、「壇尻曳ノ役夫」「船野台」、「舁野台（ダンヂリ）」「車楽（ダンジリ）」などの文字が見え、淡路では、現在と同様に、形態にかかわりなく神賑一般の祭具をダンジリと称していた。また、洲本のほか、由良《ゆら》、岩屋、仮屋、江井にて「野台芸」がなされていたと記される。

洲本八幡社（兵庫県洲本市）のダンジリ芸が有名で、嘉永四年（一八五一）序『淡路国名所図会』には、正月二十五日に氏地十八町より地車が出て「俄狂言歌舞伎芸」が披露され、淡路国一の賑わいであったと記される。安政四年（一八五七）序『味地草《みちくさ》』には、芸能を披露する三台の地車が描かれており、「檀地車始元 或作車楽」と題して洲本八幡社の地車の来歴の詳細が記される（口絵1-17参照）。祭芸をすると官所から銀一枚を賜ることもあったようだ。ここに描かれるように、淡路の地車は小屋根を前とするものが多い。

『堅磐草』の「須本祭野台（ダンジリ）濫觴《らんしょう》」には、正徳三年（一七一三）に下工匠街の壇尻が完成したとあるが、大坂で地車が生まれたのが享保年間（一七一六〜三六）であるから、この壇尻は、地車とは異なる芸能屋台であったと思われる。また、延享四年（一七四七）を二棟造の地車の始まりとする（「此時始成二層」）。『味地草』では、これを一説として紹介しつつ、宝暦四年（一七五四）が二棟造の地車の始まりとする（「此時二重棟権興」）。この頃に、大坂の地車が伝播したのであろう。

また、以前は「鳥指《とりさし》・狐釣・月見雪見の類」を祭芸として仕込んでいたが、享保六年（一七二一）頃から「雑劇歌に三弦（三味線）を加えて狂言を興す」とある。これは俄のことと思われ、大坂での俄の始まりも享保年間であるから、時代的にも合致する。市域の美少の者に芸を習得させ、また、大坂から専門の芸人を呼ぶこともあった。現在の祭では芸能は見られないが、江戸期と同じ形態の地車が出て、洲本の民話に出る芝《しば》右《え》衛門《もん》狸のつくり物を乗せて曳行するなど、新たな工夫で賑わいを創出している（口絵2-22参照）。

石屋《いわや》神社（兵庫県淡路市）の春祭では、起破《むくりは》風《ふ》二棟造の地車が出て、現在でもダンジリ芸が行なわれる（口絵2-21参照）。御旅所などでは地車の前に舞台が組まれ、女児らによる舞踊が披露される。道中は、地車の前部に所狭しと乗り込んだ着物姿の女性たちが、道中歌に合いの手を入れ、扇を翻《ひるがえ》して曳き手の男女を盛り上げる。

淡路は人形浄瑠璃が盛んで、かつては、多くの座が存在し淡路を拠点に各地を巡業した。人形浄瑠璃の代名詞となっている文楽は、淡路出身の植村文楽軒の座名に由来する。島南部の祭では、布団太鼓の前で浄瑠璃の語りを複数人で演じ分け迫真の義太夫節で見物人を魅了する「だんじり唄」が披露される。

淡路島の南方にある沼島《ぬしま》の沼島八幡神社（兵庫県南あわじ市）の祭では、地車が水しぶきを上げながら勢いよく海の中に走り込む（口絵2-23参照）。これは、祭神の漂着伝承地への神輿による再訪「ミアレ系オイデ型神幸《しんこう》祭《さい》」（『日本の祭と神賑』）、あるいは、人や祭具の清祓《きよはらい》（潮《しお》掛《かけ》）の習慣を、地車が真似て神賑化したものと考えられる。沼島の地車は、吹流《ふきながし》、旗、台笠《だいがさ》、立傘《たてがさ》、纏《まとい》など、御座船を彷彿とさせる船飾がいくつも立てられ、曳行時には若者たちが屋根に乗って采配を振る。昭和三十年（一九五五）製作の中傍示《なかしょうじ》の地車は珍しい三棟造である。

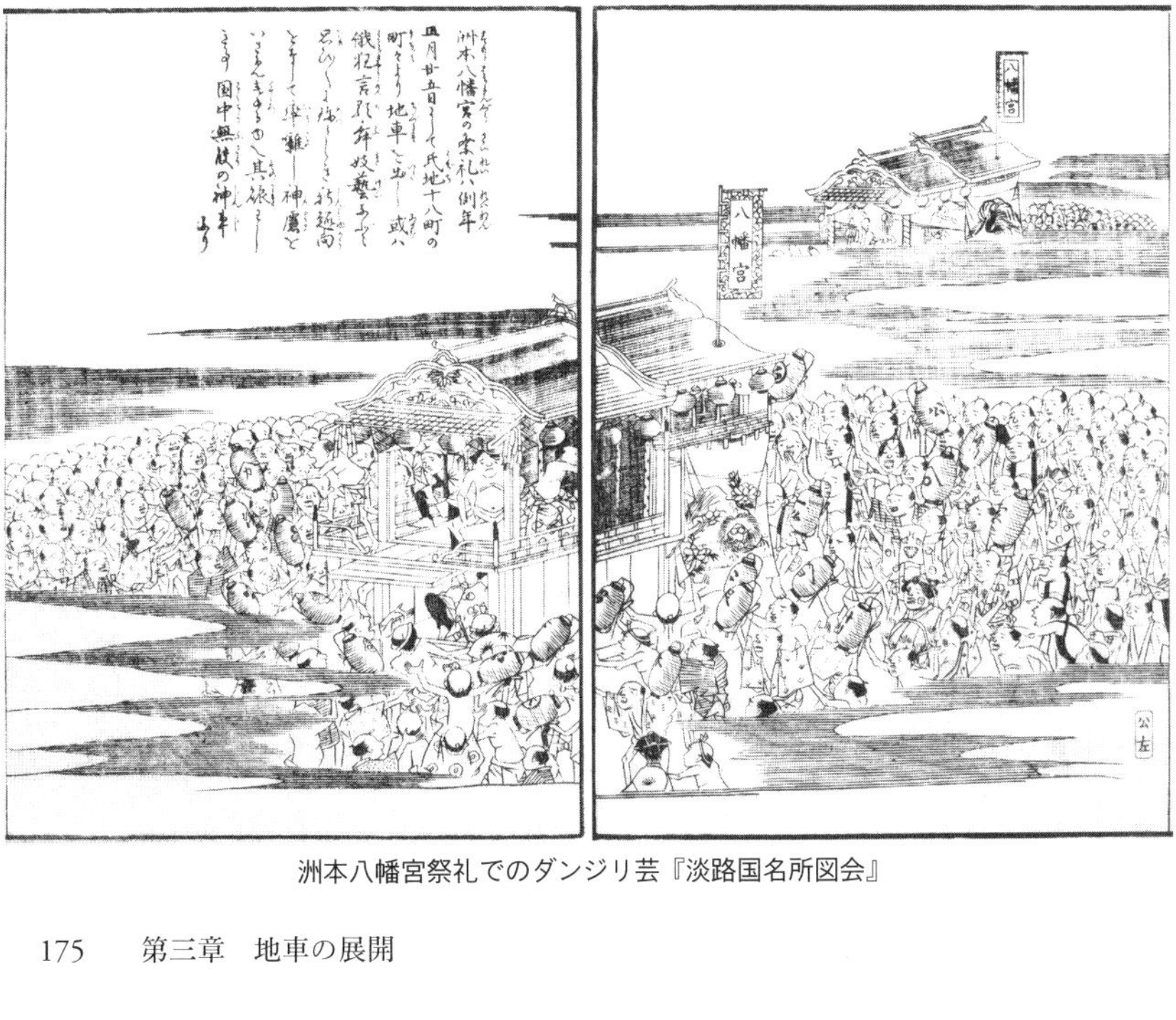

洲本八幡宮祭礼でのダンジリ芸『淡路国名所図会』

中津の地車

豊前の中津城下に鎮座する闇無浜《くらなしはま》神社（大分県中津市）の摂社・八坂神社（下祇園《しもぎおん》）と中津神社（上祇園《かみぎおん》）の夏祭には、祇園車《ぎおんぐるま》と呼ばれる曳車が出る。祇園車は、細い路地での曳行を可能とするため屋根の両端が折り上げ式になっている。かつては、状況を見て可動させていたが、いつしか、折り上げた状態が正式な姿と見なされるようになった。そのため、一見、地車の印象とは大きく異なるが、以下の情報を総合的に判断すると、祇園車は大坂の地車の直系であることは明らかである。

(1)祇園車の原型とされる豊後町の楽車《がくぐるま》（口絵2－14参照）が二棟造で、二階建て構造の祇園車も多い。

(2)囃子（ジャンギリ）の地打《じうち》拍子が大坂の道中囃子と同じである（第三章第一節参照）。

(3)移動式芸能舞台である（舞台は拡張式で現在は大衆演劇の舞踊が披露される）。

(4)祇園車を船に見立てる（前後に舵棒があり後部の棒には艫綱《ともづな》と呼ばれる細綱を付け、舳《みよし》、艫《とも》と呼ばれる指示役が「面舵《おもかじ》・取舵《とりかじ》・良候《ようそろ》」の掛け声で舵取の指示を出す）。

中津の祇園車は、初期の大坂の地車を彷彿とさせる形態と芸能舞台としての役割を色濃く残す。加えて、岸和田のように、地車に船の操舵法を採り入れて遊ぶ趣向を発達させた（辻や境内で勢いよく曲がる行為はヤリトリと呼ばれる）。芸能舞台としての地車の役割を保ちながら、同時に、曳行方法を追究した珍しい事例である。

祇園車は祭のたびに組み立てられ、グルと呼ばれる車輪は堀や河口の泥に埋められて保管される。柱を斜めに倒して屋根の高さを変えることができる構造となっており、これは、城門をくぐるための工夫であったと伝わる（第二章第三節参照）。

祇園車の名称は、当地の八坂神社（祇園社）の祭に出された祭具であることや、地車導入以前の京都との関係によるものと思われる。芸能舞台となる祇園車は踊車《おどりぐるま》と呼ばれるが、それ以外にも、神殿を備える豊後町の楽車には、影向楽《ようごうがく》と呼ばれる稚児舞（ダンジリの語源である羯鼓《かっこ》稚児舞）が伝わり、小型の御座船型祭具を乗せる下正路町の舟車には御船歌が伝承される。また、神輿の神幸祭に傘鉾が出るなど、中津の祭には、古い時代の祭のカタチが綾をなして伝承されている。

折り上げ式の屋根（星田神社／大阪府交野市）

大衆演劇の舞踊（姫路町）（写真：中津祇園保存協議会）

疾走する堀川町の祇園車（写真：中津祇園保存協議会）

九州には、大坂の地車が伝播したと思われる事例が散見される。その中には、大坂から直接伝わったものと、中津から伝わったものとがある。

炭鉱の町として知られた田川（福岡県田川市）の風治《ふうじ》八幡宮の「川渡り神幸祭」では、五色の髭籠《ひげこ》のような飾りと多くの幟《のぼり》を立てる幟山笠《のぼりやま》と呼ばれる曳車が、二基の神輿とともに川瀬を練り渡る。幟山笠は、港町の今井津に鎮座し、古くから祇園信仰の中心となっていた今井祇園と呼ばれた今井津須佐《いまいつすさ》神社（福岡県行橋市）の曳車（囃子の一部が大坂と類似）が伝わったものといわれ、その形態は大坂の地車を彷彿とさせる。また、中津の堀川町の踊車が昭和初期に田川に売却されており、踊山笠《おどりやま》の名前で今に伝わる。臼杵《うすき》の八坂神社（大分県臼杵市）の祭に出る一棟造の曳車の囃子の旋律は、大坂の地車囃子の「カヤク」（定型旋律）の一つ「てんま（天満）」（第三章第一節参照）に酷似しており、吹流や采配役の存在からも、臼杵の曳車は大坂の地車の系譜にあると考えられる。臼杵は、朝鮮通信使の送迎のために大坂で川御座船を提供したこともある稲葉家の城下町であった。杵築《きつき》天満社（大分県杵築市）の祭では「段尻《だんじり》」と呼ばれる唐破風の曳車を当て合う。

川渡り神幸祭（写真：眞玉賢）

臼杵祇園祭（写真：臼杵商工会議所）「踊り山」と呼ばれる曳車。大坂に類する手締めもある。『臼杵市史』には「だんじり山」の文字も見える。

今井祇園祭（写真：行橋市教育委員会）山車（やま）と呼ばれる巨大な曳車。

第五節　曳行志向系の地車

地車の「曳き方」には、習慣のようなものはあっても制限はない。そのため、時代や地域によって、さまざまな「遊び方」が発見される。その中には、地車一台の操作に関わる工夫と、二台の地車が競り合うものとがある。

曳行方法の考案

江戸時代の大坂型の地車は、練り歩くだけではなく、時に走り、橋の上では地車を舁き上げるなど、派手な動きを伴った。地車の操作に船の要素を採り入れたのが、岸和田（ヤリマワシ、チョイドリ）や中津（ヤリトリ）であった。これらの地域では、地面が舗装されると、ますます地車の速度が増すことになる。

大坂三郷の南部に近接する平野郷《ひらのごう》の杭全《くまた》神社（大阪市平野区）の夏祭では、「マエマエ」の掛け声で地車を前に傾け、じりじりと回転させる。河内長野（河内長野市）の地車は、地車を傾けて勢いよくその場で回転させる（ブンマワシ）。大鳥大社の摂社・大鳥《おおとり》美波比《みはひ》神社（堺市西区）の祭では、「テンテコテーコーテン、シャーボーテン」という掛け声で地車を初動させ、また、独特の笛の旋律を伴う宮入り太鼓を打ち、祭の終局では綱を外して地車を回転させる。

コマ（車輪）の改造

地域の環境に合わせて、地車のコマ（車輪）が改造されることがある。

急勾配が多い灘地域では、安定感を増すために台木の外側に車輪を付ける（口絵2-17参照）。現在ではコマに金属を巻いて保護することが多いが、「ツクゴマ」と呼ばれる周囲に木の枝を打ち込む独特の車輪を用いて滑り止めとする地車もある。

泉南地域（大阪南部）の、おおよそ樫井《かしい》川以南の秋祭には、ヤグラと呼ばれる大きな二輪の組車《くみぐるま》を持つ地車が出る。これは、山がちな地形での操作を容易にするためであろう。本体は軽いヒノキでつくられる。

樽井の茅渟《ちぬ》神社（泉南市）のヤグラは特に大きく、五メートル近くの高さがある（口絵2-31参照）。後部の土台延長部に太鼓打ちと笛吹きが乗って、小屋根下に横向きに配された大太鼓を打つ。囃子は大坂の地車囃子とは系統が異なる。前方の若者たちはヤグラを上下に揺らしながら道中歌を唱和する。御旅所などでは遠心力で人が飛んでしまうほどの勢いでヤグラを高速で回転させる。

波太《はた》神社（阪南市）のヤグラの動きは機敏で小回りが利く。宮入りでは境内で円を描くように高速で曳き回し、参道を疾走して社殿前の石段を勢いよく乗り越える。

これらヤグラの豪快な動きは、大きな二輪の組車でもってなせる技である。ヤグラの名称は御座船の屋形を示すものである。ヤグラが前後に揺れ動くさまは、波に揺られる船の姿を彷彿とさせる。

さらに起伏の激しい山間部では、地車の移動にコマを

ヤグラの囃子（戎福中講／茅渟神社）

ツクゴマ（住吉だんじり資料館蔵）

用いない事例がある。大木《おおき》の火走《ひばしり》神社（泉佐野市）の地車は、舁き上げて練る、いわゆる「担《にない》地車」である（口絵2-32参照）。鳥居をくぐって後、境内で地車を一段と大きく見せるために、大屋根が上下するカラクリが施されている。

地車の競り合い

大津神社（泉大津市）の祭では、地車同士を当て合うカチアイが見られる（口絵2-28参照）。前方で停止している地車に後方の地車が突進し、前方の地車の「後梃子」と後方の地車の「当板《あていた》」がぶつかった瞬間、玉突きのように前方の地車が急発進する。後方の地車を牽引する全力疾走の曳綱は、進行方向に直角する細い路地へと吸い込まれる。綱先の子供たちも要領を得ており、路地で綱が団子になることはない。地車がドンと当たると、ズンという衝撃波が見物する我々にも伝わってくる。泉州（大阪南部）の地車のほとんどが岸和田型となる中、大津神社氏子の地車は、一部に岸和田式の彫刻を取り入れつつも、その構造は古い形態を保っている。

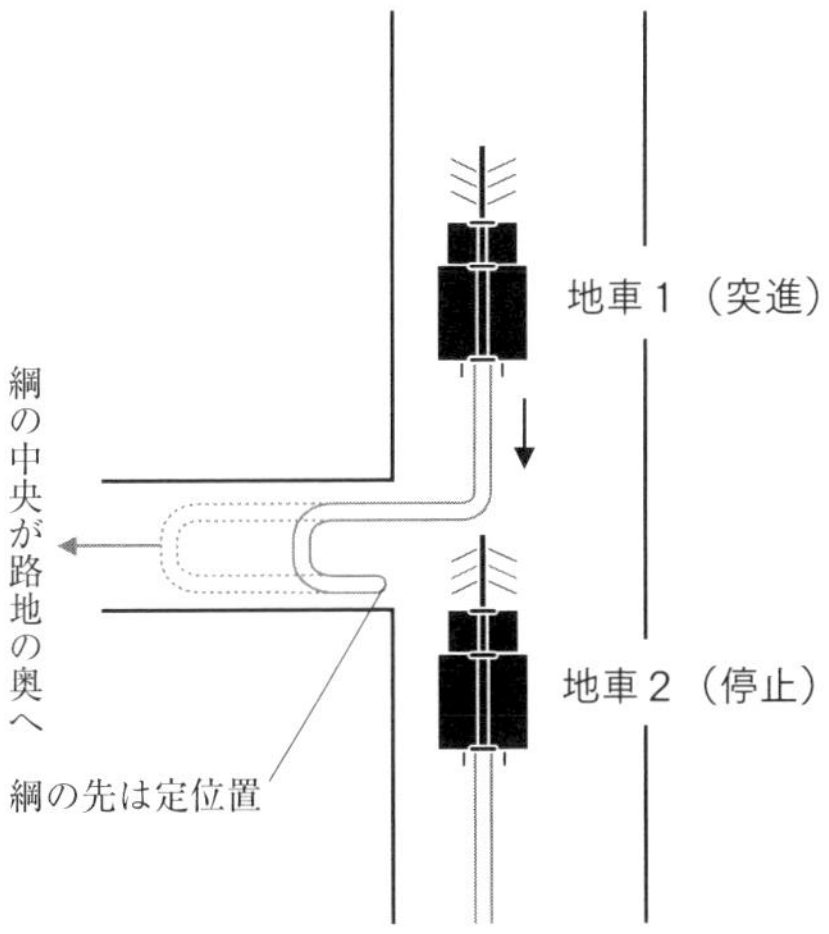

阿波の港町、橘《たちばな》（徳島県阿南市）の海正《かいしょう》八幡神社の秋祭に、唐破風二棟造で小屋根を前にして曳行される楽車《だんじり》が出る（口絵2-15参照）。囃子には共通性が見られないが、その名称と形態でもって大坂の地車の系譜にある可能性が高い。大屋根の上には青竹で櫓《やぐら》が組まれ、そこから枝葉の付いた長い竹を前方に大きく突き出して、氏子名が記された提灯を吊す。各地の祭でも笹の葉に祝儀袋（花）を吊す習慣があり（竹の花が連想される）、これが神賑化して大きくなったものかもしれない。圧巻は楽車同士のハチアワセ（鉢合わせ）で、二台の楽車の前部と後部を高速で衝突させる。金属で覆われた台木の先端同

士がバンという大音響でもって接触する。双方の楽車をぶれることなく当て、曳き手同士がぶつからないように、綱を互いにくぐらせて交差させながら曳くという妙技が編み出された。楽車本体は、衝撃に耐え得るように金具でも補強される。神輿の渡御を中心に、楽車以外にも、「振り込め」と呼ばれる大名行列を模した奴振《やっこぶり》や、巫女舞《みこまい》、獅子舞などさまざまな行事が祭の中に織り込まれている。

海正八幡神社の楽車（徳島県阿南市）

　但馬《たじま》の城崎《きのさき》温泉に鎮座する四所《ししょ》神社（兵庫県豊岡市）の秋祭には、「ダンジリ」（地車）と「台」（太鼓台）が出る（口絵2-16参照）。両者が勢いよく衝突寸前まで詰め寄る「セリ」が見せ場となっている。唐破風二棟造の構造と後部に掛けられた筒守、囃子の旋律、そして、乗子《のりこ》が投頭巾《なげずきん》を被る太鼓台の存在などから、大坂の地車と太鼓台が直接伝播した可能性が高い。氏地は域内を流れる大谿《おおたに》川の上流から上部、中部、下部の三地域に分けられ、役割や祭具を分担する。各部の組織は厳格な年齢階梯《かいてい》制で、執頭宿や若衆宿など組織ごとに詰所が設けられる。神輿は「チョウサヤ」の掛け声で舁かれて町内を巡る。

　尼崎城下の貴布禰《きふね》神社（兵庫県尼崎市）の祭には、四方に梵天《ぼんてん》を立てた枠式太鼓台とともに、周囲を肩背《かたせ》と呼ばれる太い丸太の舁棒で組んだ、さまざまな形態の地車が出る。両者の地車が天を仰ぐようにして肩背を競り当てる「山合わせ」が見せ場となっている（口絵2-18参照）。かつては、地車とは別に、地車と同形態の屋形を船に乗せて川を渡る祭具もあって、神輿の船渡御を出迎えた（中在家《なかざいけ》に現存）（口絵2-19参照）。大坂の地車では囃子のカネは双盤《そうばん》であるが、尼崎は灘と同様に半鐘《はんしょう》を用いる。

囃子の半鐘（貴布禰神社氏子）

岸和田の地車

曳行志向系の地車の代表として、岸和田の地車について詳述する（口絵1-33、1-34、2-29参照）。岸和田は、古くからの港町で、江戸時代は岡部氏五万三千石の城下町として栄えた。中盛彬《なかもりしげ》の文政二年（一八一九）成立『かりそめのひとりごと（拾遺泉州志）』の中に、儒学者の荻《おぎゅ》生《う》徂徠《そらい》が、岸和田の地名について「岸の湾《わんど》の略転なるべし」と述べたことが見える。中盛彬は、この説に否定的であるが、筆者は「岸の湾処」説を支持しつつ、さらに直接的に、岸和田は、「岸」と呼ばれた土地の「いりわだ（入海）」、あるいは「わだ（海の古名）」の意で、「岸の入《いり》海《わだ》」や「岸の海《わだ》」が簡略化されて岸和田となったと考えている。

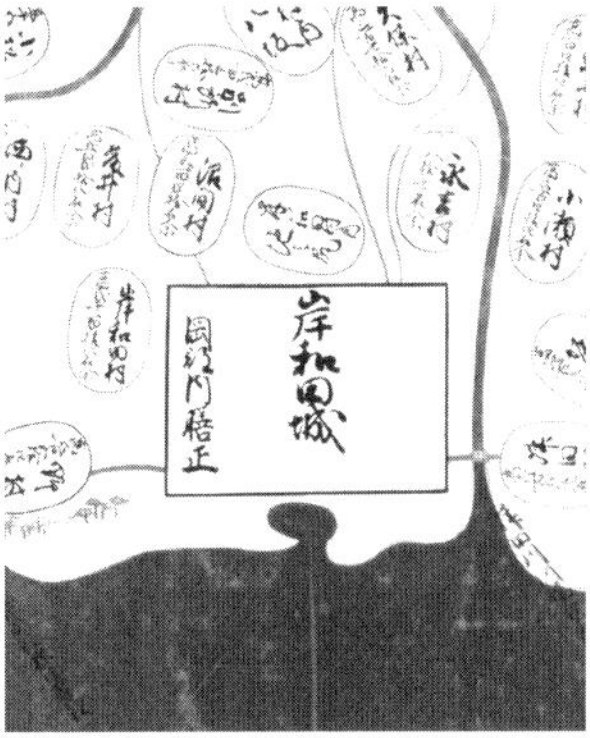

「和泉国　天保国絵図」（国立国会図書館蔵）

カラクリ地車の誕生

岸和田の地車は柱の構造が独特である。地車に限らず祭の屋台は、普通、土台に立てた一本の通柱《とおしばしら》で屋根を支える。ところが、岸和田の地車の柱は二重構造となっており、土台に筒柱《つつばしら》を立て、その内側に舞台柱を添えて屋根を支える。舞台柱の名称は、かつて地車の大屋根二階が芸能舞台であったことを示唆している。舞台柱を内に入れることは、芸能の機会を失わせることを意味するが、城下町特有の事情のため、この改造が必要とされた。

城下三郷（さんこ）の村・町・浜方の産土《うぶすな》神社であった牛頭《ごず》天王《てんのう》社（岸城《きしき》神社）が鎮座する城内や、地車の主要曳行路となる城下の紀州街道の枡形《ますがた》には門があった。地車の大きさは、これらの門の高さに制限される。そこで、より大きな地車を曳行するために考案されたのが、柱を二重構造にして大屋根を上下させるカラクリであった。柱の二重構造は、明治初期に城郭の取り壊しが行なわれ、屋根の上下の必要がなくなった地車にも採用されることになる（現在、柱は固定）。岸和田の人々にとっては、もはやカラクリ構造の問題ではなく、舞台柱が内側に入ることによって成立した独特の容姿こそが重要となっていたのである。

大屋根一階内部のカラクリ

柱を固定するための木栓

神賑行事の始まり

岸和田祭の神賑行事の初見は、延享二年（一七四五）六月の牛頭天王社（岸城神社）の夏祭である。『当町檀尻之濫觴《らんしょう》五町御城入先後之一件書付写』（『だんじり祭関係史料集』所収）には、北町の茶屋新右衛門らが大坂の夏祭を見聞し、それに倣って、延享二年六月の祭に、家々の軒に献灯提灯を掲げ、また、同年八月の八幡社（牛頭天王社とともに同じ境内に鎮座）の祭には、太鼓台を出して、紅色の投頭巾を被った子供が太鼓を打ち采配を振って、城内城下を「てうさや、えやえや」の掛け声で舁いたと記される。翌、延享三年には、町方五町から、つくり物を乗せた軽い「引檀尻」が、天明四年（一七八四）には四人で担う「かこひ檀尻」が出た（杉板の屋根に簾《すだれ》を掛け、囃子、歌、太鼓、三味線、鉢摺《はちすり》、鉦にて練る）。「檀尻」以前には、五尺に二尺五寸ほどの神楽獅子台を伴う獅子舞もあった。このように当初の岸和田祭では、さまざまな形態の祭具・芸能が見られた。この時点での「檀尻」は、屋台形式の練物の一般名称であったと思われる。

岸和田祭の神賑行事に転機が訪れたのは、天明五年（一七八五）の祭であった。前掲史料には、この年、町方の北町が、近隣の大津村（泉大津市）から「古檀尻」を借

旧・五軒屋町の地車（岸和田だんじり会館蔵）

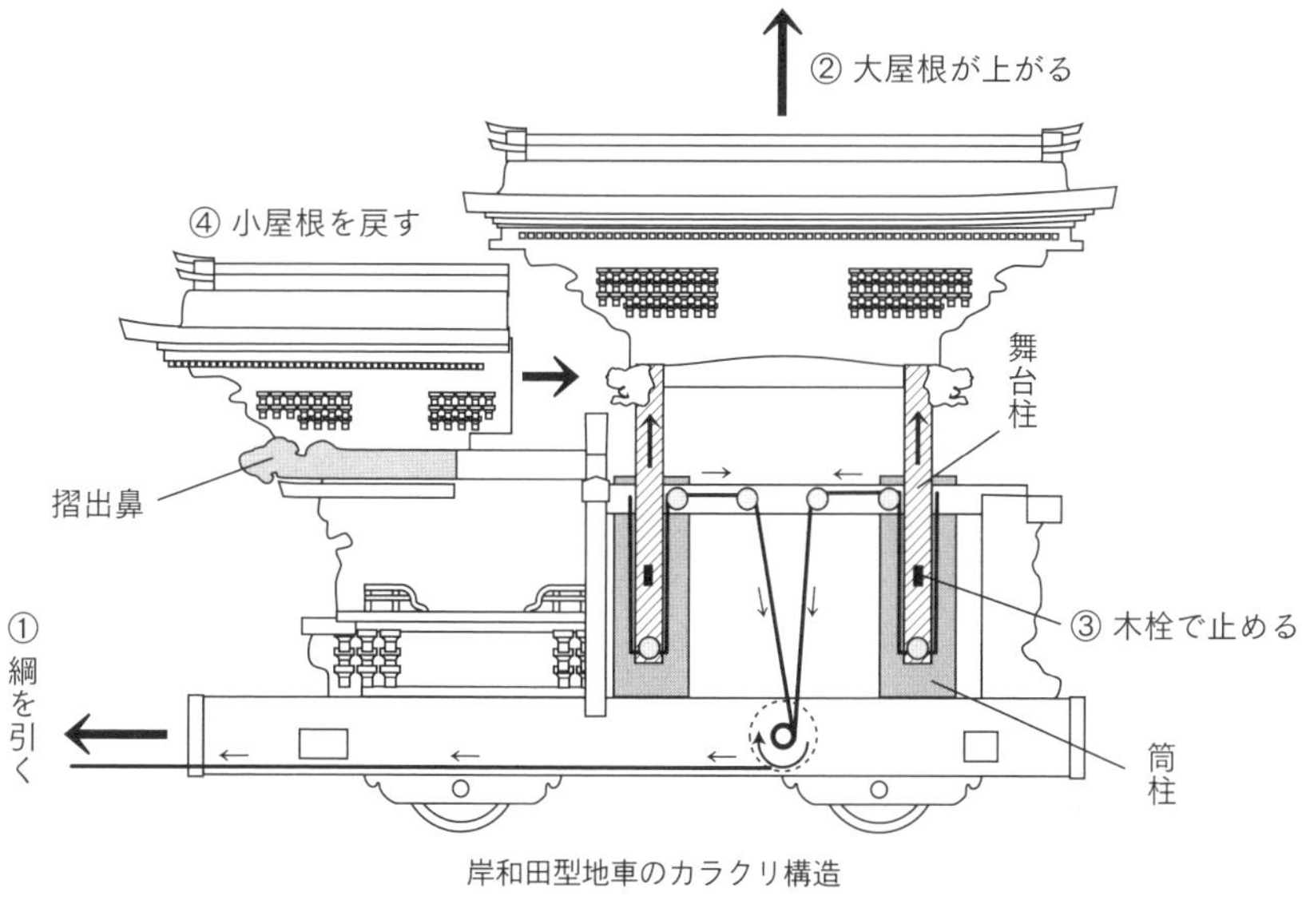

岸和田型地車のカラクリ構造

りたが、城門をくぐることができず、急遽、柱をつくり替えたとあり、これが「岸和田のすべての地車の始まりである」と記される（当町〈北町〉油屋治兵衛世話人にて大津より古檀尻借り候ところ、御門通り申さず候ゆえ、夜通し杉丸太を以て柱を仕替え、御城内へ引き込み候事、全て檀尻の初めにて御座候）。そして、翌、天明六年には、自前の地車を新調したとある。

この史料は、町方が、村方や浜方よりも城内の神社への地車の宮入りが先番であることを主張するために記された文化五年（一八〇八）の「町方五町の公用日記」の抜書に、天保十二年（一八四一）と嘉永二年（一八四九）に記録を追加したものである。柱のつくり替えの一件については、天保十二年に記されている。この時、すでに現在の岸和田型の地車と同形態でカラクリも備えた地車が完成しているから（後述）、「全て檀尻の初め」という表現は、「大坂の地車の系譜にある形態の初め」かつ「二重柱の地車の初め」と読み換えることができよう。翌、天明六年の新調地車には大屋根を上下させるカラクリが施された可能性が高い。

現存する古い岸和田型の地車に、天保十一年（一八四〇）製作の旧・中町（現・和歌山県橋本市の東家《とうげ》）、天保

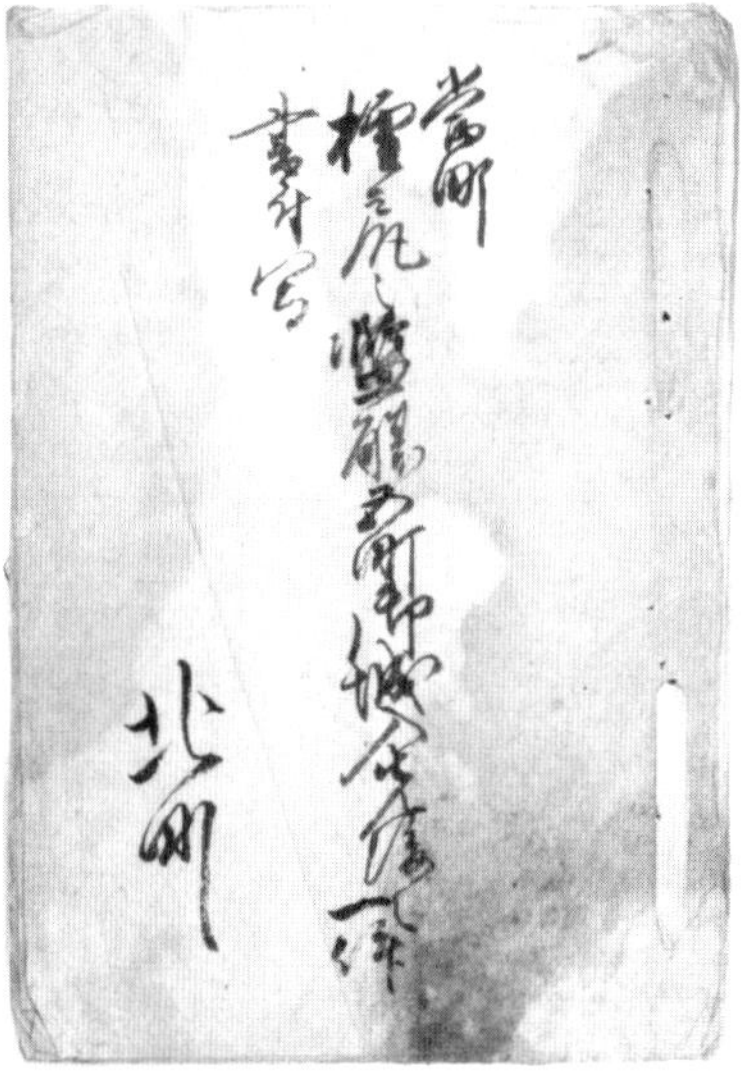

当町檀尻之濫觴五町御城入先後之一件書付写（池田谷家蔵）（『岸城神社御鎮座六百五十年大祭記念誌』より）

茶屋新右衛門の彫刻（北町）

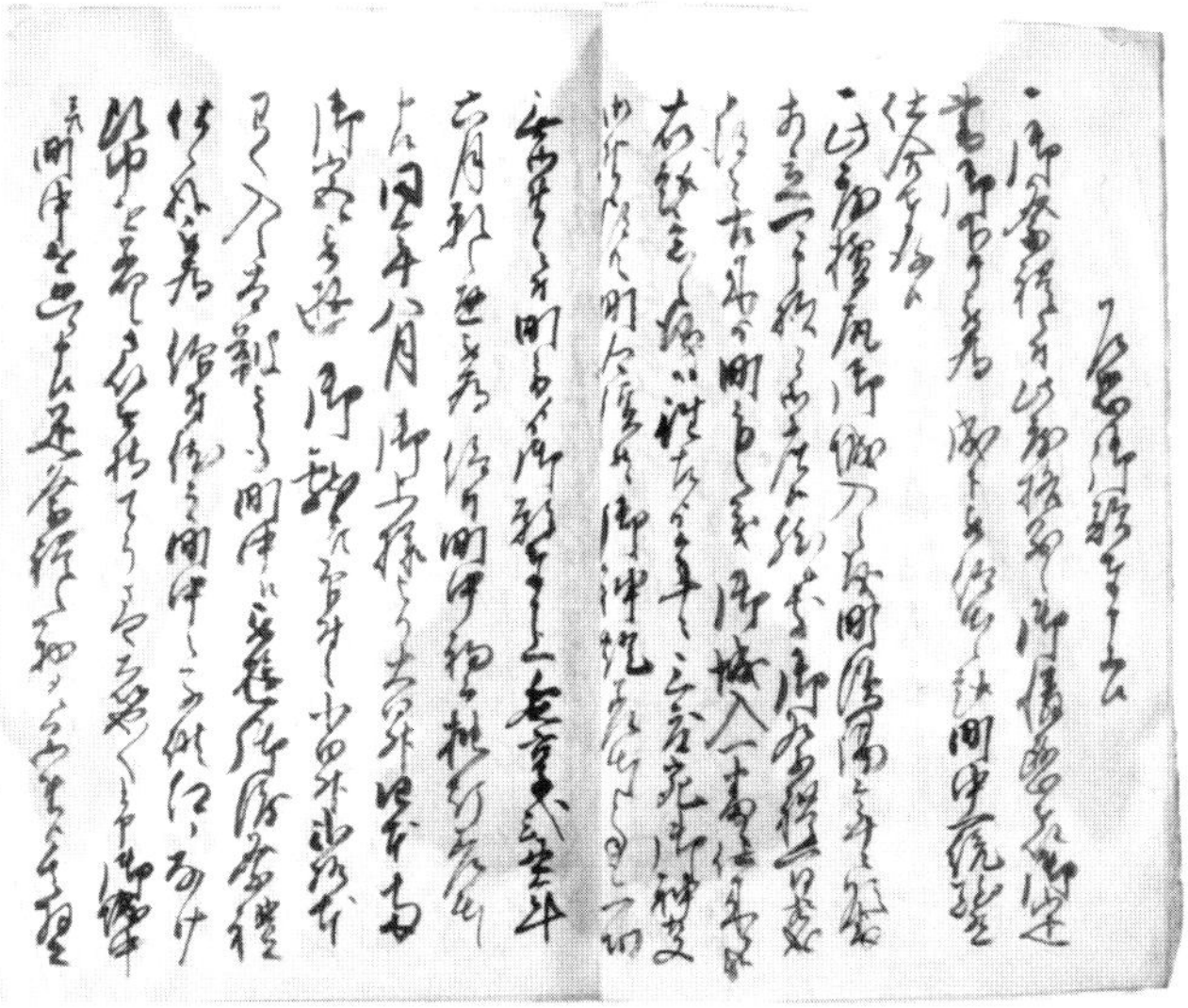

当町檀尻之濫觴五町御城入先後之一件書付写（部分）　翻刻「これによりて町中の子供、紅のなけ（投）頭巾を着し、さい（采）を持ち「てうさや、えやえや」と申し、御城中ならびに町中を廻り申し候。これ祭礼の初めにて御座候」。

十二年（一八四一）製作の旧・紙屋町（岸和田だんじり会館に展示保存）、文久二年（一八六二）製作の旧・大工町（現・泉佐野市の長滝《ながたき》中ノ番／蟻通《ありとおし》神社）のものがある。また、さらに古い型式の地車と思われるのが旧・五軒屋町の地車（岸和田だんじり会館に展示保存）である。これら四台の地車にはカラクリの痕跡が残っており、旧・五軒屋町と旧・大工町の地車は、現在でも大屋根の昇降が可能である。

　この五軒屋町の地車は、昭和六十一年（一九八六）に、京都の石工、河波《かわなみ》忠兵衛《ちゅうべえ》宅（京都市左京区北白川）で発見された。大正期に臨済宗の寺から譲り受けたものだという（『読売新聞』昭和六十一年十二月十三日）（『岸和田のだんじり』）。この地車は、製作年代・経緯を含めて不明である（『岸和田だんじり祭』第37号に、岸和田とゆかりの深かった熊取の中家の中瑞雲斎《なかずいうんさい》が京都に持って行ったという論考があるが、その根拠が示されておらず評価が難しい）。

地車図面（岸和田だんじり会館蔵）「大捨事 三木田捨蔵」と記される。

岸和田型地車の伝播

柱の改造は、地車の重心や安定性にも影響を与えた。これは、川御座船の操舵法を真似た地車の舵取を可能とする遠因にもなったであろう。岸和田の地車は、早く走ること、美しく曲がることにこだわった。近年は、車軸を木製から金属製に換え、車輪（コマ）と車軸や台木との摩擦を軽減するベアリングや潤滑油などの改良に余念がない。

岸和田型地車の見せ場であるヤリマワシが持つ一体感と緊張感が地車文化圏の人々の心を捉え、各地で岸和田型地車の導入が相次いだ。江戸期には、岸和田型地車を所有するのは、ほぼ岸和田城下の町に限られていたが、明治以降、岸和田とつながりの深かった熊取の大森神社（熊取町）の祭や、現・岸和田市の山手地域にも広がった。昭和後期から、その範囲が急速に拡大し、現在では、大阪南部（堺市、高石市、泉大津市、和泉市、忠岡町、岸和田市、貝塚市、熊取町、泉佐野市）を中心に、二百五十台以上の岸和田型地車が曳行されている。

再考・岸和田祭の歴史

　詳しい歴史はわからないとされていた岸和田祭であるが、昭和四十年（一九六五）頃から、「岸和田祭の地車は、元禄十六年（一七〇三）に、時の藩主、岡部長泰《ながやす》公が京都の伏見稲荷社より城内に勧請した三の丸稲荷社における五穀豊穣を祈る祭が発祥」といった間違った巷説《こうせつ》が聞かれるようになる（岸和田警察署編『岸和田地車祭』岸和田防犯協議会・岸和田市観光協会〈昭和四十年版〉、岸和田地車祭保存会〈昭和四十一年版〉）。

　しかしながら、右記の内容はすべて誤りである。岸和田の地車は、岸和田城下三郷の産土神社である岸城神社（当時は牛頭天王社や御宮と呼ばれた）の牛頭天王社の例祭（旧暦六月十三日）の夏祭と、同じ境内に鎮座の八幡社の例祭（旧暦八月十三日）の秋祭（収穫感謝祭ではない）の神賑行事として曳き出されたものである。現在の新暦九月十五日の例祭（平成十八年から神賑行事は土日開催）は、旧暦八月十三日の秋祭を、改暦の影響で明治九年（一八七六）に堺県布令によって「月送り」されたものである（『熊沢友雄日記』『堺県法令集』）。旧暦九月二十七日の三の丸稲荷社（城の鎮守）の祭にも地車が出ることはあったが、これは、産土神社の神賑行事の祭具を城の鎮守の祭に流用したものである。

　前述のように、岸和田での神賑行事の初見は延享二年（一七四五）、「檀尻」（形態は不明）の初見は延享三年で、後の岸和田型につながる形態の地車が曳き出されたのが天明六年（一七八六）である。また、地車の歴史ではなく岸和田祭の歴史としては、少なくとも、現在の境内地に御宮が成立したと思われる天正十五年（一五八七）頃まで遡ることができる（「泉州牛頭天王神社記」『だんじり祭関係史料集』所収）。

　岸和田祭の正史については、岸城神社発行『岸城神社御鎮座六百五十年大祭記念誌』および「岸和田祭と岸城神社の歴史」を参照されたい。

　このような間違った内容が「史実」となった原因は、岸和田市が昭和五十四年（一九七九）に刊行した『だんじり祭関係史料集』の内容に関する大手新聞三紙の誤報にある。それは以下のようなもので、年月未詳の「一、三之稲荷御鎮座　元禄十六癸未九月廿七日」と記された覚書のみをもって、「元禄十六年の記述を確認」「だんじりが城内の三の丸の稲荷に「宮入り」したという意味の記述が見つかった」（四月十九日／朝日新聞）、「元禄十六年の祭についての記述がみられ、同年にはだんじり祭が行われていたことが裏付けられた」（四月二十日／毎日新聞）、「元禄十六年説がいまのところ最も信頼性が高いという」（四月十九日／読売新聞）と報じるものであった。

以上のような歴史観は、「地車」の文字も「祭」の文字も記されていない一枚の覚書から導き出せるものではなく、史料を編纂した研究者を取材した上での記事とも考えられない。前述の昭和四十年（一九六五）発行の岸和田警察署編『岸和田地車祭』の時点で「三の丸稲荷が地車の始まりであるという記録がある」と明記されていることを考えると（実際には記録はない）、この記述を否定したくない人々による介入があった可能性が高い。唯一、産経新聞（サンケイ）のみ「この史料集をつくる作業のなかでは、藩の公約記録ともいうべき宗旨奉行のメモに「元禄十六年」が確認されただけで〝起源〟についての決定打は出なかった」（産経新聞／四月十九日）と正しい情報を報じた。

現在まで、岸和田の地車の起源譚から三の丸稲荷社を払拭できないのは、新聞報道に加えて、昭和七年（一九三二）刊『和泉郷土史料』第九号に、「岸和田地車祭 小谷方明」と書き加えられて、岸和田の地車として掲載された版木の絵の存在が大きい。所有者の郷土史家、小谷《こたに》方明《みちあきら》は、この絵を「イメージ」として用いたものと思われるが、これが後に大きな誤解を生むことになる（昭和九年〈一九三四〉刊『郷土研究 郷土和泉』第十五号では「岸和田地車祭」とは記さず絵のみを用いている）。狐が描かれた地車の絵から「三の丸稲荷」が連想されたと思われるが、稲荷社は岸和田以外にも存在するし、この狐は、カラクリ人形、あるいは着ぐるみの可能性が高く、大坂の地車と見るのが妥当であろう（第一章第四節参照）。ちなみに、江戸期の岸和田の絵画史料は、これまで見つかっていない。そして、高松出身の荒井とみ三による昭和十九年（一九四四）刊『日本祭礼絵詞』では、「岸和田地車」として、この版木をもとに描かれた地車の絵が掲載された。

岸和田祭に地車を採り入れた先人たちと今の我々の歴史観が、まったく異なるものであるとすれば、これほど不幸なことはない。未来の岸和田の子供たちのためにも、諸々の事実をここに記しておく次第である。

年月不詳　覚書（抄）

一　三之丸稲荷御鎮座
　元禄十六年癸未九月廿七日
一　同正一位御贈位
　宝暦三癸酉二月八日　甲午日也

斎藤家文書19『だんじり祭関係史料集』所収

岸城神社の祭神	祭祀の基層	宮座「祭」の日取り（旧暦／新暦）
天照皇大神	産土神　農耕儀礼	11月13日→12月13日
品陀別命（八幡神）	石清水八幡宮　放生会	8月13日→9月14日（例大祭15日）
素盞嗚尊（牛頭天王）	京都・八坂神社　疫病退散	6月13日→7月15日

岸城神社の祭神と性格

昭和7年（1932）『和泉郷土史料』第9号　「二重枠」と「岸和田地車祭　小谷方明」は版木とは別。

昭和9年（1934）『郷土研究　郷土和泉』第15号

昭和19年（1944）『日本祭礼絵詞』

第六節　造形志向系の地車

大坂三郷の地車は、担い手の人々の志向に加えて、大坂町奉行からの倹約令と奨励令の影響も受けながら、その形態を変化させていった。借受《かりうけ》地車は簡素な屋形式地車であったと思われるが、蔵持《くらもち》地車の中には、彫刻による装飾化が進んだ組物式地車もあったはずである。

　現存する江戸期の大坂三郷で曳かれた地車は、大阪天満宮の三ツ屋根地車のみであり、その姿を詳しく知ることができないが、三郷に近接する海老江八坂神社（大阪市福島区）の安政二年（一八五五）製作の西之町の地車や、江戸末期の製作といわれる野里住吉神社（大阪市西淀川区）の西之町の地車、平野郷《ひらのごう》の杭全《くまた》神社（大阪市平野区）の安政三年（一八五六）製作の西脇組の地車などが、往時の大坂三郷の組物式地車の姿に近いのかもしれない（口絵2-8、2-11参照）。

　祭に対する規制の内容は、領地ごとに異なる。また、地域ごとに造形に対する志向が異なるため、さまざまな形態の地車が生み出された。その中には、地車の自由な曳行や芸能舞台としての役割をなくすことを厭わずに、その造形を変化させたものもある。

地車の大型化

　生駒山西麓の東高野街道沿いには、巨大な地車が多い。北河内の北條神社（大東市）の地車は、高さ五メートルを超えるものもあり、十メートル以上の杉丸太の台棒（舁棒）が組まれる。本体はケヤキのため重量もあるが、現在でもカシの心棒でマツのコマ（車輪）とし、トリモチで摩擦を軽減する。瓶子《へいし》を地車の前部左右に据え、そこに挿した笹には祝儀袋を結び付ける。地車の前方と後方には、襦袢《じゅばん》に相撲の化粧褌《けしょうまわし》という独特の出で立ちの笹振《ささふり》役が乗り込み露払《つゆはら》いをする（当地一体は村相撲が盛んであった）。かつては、台棒の上に板を渡して舞台とし、俄を披露した。大きさを重視する土地柄なのであろう、宵宮の御迎提灯も巨大である。

　河内国一の宮の枚岡《ひらおか》神社の秋祭「秋郷祭《しゅうごうさい》」には、十ケ郷から大小二十三台もの布団太鼓と地車が出る。かつては地車の曳行が主流であったが、大正三年（一九一四）の近鉄奈良線（当時の大阪電気軌道）の敷設によって地車の宮入りが困難になって後、多くの地域が布団太鼓に切り替えた。参道入口の大鳥居の横に据え置かれる文久二年（一八六二）製作の巨大な豊浦の地車には「文久二年才九月」「北条 大工幸助」「大坂彫工福太郎」の墨書が残る。地車の大型志向は北条に通じ、彫刻には大坂の彫師が関わっている。

北條神社氏子の巨大地車（大東市）

飾金具による超装飾化

江戸期の道修町《どしょうまち》一丁目の地車（坐摩社氏子）は豪華な飾金具で有名であったが（第二章第三節参照）、概して、地車の飾金具は副次的な装飾で、それを主たる装飾とした地車はあまり聞かれない。

　豪華な飾金具が全面に施される珍しい事例として、星《ほし》田《だ》神社（交野市）の天保四年（一八三三）製作の星田東と、天保五年製作の星田西の二台の地車がある（口絵1-26、2-9参照）。大坂の職人の手によるもので「せんば藤七彫」「大坂かなぐ師大野嘉七」の文字が見られる。欄干に巻き付く龍、花鳥や霊獣の意匠がちりばめられた雪《ぼん》洞《ぼり》、その他、随所に施された飾金具が、素木の彫刻と対比をなして美しい。細い路地での曳行を想定して、折り上げ式の屋根の工夫が残る（第三章第四節参照）。

破風と垂木の飾金具（仁科旗金具製作所）　超装飾化ではない地車にも随所に飾金具が施される。

彫刻による超装飾化

春日神社（高槻市）の嘉永七年（一八五四）製作の前島の地車は、台木から屋根まで、あらゆる部位に彫刻が施し尽くされており、欄干には松竹や龍の飾金具も巻き付き、動かすことがはばかられるほどの豪華な地車である。大坂の職人の手によるもので「浪速彫刻相野伊兵衛直之」の墨書が残る。

前島（春日神社）の地車（高槻市）（写真：中山圭介）　彫刻尽くしの地車。祭当日は豪華な飾金具も取り付けられる。

この他にも、小屋根とともに大屋根二階の左右にも彫刻板をはめ込むもの、入母屋《いりもや》造で軒唐破風《のきからはふ》の屋根を用いるものなど、造形志向の方向性は時代や地域によって多様である。その実態については、『彫 だんじり彫刻の美 上地車彫刻画題考』『彫 地車彫刻の美 住吉大佐』（兵庫地車研究会）、地車情報誌「地車かわら版」（だん吉友の会）、「上地車新報」（上地車新報社）などを参照されたい。

二河原辺（建水分神社）の地車（千早赤阪村）（写真：木下英機）大屋根二階の左右にも彫刻板が施される（五枚板地車と呼ばれる）。

岸和田型地車の彫刻部位の変化

岸和田の地車は曳行志向系であるが、その動きに支障が出ない範囲で装飾化が進んだ。彫刻部位の変化の過程を、岸和田の地車を事例として見てみたい（地車の部位名は口絵1―34参照）。

土呂幕《どろまく》

現在の岸和田型地車の大屋根一階の彫刻部位は「縁葛《えんかずら》」「大連子《おおれんじ》」「小連子《これんじ》」「土呂幕」の四段に区分される（前部と左右の三面がある）。土呂幕は「胴幕」（胴掛幕《どうかけまく》）の転訛であろう。初期の大坂の地車の囃子座にあたり、ここには波模様の幕が巡らされていた。当初は一面一段であったが、次第に段数が増えていく。このような分割は建築的な必要性から生じたものではなく、彫刻部位を増やすため、あるいは、土呂幕の比率を横長にするための工夫である。また、もともとは一枚の彫刻板であったが、後に、板を重ねて奥行きを出す方法が採られ、現在では四枚から、多い時には五枚もの板を重ねる。大正期以降の多くの岸和田の土呂幕の彫刻には、淡路の太鼓台（布団太鼓）の狭間《さま》（屋根を支える組物の間の部材）の彫刻で培われた技術が応用されている（口絵1―30参照）。現在、岸和田型の地車彫刻を得意とする彫師のほとんどは、淡路出身の彫刻師の系譜上にある（『図説だんじり彫刻の魅力――岸和田と淡路で育まれた心と技』『続 図説だんじり彫刻の魅力』）。

松良《まつら》

松良は、地車の四隅に組まれる岸和田型地車に独特の部材で、特に前方左右の松良は巨大な塊をなして主要な彫刻部位となっている。松良は、突出部を支える補強材である「持送《もちおく》り」を示す和船用語である（第一章第三節参照）。岸和田型地車は、古くから大屋根一階の三面は数段の部材に分かれており、それぞれを別々の持送りで支えたが、後に、各持送りが一体化して「松良」（巨大な持送り）へと変化する（小振りのものは半松良《はんまつら》と呼ばれる）。三面に彫刻が可能な縦長の部材は山中の場面の表現に適しており、「安宅《あたか》の関」や「大江山」の場面が彫られることが多い（次頁写真参照）。

近代の松良（堺町）「大江山鬼退治」。

初期の松良（旧・中町）

見《み》送《おく》り

岸和田型地車の小屋根二階の内部空間は「見送り」と呼ばれ、城や館、人馬の彫刻が箱庭的に配される。「見送り」は、もともとは小屋根一棟全体を指す言葉であった（第一章第三節参照）。この部分は、初期の大坂の地車では楽屋として用いられ、幕が巡らされた。後に、彫刻による装飾化が進むと三方に彫刻板がはめ込まれるようになるが、岸和田では、内部空間全体を活かした彫刻表現がなされるようになる。これは、小屋根二階を楽屋として用いないことが前提となって生み出される発想である。内部空間を彫刻部材で構成する手法は、天保十一年（一八四〇）製作の旧・中町の地車や、それより古いと考えられる旧・五軒屋町の地車（岸和田だんじり会館蔵）にも見られる。その空間性を活かして、現在では「大坂の陣」や「賤ケ岳合戦」といった、人馬入り乱れての大合戦が「見送り」の彫刻の定番となっている。

その他の部位にも、神話、妖怪退治、源平合戦、太平記、戦国合戦、太閤記、難波《なんば》戦記、仇討、花鳥、霊獣など、史実に空想を織り交ぜた「物語」の世界が広がっている。江戸時代は、徳川幕府成立事情に関わる題材は、幕府の検閲の対象であった。そのため、「三国志」など中国の物語もよく彫られた。岸和田型地車の彫刻の題材については、拙著『地車名所独案内』を参照されたい。

初期の見送り（旧・五軒屋町）「三国志」。

近代の見送り（旧・下野町）「賤ヶ岳合戦（加藤清正）」。

第七節　船型地車

一般に「船ダンジリ」と呼ばれる曳車がある。この名称は時に便利ではあるが、唐破風の屋形を持つ船型祭具を、その屋根の特徴から地車を連想して、すべてダンジリと呼んでしまうと、本書で進めてきた「あえて地車は船体を付けなかった」という議論が本末転倒となる。本書では「地車という祭具が確立されて後に船体を付ける」という原点回帰的な造形志向でつくられた船型祭具のみを「船型地車」（船地車《ふなだんじり》）と呼ぶことにし、もともと船体を備える海御座船型曳車や川御座船型曳車とは区別したい（地元での呼称を否定するものではない）。以下に、船型地車と呼び得る可能性のある祭具を紹介する。なお、ほとんどの船型地車は陸を行く模造船であるが、尼崎には川を渡る実船の船型地車があった（口絵2-19参照）。

安立《あんりゅう》七丁目の御座船型曳車

昭和三十年（一九五五）頃まで、元・住吉大社の摂社の止止呂支比売命《とどろきひめみこと》神社（大阪市住之江区）の秋祭に出た安立七丁目の御座船型曳車（大阪歴史博物館に展示保存）も、地車の影響を受けて成立したものと考えられる。屋形の前部に据えられた一軀《く》の大きな武内宿禰《たけのうちのすくね》の木彫像は、天神祭の御迎《おむかえ》人形を意識したものであろうか。後部の艫櫓《ともやぐら》の側面には神功《じんぐう》皇后が彫刻されている。

安立七丁目の御座船型曳車（写真：摂河泉文庫）昭和10年（1935）に大阪城で行なわれた郷土神祇展覧会。

科長《しなが》神社の船型地車

南河内の山田の科長神社（太子町）の祭には、三台の地車と二台の御座船型曳車が出る。山間地にもかかわらず船型祭具が出るのは、当地が神功皇后の生誕地とされるからであろう。この御座船型曳車の屋形部分は、一般的な二棟造の地車と同じ構造であり、船型地車と呼び得る。

東條《ひがんじょ》の船型地車「磯長《しなが》丸」は天明七年（一七八七）の製作で「浪花華彫物一式佐武宗七」などの墨書が残り、後屋《ごや》の船型地車は江戸後期の製作とされる。大道《だいどう》の地車は、文化四年（一八〇七）の製作で「細工人 宮屋文蔵 小松源蔵」「浪花彩色師 漁仲勝治郎忠信」などと記された銘札が残る（口絵2-6参照）。この二台が（狭義には大道が）、現在のところ製作年代が確認できる最も古い地車となる。西町の地車も古く天保三年（一八三二）の製作で「大工 大坂 喜兵治 彫物師 大坂 相野伊兵衛」の墨書が残る。かつては永田《ながた》も船型地車であったが焼失し、現在は、明治期に製作された岸和田型の地車を当地仕様に改造したものを曳行している。竹内街道歴史資料館に寄贈された永田の萌黄羅紗《もえぎらしゃ》水引幕の箱には文化四年（一八〇七）の銘がある（口絵1-22参照）。

宮入り後、各地車は「オータ、オータ」の掛け声で境内を練って盛り上がる。地車の舁棒に板を渡して舞台とし俄が披露される。それに先立って「おおさいや、おおさいや、喜びありや、この喜びは誰にもやらじと」の囃子詞で三番叟《さんばそう》が踏まれる（口絵2-2参照）。各地車には、その姿を一段大きく見せるための工夫として、大屋根と小屋根を同時に迫り上げるカラクリの工夫があった（現在は固定）。当地への地車の伝播と発展は、石川の水運を利用し製油業で富を築いた永田の田中家の力が大きいという（『科長神社の夏祭りとだんじり』）。

東條の磯長丸

第八節　地車の形態に類似する祭具

地車を見慣れていると、唐破風の屋根を備えた祭具は、すべて地車に見えてしまうが、そうではない。特に、それがダンジリと呼ばれる場合は、地車との区別がつきにくいので注意が必要である。

太鼓台の出自は神輿の触太鼓であり、今なお、その役割を担って神社に一台というものもあるが、地車と同じような神賑一般の太鼓台へと展開するに従って、さまざまな形態の屋根を備えるものが生み出された。その中には唐破風の屋根を持つものもある。

鴻《こう》八幡宮（岡山県倉敷市児島）など瀬戸内の祭で見られるダンジリと呼ばれる一ツ屋根の曳車も、大坂の地車の系譜につながる祭具かもしれないが確証が持てていない。鴻八幡宮の祭には、千歳楽と呼ばれる布団太鼓も出る（千歳楽の名称の由来は掛け声か）。西条（愛媛県西条市）の伊曽乃神社氏子のダンジリは、船体がないこと、「みこし太鼓」などと呼ばれる二輪の組車の布団太鼓も出ることから、大坂の地車の系譜に連なる可能性もある。

遣（つか）いダンジリと呼ばれる太鼓台（草香八幡神社／兵庫県淡路市）（写真：平田雅路）　唐破風に布団を沿わせる。

鍛冶町（徳守神社）のダンジリ（岡山県津山市）　かつては太鼓台として舁かれた。現在はハンドルやブレーキ付きの台と一体となって曳行される。近隣の真庭市にある久世や勝山のダンジリにも車輪が付く。

松原八幡神社の祭の獅子ダンジリ（兵庫県姫路市）　獅子頭や太鼓などを納める移動式囃子屋台が神賑化したものか。

石清水八幡宮摂社・高良神社の祭の太鼓台（京都府八幡市）　移動用の台車に乗せた状態。要所ではチョーサの掛け声で舁き上げる。

伊曽乃神社の祭のダンジリ（愛媛県西条市）

泉穴師神社の祭の神饌屋台（泉大津市）　飯山（いいのやま）と呼ばれる神饌を運ぶ曳車。地車大工が製作。

終章

神《かみ》賑《にぎわい》の民俗学

第一節　神賑《かみにぎわい》の定義

祀られるカミと、（カミを）祀るヒトがいて、初めて祭が成立する。祭には、カミのために生み出された祭具・芸能を用いる行為と、ヒトのために生み出された祭具・芸能とがある。祭の実態を捉えるためには、このような祭を構成する諸々の有形無形の要素を、具体的な役割とともに把握することが不可欠である。

祭の中の静と動

祭には、清らかで厳粛な「静的な」場面と、賑やかで華々しい「動的な」場面とがある。多くの場合、動的な場面をもって祭の特徴が語られるが、もちろん静的な場面も含めて祭である。

祭を「静」と「動」の二つの局面に分けることは可能である。しかしながら、この手法では、例えば、神輿が賑やかに舁《か》かれる場面と、地車《だんじり》が勢いよく曳かれる場面の両方を、同じ「動」の範疇で捉えることになり、根本的な役割が異なる二つの祭具の分別がつかなくなる。また、「動」への分類が予想される地車も、神社に宮入りして拝礼する場面は「静」に分類することになる。このように、祭を「静」と「動」といった雰囲気で捉える方法では、場面ごとの印象を述べる以上の分析は期待できない。

そこで、本章では、祭具・芸能を、外側からの「観察」ではなく、内側からの「担い手目線」で捉えることにする。

神事と神賑行事の定義

祭を担い手の立場から捉えるために、まず、「何を目的として生み出されたのか」「どのような役割を担っているのか」といった、祭具・芸能の出自と役割に着目する。

祭はカミとヒト、ヒトとヒトとの関わり合いで成り立っている。そこで、「カミへの奉仕を目的の第一に生み出された祭具・芸能」による行為を「神事」、「ヒトへの披露を目的の第一に生み出された祭具・芸能」による行為を「神賑行事」と定義する。本書の事例では、「神事の祭具」の典型が神輿、「神賑行事の祭具」の典型が地車となる。芸能（歌舞音曲）についても同様で、「神事の芸能（狭義の神楽）」と「神賑行事の芸能」とに分類することができる。「神賑」の用語を選択した理由については後述する。

神事	カミへの奉仕を目的の第一に生み出された祭具・芸能による行為
神賑行事	ヒトへの披露を目的の第一に生み出された祭具・芸能による行為

神事的局面と神賑的局面

前述の定義はヒトの心のあり方に注目したものである。従って、「神事と神賑行事の違い」は、「ヒトの意識の方向性の違い」と言い換えることができる。そこで、ヒトの意識がカミに向いている場面を「神事的局面」、ヒトの意識がヒト（氏子同士や競合他者、見物人）に向いている場面を「神賑的局面」と定義する。

ここまでの議論を「神事の神輿」と「神賑行事の地車」に適用すると、以下のようになる。神輿にカミの御霊《みたま》を遷《うつ》す厳粛な場面は「神事的局面の神事」（典型的な神事）であり、神輿が見物人の前で賑やかに舁かれる場面は「神賑的局面の神事」（神賑的神事）となる。また、地車が勢いよく曳かれる場面は「神賑的局面の神賑行事」（典型的な神賑行事）であり、地車が宮入りして静かに社前にて拝礼する場面は「神事的局面の神賑行事」（神事的神賑行事）となる。

ここで、「神事」と「神賑行事」の分別は、「局面」ではなく、祭具・芸能が備える根本的な「出自・役割」が基準となることを、今一度、確認しておきたい。神輿は、どのような賑やかな行為を伴っても「神事」の範疇であり、地車が、どのような厳かな行為を伴っても「神賑行事」の範疇となる。

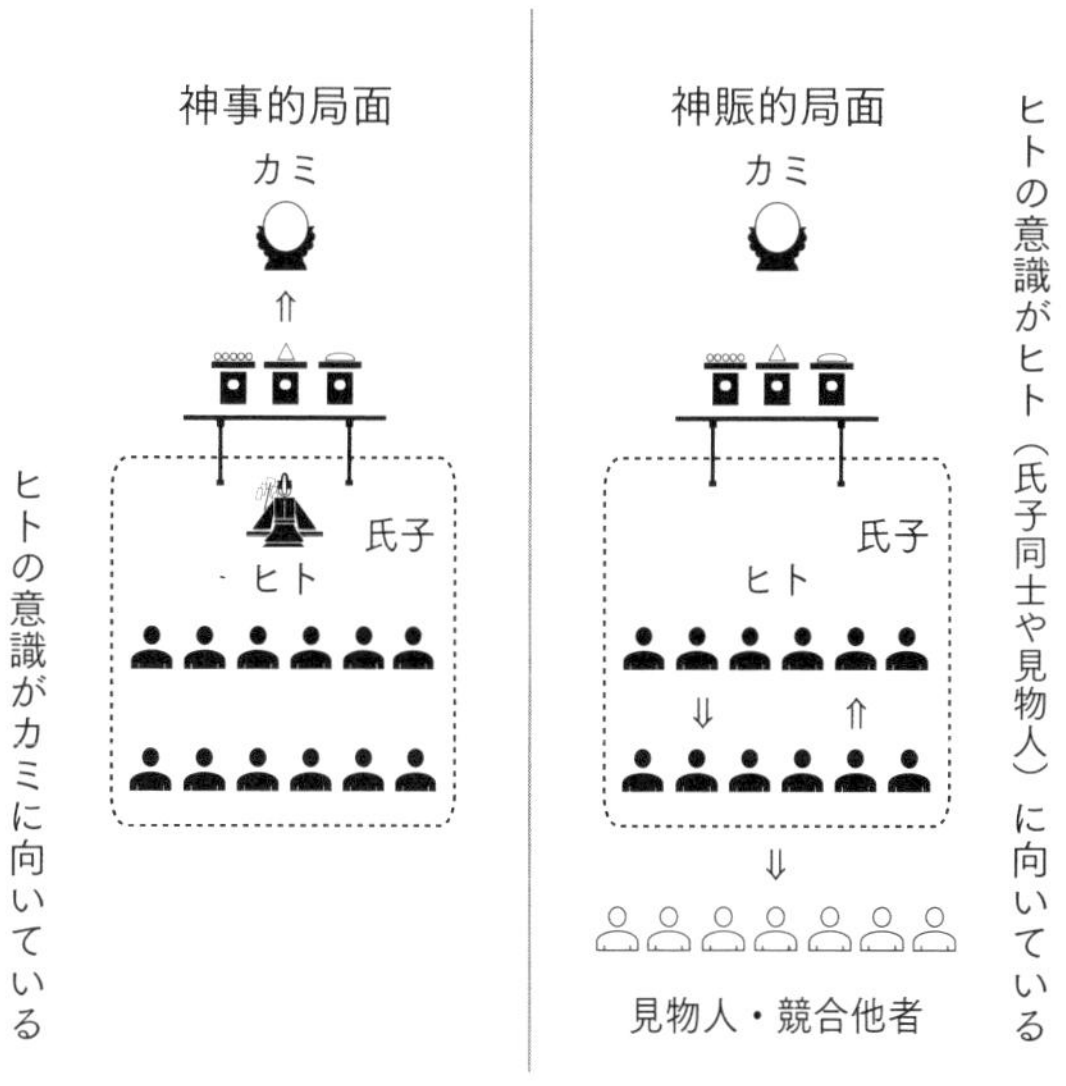

神事と神賑のトレードオフ

ヒトの意識は「カミかヒトか」の二者択一ではなく、「カミもヒトも」というように両者に向けられることがある。ただし、ヒトへの意識が増えると、その分、カミへの意識が減るというように、両者はトレードオフ（二律背反）の関係にある。前項では、祭を「神事」と「神賑的神事」、「神賑行事」と「神事的神賑行事」のように四つの典型的な場面に大別したが、実際の祭では、ヒトの意識の分配法則（トレードオフ）に従いながら、その中間的な場面が連続的に展開する。

拙著『日本の祭と神賑』では、ヒトの意識がカミに向く場面を「神事」、ヒトの意識がヒト（氏子同士や見物人）に向く場面を「神賑行事」とした。本章での議論は、これに矛盾するものではないが、より迷いなく「神事」と「神賑行事」とを分類することができるように、祭具・芸能の出自から捉え直し、より厳密に定義し直したものである。

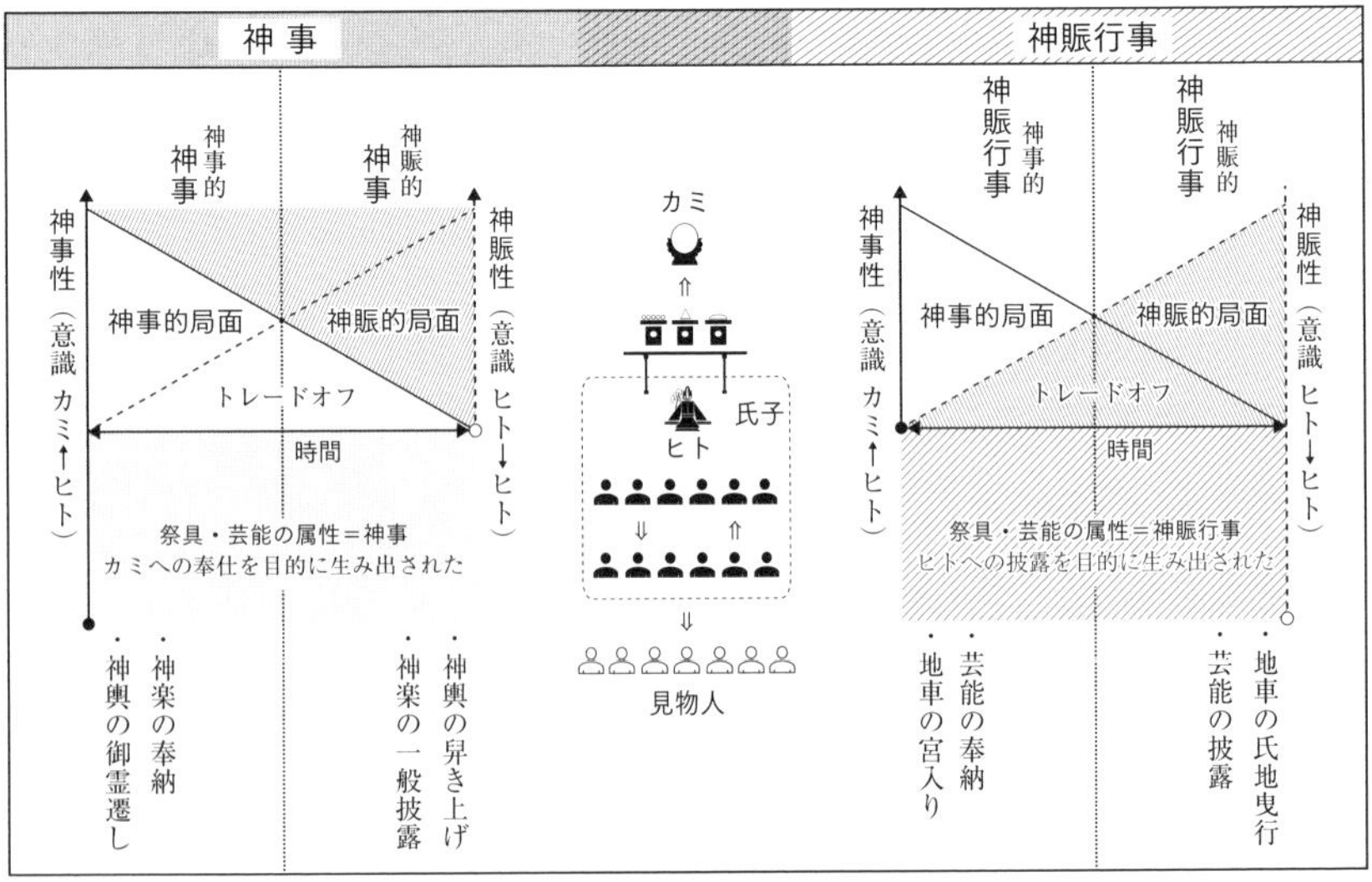

「神事」と「神賑行事」の分別は、「局面」ではなく、祭具・芸能が備える根本的な「属性（出自・役割）」が基準となる。神輿は、どのような賑やかな行為をともなっても「神事」の範疇であり、地車は、どのような厳かな行為をともなっても「神賑行事」の範疇となる。

第二節　神賑の語誌

「神賑」は、神職の間では「シンシン」と音読されることが多く、おおよそ神社が主体となる行事とは別の、氏子が主体の行事一般を示す言葉として用いられている。

神賑の初見は、管見の限りでは、明治六年（一八七三）七月七日の教部省達・第二四号の府県郷社の神官の法務規則に見える「祭祀の典則は之を遵守して違乱すべからず。其一社の例祭民俗因襲の神賑等は地方の適宜に循《したが》ひ行ふを得べし」である。「一社の例祭」「民俗因襲の神賑」とは、「地方の適宜」に従ってもよいと記されることからもわかるように、明治政府が定めた官幣《かんぺい》社や国幣《こくへい》社などの「官祭」（例祭・祈年祭・新嘗祭）に対する「私祭」に相当する。我々が今日一般に思い浮かべる「氏神の祭」と同じものと考えてよい。その中でも「神賑」は「民俗因襲の」と記され「賑」の文字でもって表現されていることから、「土着の祭具・芸能」による「賑わいのある行事」を指していることがわかる。「神賑」の読み方は不明であるが、現在の神職の慣例からシンシンと読まれたのであろう。

「神賑」の用語の初見は明治初年であるが、それに類似する「神事賑ひ」「神事の賑ひ」といった言葉は、地車や太鼓台など、町や仲間から出される娯楽的要素の強い祭具を示す言葉として、大坂町奉行の触達《ふれたっし》や社家の日記などに頻出する（第二章）。

このように、明治政府や大坂町奉行（幕府）、神社など、祭を統制する側の人々は、祭の秩序を乱す恐れのある祭具・芸能を、「神賑」「神事の賑ひ」など「賑わい」という言葉で把握し、神社主体の行事（神事）と区別した。一方で、氏子側は、そのような行為を「神いさめ」などと称して、単なる娯楽ではなく、祭に不可欠なものとして正当化しようとする。

いうまでもなく、祭は両者の存在なくして成立し得ず、祭における神事的局面と神賑的局面の両方を通して初めて、共同体と個人の活力の更新という祭の目的が達成される。

明治以降は、神仏分離政策、近代社格制度の整備、神社祭式の統一、神社合祀などを通して、いわゆる国家神道的な風潮の下で、「民俗因襲の神賑」と呼ばれた土着の祭は、軽んじられたり、疎ましがられたりすることがあったのであろう。

民俗学者の折口信夫は、昭和二十四年（一九四九）発行『明治神宮祭の栞《しおり》』の中で「神賑ひ一般」と題した小論を記しており、「神賑」を大和言葉として捉えるとともに、「今日の人は、之（神賑ひ）を余興のやうに思つてゐるが、其は違ふ。祭り自体にとつて、極めて重要な部分だつたのである」と述べ、卑俗と見られるような芸能も神事が出自であり、そこに、信仰の深さと、形を変えて永続する強い力を感じると記している。

以上に述べた歴史的な「神賑」の語句の意味する範囲は、前項で筆者が定義した「神賑」の定義と重なる部分が少なくない。また、その「文字と読み」からも誤解なく意味が連想されやすい。このような理由で「神賑」の用語を採用した。

『明治神宮祭の栞』（筆者蔵）

第三節　神賑の民俗学

祭に関連して用いられることが多い「民俗芸能」や「民俗音楽」「民俗文化財」という言葉からもわかるように、現代社会から見れば、「祭」は「俗」と捉えられる。

民俗学者の島村恭則は、「俗」を、①支配的権力に馴染まないもの、②啓蒙主義的な合理性では必ずしも割り切れないもの、③「普遍」「主流」「中心」とされる立場には馴染まないもの、④公式的な制度からは距離があるもの、のいずれか、もしくは、これらの組み合わせであると定義した。また、「俗」から想起される内容は時代や人によって異なるため、「俗」を、ラテン語に由来する英語「ヴァナキュラー（vernacular）」という言葉に置き換えて把握している。そして、「民（人間）」について「俗」の観点から研究する学問が民俗学であるとする。

この定義に照らし合わせて、一般に「俗」であるとされる「祭」そのものに焦点を当ててみると、「神事的局面」と「神賑的局面」といった「程度の異なる俗」が共存していることがわかる。「神事」「神社」「町奉行」といった文脈で語られる祭の内容は、「祭の世界」では「俗」

の定義とは対極をなす。一方、「神賑行事」あるいは「神賑的神事」は、まさに、前記定義の「俗」に相当する。祭の実態を把握するためには、「神賑」（神賑的局面）を意識することが不可欠であり、この観点は「民俗学」の分析手法としても期待できる。

「神賑」は、祭を牽引する大きな原動力であり、ひいては我々の人生、共同体の歴史に大きな喜びを与えるものである。それは、祭のカタチが、どのように変わろうとも、必ず、相対的に出現する営みである。

祭は、我々の祖先が育んできた「民俗知」である。祭を継承し、充分に活用していくためにはどうすればよいか。本書で見てきた多様な地車の歴史と展開を考えると、かたくなに古式を守っていればよいというわけではなさそうだ。語弊を恐れずにいえば、神賑行事の地車は、時代の流行を採り入れ、多少暴走気味のほうが勢いがあって魅力的である。実際、多くの祭において、「神賑行事」の隆盛が、祭全体の継承と発展に寄与してきたことも事実である。多くの人々は「神賑のために祭をやっている」といっても過言ではない。ただし、神事の存在があって初めて、神賑行事が意味を持ち得るということも忘れてはならない。神賑行事が暴走してしまうと、死亡事故など、個人や家族、共同体にとっても不幸な結果を招いてしまう。少子高齢化とは異なる原因での祭離れも起きるであろう。

祭というシステムの竹笹のようにしなやかな堅牢性と柔軟性は、「神事」と「神賑」という二重構造によってもたらされている。この観点をもって、本書を読み直していただくと、また、新たな発見があるはずである。

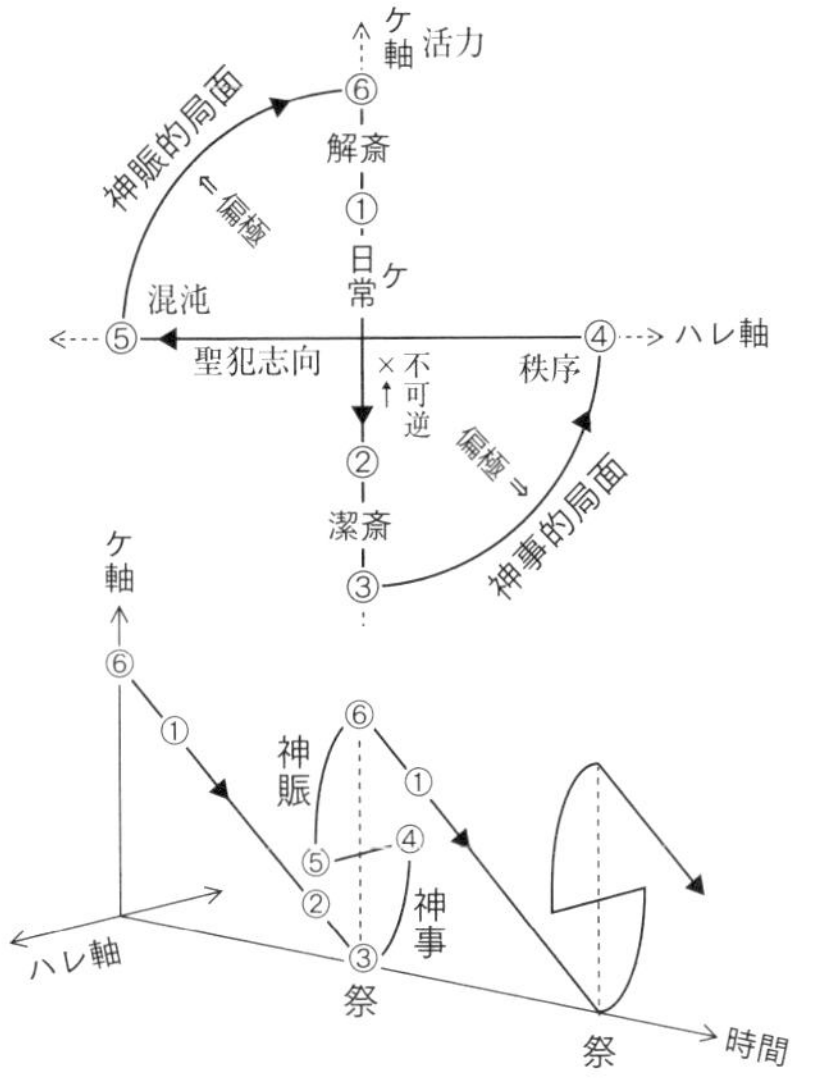

ハレ（祭＝神事＋神賑）を通して更新されるケ（日常）の活力（薗田稔『祭りの現象学』の掲載図をもとに作成）

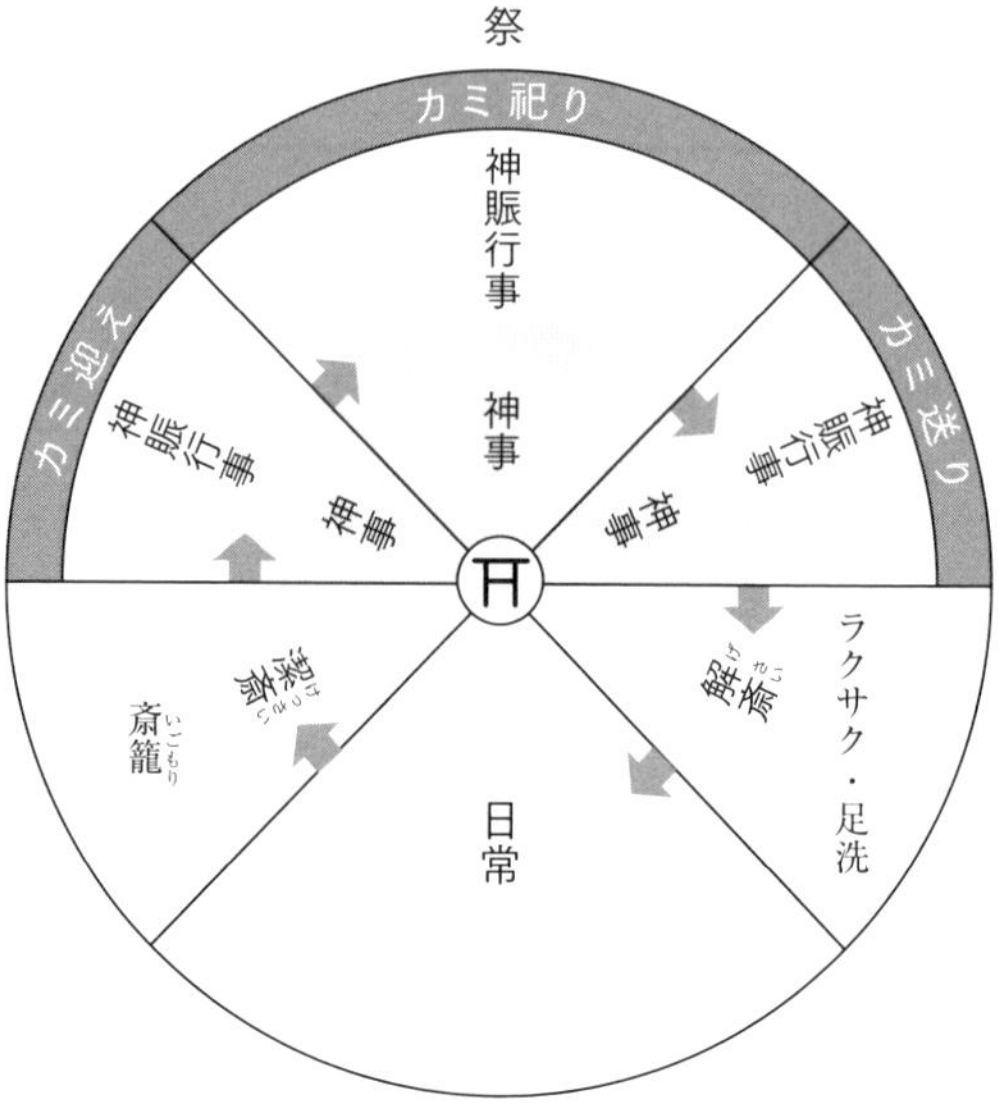

祭の三部構成と二行事

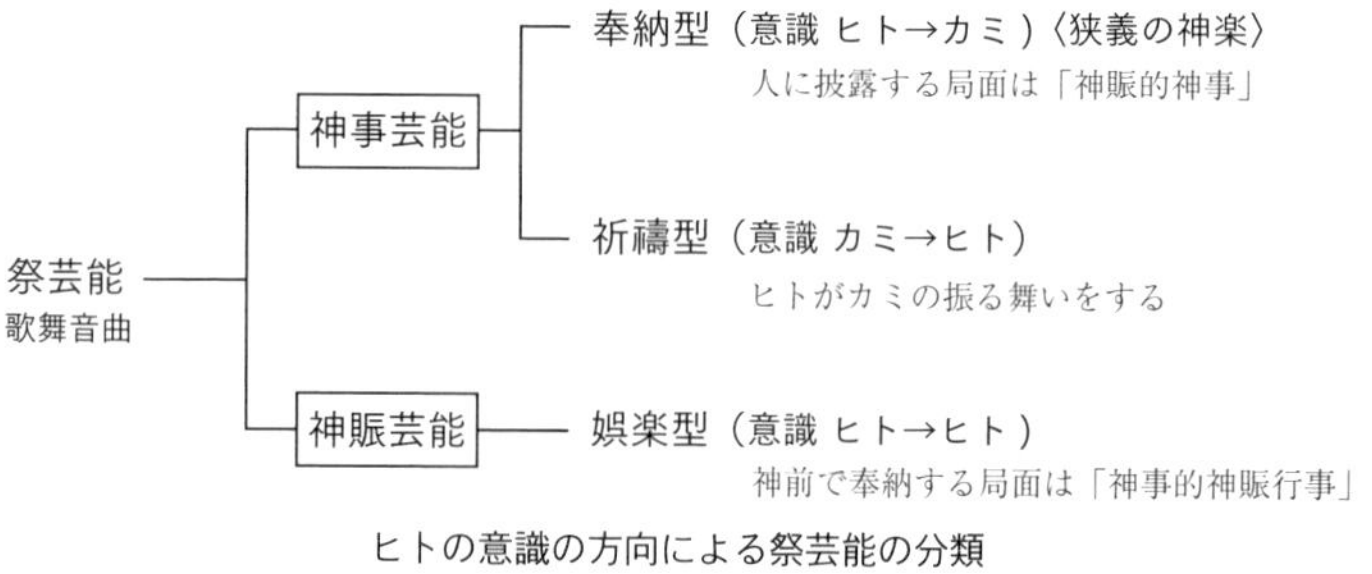

ヒトの意識の方向による祭芸能の分類

地車関連年表

慶安二年（一六四九）　大坂町奉行から天神祭の練物の宮入り順を定める触。

延宝三年（一六七五）　『芦分船』刊。天神祭を描いた最も古い絵が掲載。御座船型の神輿の綱引船が描かれる。

延宝七年（一六七九）　『難波鶴』刊。夏祭の項に移動式芸能舞台が描かれる。

延宝八年（一六八〇）　『難波鑑』刊。天神祭の項に船型曳車の記述。御座船型の神輿の綱引船が描かれる。

元禄二年（一六八九）　井上通女が六月二十三日に天神祭の「やかた車」（井上通女の表現）に遭遇（『帰家日記』）。

元禄三年（一六九〇）　上荷船茶船仲間（大阪天満宮）の御座船型曳車「天神丸」が完成。

元禄八年（一六九五）　大坂町奉行からの夏祭に関する六月の例触の初見。

享保年間に地車が始まる（『日本唐土二千年袖鑑拾遺』）。享保の頃に俄が始まる（『摂陽奇観』巻之六、『古今俄選』）。享保から明治までの天満宮への地車の宮入り台数の変化と社会背景は第二章第七節を参照。

享保九年（一七二四）　三月、享保の大火（妙知焼）。大坂三郷の三分の二が焼ける。

享保十年（一七二五）　六月、大坂町奉行から達「ねり物、地車公儀橋へ引き掛け申すまじき事」（地車の初見）。

享保十四年（一七二九）　天満宮への地車の宮入りの初見（「天満宮地車宮入り番付史料」）。

享保十六年（一七三一）　長谷川光信作と伝わる「古来天神祭船渡御之図」に地車が描かれる。

元文四年（一七三九）　『軽口初売買』刊。地車で披露されたカラクリの記述。

延享二年（一七四五）　六月、岸和田の牛頭天王社の祭で献灯提灯（岸和田祭の神賑行事の始まり）。八月、岸和田の八幡社の祭で子供の枠式太鼓台が出る（『当町檀尻之濫觴五町御城入先後之一件書付写』）。

延享四年（一七四七）　淡路の洲本八幡社の祭で二棟造の地車が初めてつくられる（『堅磐草』）。『味地草』は宝暦四年（一七五四）とする。

宝暦六年（一七五六）　『清神秘録』刊。俄の起源は天岩戸の庭神楽との記述。

宝暦十一年（一七六一）　『和漢船用集』成立。明和三年（一七六六）刊。

安永四年（一七七五）　『古今俄選』刊。俄の中興を享保頃とする。

安永六年（一七七七）　『難波丸綱目』刊。三軒の「貸地車祭礼貸物屋」が見える。

安永九年（一七八〇）　天神祭で七十一台（追付地車を加えると八十四台）の地車が宮入り。

天明六年（一七八六）　岸和田の町方・北町が地車を新調。カラクリ形式の岸和田型地車の始まりか。

天明七年（一七八七）　山田の東條（科長神社）の御座船型曳車「磯長丸」が完成（船地車といえるか）。

寛政元年（一七八九）　中井竹山の『草茅危言』の一部が脱稿。全巻の完成は寛政三年。「神事地車練物の事」と題された論考がある。

寛政二年（一七九〇）　玉造稲荷社の正遷宮の砂持が大盛況。町年寄の奥印入りの書面を持たない者への地車の貸し出し禁止の達。

寛政四年（一七九二）　五月、寛政の大火。天神祭の天神丸が一部の彫刻を除いて焼失。

寛政七年（一七九五）　神賑検分令（寛政令）。夏祭の賑わいの祭具・芸能のすべてを東西の大坂町奉行所にて検分するとの達。天満市場の三ツ屋根地車の図面が描かれる（天保三年の写し）。

寛政八年（一七九六）　『摂津名所図会』巻之七から巻之九刊。「有馬温泉 明神祭」に地車の描写（本書に掲載の挿絵は寛政十年以降の後刷）。

寛政十年（一七九八）　『摂津名所図会』巻之一から巻之六刊。「夏祭車楽囃子」「堂嶋河面神輿乗船」に地車の描写。琉球使節の川御座船が描かれる。神賑検分令（寛政令）の廃止。

享和元年（一八〇一）　大田南畝の大坂滞在記『芦の若葉』に川御座船と大坂の夏祭に関する記述。

文化四年（一八〇七）　山田の大道（科長神社）の地車が完成（製作年が確認できる現存最古の地車）。

文化八年（一八一一）　神賑検分令（文化令）。実は奨励令。

文化九年（一八一二）　小豆島の亀山八幡宮に絵額の奉納。地車と思しき曳車の舞台で芸能が演じられる。

文化十一年（一八一四）　『繁花風土記』刊。大坂の夏祭の日取りと神輿渡御の道筋が記される。

文政四年（一八二一）　最大規模の神賑奨励令が出る。官民一体となって祭の賑わいを創出。

文政十三年（一八三〇）　喜多村筠庭の『嬉遊笑覧』成立。地車の名称の起源譚が記される。

天保二年（一八三一）　『堅磐草』成立。淡路の地車の起源が記される。翌年にかけて淀川流域の大規模な川浚（御救大浚）。天保山ができる。

天保三年（一八三二）　天満市場の地車が天神橋から落下。

天保四年（一八三三）　星田東（星田神社）の地車が完成。翌年、星田西の地車が完成。『摂陽奇観』成立。俄の始まりを享保の頃とする。

天保六年（一八三五）　吹田の都呂須（高浜神社）の地車が完成。

天保八年（一八三七）　二月、大塩の乱。天満宮、天満市場の地車が焼失。喜田川守貞『守貞謾稿』起稿。嘉永六年（一八五三）成立。地車と太鼓台の挿絵が描かれる。

天保九年（一八三八）　四月、大塩の乱で焼失した天満宮復興の砂持。堂島浜の地車に一万人を超える人々が群集。

天保十一年（一八四〇）　岸和田の中町（岸城神社）の地車が完成。

天保十二年（一八四一）　天保の改革が始まる。神賑検分令（文化令）の廃止。

天保十三年（一八四二）　大坂町奉行から倹約令「地車、太鼓台、練物の衣裳は木綿と晒に限る」。

天保十五年（一八四四）　『浮世の有様』で町奉行の祭政策を批判。

弘化三年（一八四六）　天満市場の三ツ屋根地車の図面が描かれる（台木に波模様の彫刻あり）。

- 嘉永元年（一八四八）　『大阪商工銘家集』刊。西御堂近くの安土町に地車彫刻に携わる彫刻師の名前が見える。
- 嘉永二年（一八四九）　『浪華勝概帖』成立。「夏祭車楽」に曳き手が俄行灯を持つ地車が描かれる。
- 嘉永四年（一八五一）　うつぼ中（御霊神社）の地車が二千人の曳き手を集める（『近来年代記』）。
- 嘉永五年（一八五二）　『淡路国名所図会』成立。洲本八幡社の地車が描かれる。
  天満宮九百五十年祭。天神丸が復興（松川半山の錦絵が刷られる）。現行の天満市場の三ツ屋根地車が完成。

  『日本唐土二千年袖鑑拾遺』刊。「（地車は）享保年間よりはじまり安永中さかんに行はれ百数十番出たり」の記述。
- 嘉永七年（一八五四）　六月十五日に地震。
  九月、ロシア艦隊司令長官プチャーチンが軍艦ディアナ号で天保山沖に来航。
  十一月、大坂に大津波が押し寄せ甚大な被害（安政の大地震）。
- 安政二年（一八五五）　前島（春日神社）の地車が完成。
  西之町（海老江八坂神社）の地車が完成。
- 安政三年（一八五六）　清河八郎が天神祭を絶賛（『西遊草』）。
- 安政四年（一八五七）　平野の西脇組（杭全神社）の地車が完成。
  『味地草』成立。洲本八幡社で芸能を披露する三台の地車が描かれる。
- 安政六年（一八五九）　五雲亭貞秀「浪速天満祭」に天神祭の賑わいと地車の描写。
- 文久二年（一八六二）　はしか（麻疹）が流行し天満宮への地車の宮入り台数が三台にとどまる。
- 文久三年（一八六三）　「摂州大阪天満宮渡御之図」刊。
  豊浦（枚岡神社）の地車が完成。
  高向神社「祭礼絵馬」の奉納。地車の後部に吹流と幟が見える。
- 慶応元年（一八六五）　宮町（美具久留御魂神社）の地車が完成。
  社会情勢を鑑みて大坂三郷の各神社は渡御や祭の賑わいの中止を決定。
- 慶応三年（一八六七）　大坂の難波祭、八幡祭、御霊祭の賑わいを受け、六月十八日以降の祭は禁止。雑喉場の子供地車は天満宮へ宮入り（『近来年代記』）。
- 明治四年（一八七一）　天神祭、元治元年（一八六四）以来七年ぶりの船渡御。
- 明治五年（一八七二）　改暦。明治五年十二月三日が明治六年一月一日となる。
- 明治二十八年（一八九五）　日清戦争の凱旋祝賀祭として天満宮に六台の地車が宮入り。
- 明治二十九年（一八九六）　天満青物市場の三ッ屋根地車が天満宮に奉納される。
- 大正四年（一九一五）　大正天皇即位当日祭に関連して地車と家台が天満宮へ宮入り。
- 昭和二年（一九二七）　「浪花浮世画壇松川半山翁遺稿」刊。地車が俄の舞台であることが暗示される。

あとがき

私の祭の原点は夜疑《やぎ》神社氏子の大町《おおまち》の地車である。岸和田祭が繰り広げられる岸和田城下の山手に位置し、古く八木《やぎ》と呼ばれた地域にある。奈良時代に行基が築造した久米田池の水を利用し、町内を熊野街道が通り抜ける。地車は、神社への宮入りの翌日、後宴《ごえん》と称して久米田寺にも地車を曳き入れる。水の恵みに感謝して行基堂に参拝する慣例は、地車が歴史に登場するはるか昔からの営みである。久米田寺は久米田池の維持管理を目的として創建された古刹である。氏地を越えて十三台もの地車が一堂に会し、太鼓と鉦と笛の音が境内に渦巻くありさまは、幼少期の私の記憶に深く刻みこまれている。

私が生まれたのは岸和田市の大町ではなく、岸和田市の北に位置する忠岡町である。母は、私が生まれた町ではなく、母が生まれた町の地車を私に曳かせることにした。この選択は、後の私の人生に過酷な試練を課すことになるが、本書が誕生したことを考えると、間違いではなかったと解釈することもできる。

私が、この地車に携わることができたのは、生まれてから中学二年生までと、二十代半ばの五年ほどである。もし、生まれた町の地車を曳いていたならば、私は、その地車を死ぬまで曳き続けていたに違いない。地元であって地元ではない地車との距離感に悩んだ末、青年団には入らずじまいとなってしまった。京都の大学への進学は、もちろん校風や京都への憧れもあったが、今にして思えば、なるべく地車から離れたかったのかもしれない。

二十代の前半、地車のない人生に息切れをしていた私は、再び地車と向き合うことになる。以来、二十五年、担い手とは異なる立場で地車と関わり続けている。当時、研究者を目指していた私は、泉州（大阪南部）をフィールドに定めようとした。ところが、岸和田をはじめ泉州の祭では極細の笛が流行しており、それがために音が出にくく、魅力的な旋律の多くが失われつつある現状を目の当たりにした。自分のアイデンティティが大きく揺らぐ恐怖を覚えた。太鼓の拍子も変容しており、一刻の猶予もない、と感じた。大学を中退し「民《たみ》の謡《うた》」の名称で笛屋を始めた。研究などと悠長なことを言っている場合ではなかった。

その後、岸和田城下に拠点を残しつつ京都に移り住み、京都大学農学部森林科学科に再入学して、人と自然との関わりを学んで上梓したのが『日本の祭と神賑』である。地車についても論じたが、地車を主題とした本ではなかったので、いくつかの課題を残したままになっていた。そんな中、前著に引き続き、創元社で本書の執筆の機会を得た。きっかけは、畏友二人と企画した、だんじり彫刻の展示会「彫物ひねもす博覧会」であった。

今回の執筆を機に、いったん私の地車研究に終止符を打つ。本書は、その覚悟をもって取り組んだ。だんじり囃子を聞いてから半世紀にわたる「地車研究」に悔いはない。そろそろ「終《しま》い太鼓」の時間である。本書が、地車文化の継承発展に少しでも役立つことができれば、筆者として幸いである。

本書の執筆にあたって多くの方々の協力を得た。特に、淡路の写真家、平田雅路氏には、私のよき理解者であり盟友でもある岸和田の彫刻師、賢申堂の河合申仁氏とともに多くの助言をいただいた。木下英機氏と中山圭介氏には各地の地車を紹介いただいた。九州の地車については眞玉賢氏をはじめ中津の方々にお世話になった。大阪天満宮文化研究所の近江晴子氏と宗石真由美氏には、地車宮入り番付史料を翻刻いただいた。近江氏の先行研究と宗石氏の地道な史料整理なくしては本書第二章の執筆は不可能であった。大阪天満宮禰宜の岸本政夫氏と生國魂神社筆頭権禰宜の中村文隆氏には神職の立場からさまざまな助言をいただいた。関西学院大学教授で民俗学者の島村恭則氏との議論を経て終章がより充実したものとなった。深く感謝を申し上げたい。私の研究スタイルは、恩師の国立民族学博物館・総合地球環境学研究所名誉教授の秋道智彌先生から大きく影響を受けている。図らずも、地車が、先生の得意とする「海と川」に深く関係していたことは運命的であった。また、今回も、娘の桜を寝かしつけてから徹夜で内容と図版の検証をこなしてくれた妻、香織。そして、あちこちに散乱する興味を取りまとめてくださった創元社編集部の松浦利彦氏にも、深く感謝を申し上げたい。ありがとうございました。

令和三年（二〇二一）六月吉日

森田　玲

参考文献

■御座船と船型祭具

金沢兼光「和漢船用集」『復刻 日本科学古典全書7 海上交通』朝日新聞社、一九七八年

申維翰「海游録」『日本庶民生活史料集成 第二十七巻 三国交流誌』三一書房、一九八一年

「宝暦物語」『日本庶民生活史料集成 第二十七巻 三国交流誌』三一書房、一九八一年

黒羽兵治郎『近世交通史研究』日本評論社、一九四三年

日野照正『畿内河川交通史研究』吉川弘文館、一九八六年

『特別展 御座船——豪華・絢爛大名の船』日本海事科学振興財団、一九九一年

岩間香ほか『淀川舟游』摂南大学・大阪市立住まいのミュージアム、二〇一五年

大澤研一「通信使川御座船の船団編成について」『朝鮮通信使地域史研究第二号』縁地連朝鮮通信使関係地域史研究部会、二〇一七年

大澤研一「豊後国稲葉家伝来天和度朝鮮通信使川御座船関係文書について」『大阪歴史博物館研究紀要 第17号』大阪歴史博物館、二〇一九年

平内政信著、伊藤要太郎校訂『匠明』鹿島出版会、一九七一年

『建築大辞典 第2版』彰国社、一九九三年

浜松歌国ほか「摂陽奇観 巻之三十五」『浪速叢書 第四』浪速叢書刊行会、一九二七年

生田神社編『生田神社史』国書刊行会、二〇〇七年

『特別展 江戸時代の兵庫津』兵庫県立考古博物館、二〇一六年

『USHIMADO 海遊文化館——だんじり展示室・朝鮮通信使資料室』牛窓町、一九九二年

林原弘「私の地車形態説」『地車研究 第五輯』地車研究会、一九七九年

北濱喜一『だんじり大学一〜三』岸和田市観光振興協会、一九九九〜二〇〇〇年

■俄(ニワカ)

浜松歌国ほか「摂陽奇観 巻之六」『浪速叢書 第一』浪速叢書刊行会、一九二六年

北流山人「清神秘録」『続燕石十種 第二』国書刊行会、一九〇九年

「古今俄選」『新日本古典文学大系82』岩波書店、一九九八年

「軽口初売買」『噺本大系 第八巻』東京堂出版、一九七六年

中村幸彦『中村幸彦著述集 第十巻 舌耕文学談』中央公論社、一九八三年

荻田清「大阪仁輪加という芸能」『第十回大衆芸能公演 東西演芸特選会於・国立文楽劇場(パンフレット)』一九八八年

西角井正大『祭礼と風流』岩崎美術社、一九八五年

■だんじり語源

牧村史陽編『大阪ことば事典』講談社、一九七九年

宮本圭造「「だんじり」遡源」『祇園囃子の源流——風流拍子物・羯鼓稚児舞・シャギリ』岩田書院、二〇一〇年

田井竜一「「祇園囃子」の源流」『祇園囃子の源流——風流拍子物・羯鼓稚児舞・シャギリ』岩田書院、二〇一〇年

木村三四吾ほか校注『竹馬狂吟集 新撰犬筑波集(新潮日本古典集成)』新潮社、一九八八年

土井忠生ほか編訳『邦訳 日葡辞書』岩波書店、一九八〇年

上田萬年・樋口慶千代『近松語彙』冨山房、一九三〇年

『企画展 隠岐の祭礼と芸能』島根県立古代出雲歴史博物館、二〇一八年

■大坂

『大阪市史(復刻版、全八冊)』清文堂出版、一九七八〜七九年

黒羽兵治郎編『大阪市史触達番号索引』清文堂出版、一九七〇年

『大阪編年史 第十二巻』大阪市立中央図書館、一九七一年

『大阪編年史 巻十七巻』大阪市立中央図書館、一九七四年

大阪市史編纂所編『近来年代記 上・下』大阪市史料調査会、一九八〇年

新修大阪市史編纂委員会編『新修大阪市史 第四巻』大阪市、一九九〇年

大田南畝「芦の若葉」『大田南畝全集 第八巻』岩波書店、一九八六年

喜田川守貞著、宇佐美英機校訂『近世風俗志(守貞謾稿)四』岩波文庫、二〇〇一年

喜多村筠庭著、長谷川強ほか校訂『嬉遊笑覧 三』岩波文庫、二〇〇四年

『テーマ展 瓦版にみる幕末大坂の事件史・災害史(南木コレクションシリーズ第11回)』大阪城天守閣、二〇一一年

『テーマ展 古写真にみるなにわの行事・祭礼(南木コレクションシリーズ第13回)』大阪城天守閣、二〇一三年

『テーマ展 幕末大坂の風景——にぎわいと安らぎ』大阪城天守閣、二〇二

一年
中井竹山「草茅危言」『中井竹山集』誠文堂新光社、一九三五年
清河八郎著、小山松勝一郎校注『西遊草』岩波文庫、一九九三年
「浮世の有様」『日本庶民生活史料集成 第十一巻 世相Ⅰ』三一書房、一九七〇年
「繁花風土記」『大阪経済史料集成 第十一巻』大阪商工会議所、一九七七年
『大阪歴史博物館 館蔵資料集8 浪華勝概帖』大阪歴史博物館、二〇一二年
藤里古好『大阪夏祭提灯考（上方叢書 第一篇）』上方郷土研究会、一九三三年
上田長太郎『大阪の夏祭（上方叢書 第二篇）』上方郷土研究会、一九三七年
西村兼文編『京都府違式詿違条例図解』西村兼文、一八七六年
平出鏗二郎『東京風俗志 下』ちくま学芸文庫、二〇〇〇年
徳永道彦「こんくわい檀尻考」『兵庫地車研究会々報 第二十九号』兵庫地車研究会、二〇〇九年
守屋毅『元禄文化——遊芸・悪所・芝居』講談社学術文庫、二〇一一年
本渡章『図典「摂津名所図会」を読む——大阪名所むかし案内』創元社、二〇二〇年
橋爪節也『橋爪節也の大阪百景』創元社、二〇二〇年

■天神祭

浜松歌国ほか「摂陽奇観 巻之十三」『浪速叢書 第二』浪速叢書刊行会、一九二七年
一無軒道治「芦分船」『浪速叢書 第十二』浪速叢書刊行会、一九二七年
一無軒道治「難波鑑」『日本庶民生活史料集成 第二十二巻 祭礼』三一書房、一九七九年
「天神祭十二時」『日本庶民生活史料集成 第二十二巻 祭礼』三一書房、一九七九年
井上通女遺徳表彰会編『井上通女全集』吉川弘文館、一九〇七年
天満宮編『府社天満宮神事要録』天満宮、一九三二年
永市寿一『天満市場誌 上巻』天満青物市場、一九二九年
『風俗画報 第二三五号』東陽堂、一九〇一年
藤里好古「天神祭の諸相」『郷土研究上方 第七号』創元社、一九三一年
林春隆「贅六百話 大阪の夏祭」『郷土研究上方 第七号』創元社、一九三一年
大阪天満宮史編纂会編『大阪天満宮所蔵古文書目録』大阪天満宮、一九八九年
大阪天満宮史料室編『大阪天満宮史の研究』思文閣出版、一九九一年
大阪天満宮史料室編『大阪天満宮史の研究 第二集』思文閣出版、一九九三年
大阪天満宮文化研究所編『天神祭——火と水の都市祭礼』思文閣出版、二〇〇一年
米山俊直『天神祭——大阪の祭礼』中公新書、一九七九年
近江晴子「天神祭の地車 Part1」『大阪春秋 第55号』大阪春秋社、一九八八年
近江晴子編、和住香織校訂『大阪天満宮 夏大祭天神祭と秋大祭流鏑馬式史料』関西大学なにわ・大阪文化遺産学研究センター、二〇一〇年
高島幸次編『天満宮御神事 御迎船人形図会』東方出版、一九九六年
明珍健二ほか「天神祭の曳船——天神丸の沿革と復原に関する研究」『大阪市立大学生活科学部紀要48』大阪市立大学生活科学部、二〇〇〇年
八木滋「近世後期大坂における市場社会と民衆世界」『近代大阪と都市文化』清文堂出版、二〇〇六年

■岸和田

中盛彬『拾遺泉州志——かりそめのひとりごと（和泉史料叢書 第一）』和泉文化研究会、一九六七年
永野仁編『だんじり祭関係史料集（岸和田市史史料 第二輯）』岸和田市、一九七九年
『熊沢友雄日記2（岸和田市史史料 第七輯）』岸和田市教育委員会、二〇〇九年
山中永之佑編『堺県法令集2（羽曳野資料叢書6）』羽曳野市、一九九三年
玉谷哲・森田玲編著『岸城神社御鎮座六百五十年大祭記念誌』岸城神社、二〇一一年
岸城宮社中編『岸和田祭と岸城神社の歴史』岸城神社、二〇一六年
小谷方明編『和泉郷土史々料 第九号』和泉郷土史々料刊行会、一九三二年
小谷方明編『郷土研究 郷土和泉 第十五号』郷土和泉刊行会、一九三四年
荒井とみ三『日本祭礼絵詞』新正堂、一九四四年
岸和田警察署編『岸和田地車祭』岸和田防犯協議会・岸和田市観光協会、一九六五年
岸和田警察署編『岸和田地車祭』岸和田地車保存会、一九六六年
『岸和田のだんじり』岸和田市観光振興協会、二〇〇三年
『岸和田の地車戸籍綴 第一号』地車研究会、一九七五年
奥村浩章『東家の天保だんじり』東家区、二〇〇五年
だんじり研究会編「岸和田だんぢり祭 第37号」岸和田だんじり祭協賛会、

二〇一一年
宮本町新調記念誌委員会『宮本第五代地車写真集』宮本町新調委員会、二〇〇九年
森田玲『CD（解説書）岸和田八木だんじり祭 鳴物十三ヶ町 宮入り編・行基参り編・小屋前編』民の謡、二〇〇四～一〇年
森田玲『岸和田だんじり祭 地車名所独案内』古磨屋、二〇〇六年
森田玲『岸和田祭音百景 平成地車見聞録』民の謡、二〇〇七年
森田玲『CD（解説書）泉州岸和田だんじり祭』コロムビアミュージックエンタテインメント、二〇〇九年

■各地の祭

渡辺月石『堅磐草』名著出版、一九七一年
小西友直・小西錦江編『味地草 第一冊』名著出版、一九七二年
大阪歴史博物館編『特別展 大阪の祭り――描かれた祭り・写された祭り』大阪府神社庁、二〇〇九年
『平成16年度企画展 科長神社の夏祭りとだんじり――山田の船だんじり出現の背景』太子町立竹内街道歴史資料館、二〇〇四年
徳永道彦編『住吉大佐「地車請取帳」と彫刻』兵庫地車研究会、二〇〇五年
林承緯「和風神輿」『日本宗教史のキーワード――近代主義を超えて』慶應義塾大学出版会、二〇一八年
『中津祇園』中津祇園研究会、二〇〇二年
『遠き日々の中津祇園』中津地方文化研究所、二〇一一年
臼杵市史編さん室編『臼杵市史 下』臼杵市、一九九二年
折口信夫『古代研究 第一部 民俗学篇』大岡山書店、一九二九年
『玉出のだいがく――生根神社「だいがく祭り」調査報告書』生根神社、二〇〇三年
西沢一鳳「皇都午睡」『新群書類従 第一 演劇』国書刊行会、一九〇六年
近藤雅樹「特集 糸の匠――淡路島のだんじり屋」『あるくみるきく 232号』近畿日本ツーリスト、一九八六年
『津山の祭りとだんじり』津山市教育委員会、一九九一年
藤井豊監修『太鼓台――小豆島の秋まつり』月刊ぴ～ぷる、一九九八年
福原敏男『西条祭礼絵巻――近世伊予の祭礼風流』西条市総合文化会館、二〇一二年
『祭礼百態――香川・瀬戸内の風流』香川県立ミュージアム、二〇一九年
『鼓動をつなぐ――穂蓼八幡神社布団太鼓 調査報告書』明石の布団太鼓プロジェクト、二〇二一年
京都市文化市民局文化財保護課監修『祇園祭温故知新――神輿と山鉾を支える人と技』淡交社、二〇二〇年
森田玲『堺・泉州の神賑』岸和田市青年団協議会、二〇〇八年
森田玲『摂河泉の神賑 第二～六巻』岸和田市青年団協議会、二〇〇九～一三年
森田玲『探求 日本の神賑 全17回（連載）』産経新聞（関西版）、二〇〇九年
森田玲「大阪の祭――神事と神賑行事」『大阪の教科書 増補改訂版』創元社、二〇一二年
森田玲ほか編『図説だんじり彫刻の魅力――岸和田と淡路で育まれた心と技』だんじり彫刻研究会、二〇一九年
森田玲ほか編『続 図説だんじり彫刻の魅力――岸和田と淡路で育まれた心と技』だんじり彫刻研究会、二〇二一年

■神賑

折口信夫「神賑ひ一般」『明治神宮祭の栞』明治神宮、一九四九年
神社本庁編『神社祭式同行事作法解説』神社新報社、一九七四年
倉林正次『天皇の祭りと民の祭り――大嘗祭新論』第一法規出版、一九八三年
三隅治雄「祭りと芸能」『日本音楽と芸能の源流――日本文化の原像を求めて』日本放送出版協会、一九八五年
薗田稔『祭りの現象学』弘文堂、一九九〇年
松平誠『都市祝祭の社会学』有斐閣、一九九〇年
加藤尚武『環境倫理学のすすめ（丸善ライブラリー）』丸善、一九九一年
秋道智彌『なわばりの文化史――海・山・川の資源と民俗社会（小学館ライブラリー）』小学館、一九九九年
秋道智彌編『自然はだれのものか――「コモンズの悲劇」を超えて（講座 人間と環境1）』昭和堂、一九九九年
総合地球環境学研究所編『地球環境学事典』弘文堂、二〇一〇年
島村恭則『民俗学を生きる――ヴァナキュラー研究への道（関西学院大学社会学部研究叢書 第10編）』晃洋書房、二〇二〇年
島村恭則『みんなの民俗学――ヴァナキュラーってなんだ？』平凡社新書、二〇二〇年
森田玲『日本の祭と神賑――京都・摂河泉の祭具から読み解く祈りのかたち』創元社、二〇一五年
森田玲「風俗歌舞――祭が育む日本の音」『Civil Engineering Consultant Vol.284』建設コンサルタンツ協会、二〇一九年

さくいん

〈著者略歴〉

森田 玲（もりた・あきら）

昭和五一年、大阪府生まれ。玲月流初代篠笛奏者。㈱「篠笛文化研究社」代表取締役。京都を拠点に篠笛の演奏・指導・製作・販売を行なう。主な著作に『岸和田だんじり祭 地車名所独案内』（古磨屋）、『岸和田祭音百景 平成地車見聞録』（民の謡）、『日本の祭と神賑』（創元社）、『図説だんじり彫刻の魅力』（だんじり彫刻研究会、共著）、『日本の音 篠笛事始め』（篠笛文化研究社）、論文「伊勢大神楽の神楽囃子研究」『民俗音楽研究』（日本民俗音楽学会）、産経新聞連載「探求・日本の神賑」など。第七回なにわ大賞特別賞、第六七回文化庁芸術祭新人賞を受賞。京都市芸術文化特別奨励者。岸和田高等学校卒。京都大学農学部森林科学科卒。大阪芸術大学非常勤講師。

日本《にっぽん》だんじり文化論《ぶんかろん》
――摂河泉《せっかせん》・瀬戸内《せとうち》の祭《まつり》で育《はぐく》まれた神　賑《かみにぎわい》の民俗誌《みんぞくし》

二〇二一年 六 月二〇日　第一版第一刷発行

著　者　森田　玲
発行者　矢部敬一
発行所　株式会社　創元社
〈本　社〉〒五四一―〇〇四七
大阪市中央区淡路町四―三―六
〈東京支店〉〒一〇一―〇〇五一
東京都千代田区神田神保町一―二　田辺ビル
〈ホームページ〉https://www.sogensha.co.jp/

組版　はあどわあく　　印刷　図書印刷

ISBN978-4-422-23043-6　C0039

日本の祭と神賑
—京都・摂河泉の祭具から読み解く祈りのかたち—

森田玲著　日本の祭のかたちを神輿・提灯・太鼓台・地車・唐獅子などの祭具の歴史から読み解き、京都と大阪（摂河泉）を中心に全国各地を探求。祭の本質と新たな魅力を描き出す。**２０００円**

原寸復刻「浪花百景」集成

橋爪節也編著　幕末に成立した名所錦絵「浪花百景」を、最良の完本から原寸復刻し、高精細で印刷再現した本邦初の画集。多角度からの論考と作品解説、所蔵一覧資料等も完備。**１００００円**

図典「摂津名所図会」を読む
—大阪名所むかし案内—

本渡章著　原寸復刻の迫力ある名所絵を36景に厳選して細部を読み解き、江戸時代の大阪へ誘う案内書。全絵図約３４０点を縮小掲載し、地名やキーワードでも引ける画期的な図典。**４０００円**

カラー版　大阪古地図むかし案内
—江戸時代をあるく—

本渡章著　江戸時代の貴重な古地図を、虫眼鏡ですみずみまで鑑賞するかのような趣向で味わい尽くす。大阪の歴史文化や地理地形もわかる案内書。カラー古地図約１５０点収載。**２３００円**

上方演芸大全

大阪府立上方演芸資料館（ワッハ上方）編　上方演芸の総覧として歴史と魅力を集大成。漫才、落語などの演芸各分野からメディア・寄席・裏方まで笑芸の全容と細部に迫る。図版多。**２８００円**

橋爪節也の大阪百景

橋爪節也著　大阪的文化の地層を掘り起こす圧巻の１００コラム。言葉、人物、絵画、文学その他貴重資料から、この街に埋もれた本物の都市文化とその魅力を洒脱につづる。図版多。**１８００円**

大阪万博の戦後史
—ＥＸＰＯ'70から2025年万博へ

橋爪紳也著　大阪大空襲、占領下を経て、復興から高度経済成長へと向かっていく時代と70年万博の熱狂を描き出す。２０２５年日本国際博覧会（大阪・関西万博）の構想案も公開。**１６００円**

大阪のスラムと盛り場
—近代都市と場所の系譜学

加藤政洋著　釜ヶ崎、黒門市場、千日前など「ミナミ」と呼ばれる場の足跡をたどる。明治中期～大正、特に織田作之助らが遊歩した昭和初期に注目し、消費される都市空間を描く。**２８００円**

飛田百番
—遊廓の残照—

橋爪紳也監修、上諸尚美写真、吉里忠史・加藤政洋著　飛田遊廓を代表する建物「百番」は様々な「遊びのデザイン」に充ちている。この建築の魅力を多数のカラー写真を中心に伝える。**３６００円**

聖地再訪　生駒の神々
—変わりゆく大都市近郊の民俗宗教—

宗教社会学の会編　前著『生駒の神々』から四半世紀を経て、大都市近郊の「神々」の再調査を敢行。石切神社をはじめ中小寺院、新潮流の断食・ヨガ道場、占いストリートなども探求。**１９００円**

＊価格には消費税は含まれていません。